JN232329

クライシス・マネジメント

危機管理の理論と実践

・三訂版・

大泉光一 著

Crisis management

同文舘出版

①

②

④

③

①
スペイン「バスクの祖国と
自由（ETA）」のメンバー

②
スリーマイル島原発事故
　　　（1979年3月28日）

④
セントヘレンズ火山噴火
　　　（1980年5月18日）

③
アラスカ地震
（1964年3月）

ハマスによる自爆テロ

まえがき

　日本人は，安全に対して楽観視するきらいがあり，本来，安全や平和というものは与えられるものではなく，作り上げるものであるということを十分に認識していない。平和な生活の裏に危険が潜んでいることに気づかないのか，あるいは気づいてもそれを直視しようとしないのである。危険が顕在化して，慌てて対策を講じるが，日常の脅威評価を怠った状態ではもはや手遅れである。そうした潜在的危機に無防備な人間に，危機意識を喚起させ，安全確保のための効果的な援護を行なうのが組織の危機管理体制の役目である。

　近頃，海外で頻発している邦人の誘拐や殺害などの事件では，こうした危機管理体制が十分に機能しているとは考えられず，逆に危険に対する無防備と対応のまずさがこうした事件を間接的に誘引していることも考えられる。緊急時や事件発生時に慌てて行動するこれまでのような後手の対応から，日常的監視体制と事前の準備の下での積極的な先手の対応がこれからの組織に求められるのである。

　大小を問わず，どんな組織でも，不測事態においては，安全対策に関連した危機管理対応計画を持つ必要がある。

　あらゆる組織は，自然災害，産業災害，テロ行為（誘拐，爆弾脅迫，暗殺など），緊急時マスコミ対策，重要書類および資産の保護などに対応できるように，組織立てられた対応策の計画を策定すべきである。危機が発生する前に，具体的なガイドラインを策定することが非常に重要である。

　対応策はできるだけ詳細にし，状況を前もって把握することが望ましい。緊急時においては，短時間のうちに意思決定を行なわなければならない。組織的方策の問題点について，のんびりと検討している暇はない。そのため，基本的な大枠の設定や危機への対応手順は，前もって決定されていなければならず，

(2)　　まえがき

厄介な問題点の解決方法が準備されていなければならないのである。

　優れた危機管理対応計画は，自動車損害保険などにみることができる。運よく防衛的運転（ディフェンシブ・ドライビング）を行ない，結果的に保険の必要はなかったとはいっても，いずれ事故は起こりうるものである以上，すべてに対して前もって準備を整えなくてはならないのである。

　組織はこうした計画の設定にあたり，時間・努力・情報などにお金をかけるべきであり，同時に投資と経費についての見解を明らかにしておく必要がある。

　基本的な計画事項は，①計画の目的，②リスク・弱点・脅威，③推進コンセプト，④計画組織，⑤責任の所在，⑥命令および調整，⑦運営プロセス，⑧トレーニング・練習・訓練，⑨計画のメンテナンス，⑩計画推進の権限，⑪情報などである。

　組織が直面する危機にはさまざまなタイプがある。しかし，いずれのタイプの危機に対しても，よく練られた危機管理対応計画によって対応できるのである。

　例えば，最近日本企業の海外派遣幹部社員が中南米や東南アジア地域で巻き込まれているテロ行為への対応計画の方策についてみると，まずはじめに行なうべきことは，組織が取るべき方策の設定および計画における概略を明白にすることである。例えば，派遣幹部社員の誘拐事件に対する計画設定において，最初に意思決定をしなければならないことは，身代金を支払うのかどうか，どのような交渉手段を用いたらよいか，また誰が安全準備を行なうか，ということである。

　次に，危機広報の戦術およびその実行手順がきちんと設定されていなければならない。発生した事態に対するメディアの認識は無視することができない。多くの企業は，対外的イメージを増大させるために多額の宣伝費を費やす。しかし，こうした危機対応に時間と経費をかけることは，宣伝に経費を効率的に使ったことと同じことなのである。

　また，危機発生の後，組織および人を通常の業務に戻すための危機対応行動の重要性も認識しなければならない。組織や人が通常の業務に戻るためにどの

ようなことを行なったらよいかは，意思決定と切り離して考えるべきではない。

多くの人びとは，危機に対して準備をしていないばかりか，危機を処理するための備えさえも行なっていないのである。それゆえ，特別な支援が必要となってくる。そのために事前準備が行なわれていれば，危機発生後の人と組織の運営がよりしやすくなるのである。

組織のリーダーは，テロだけではなく，自然災害や産業災害への対応計画を立案することの重要性を見落としがちである。「災害は忘れたころにやってくる」とか，「正しいことを正しい時期に行なって，初めてよい芸術が生まれる」といわれているように，組織はこうした意識を常に持ち，弱点を克服するようにダイナミックに行動すべきである。

本書第3章第4節「企業の危機管理組織」は大泉常長君（スペイン国立バリャドリード大学アジア研究センター客員研究員・スペイン国立サンティアゴ・デ・コンポステーラ大学大学院）の「欧州企業の危機管理組織の研究」の一部である。

なお，本書の索引作成の作業を手伝ってくれた青山龍滋君（日本大学大学院国際関係研究科）に一方ならぬお世話になった。ここに記して深く感謝の意を表したい。

最後に，本書の刊行ならびに校正その他の諸事万端については，同文舘出版（株）の市川良之氏および田村純男氏の懇篤なる御援助をいただいたことに対し深く感謝したい。

平成14年2月

日本大学国際関係学部教授

大泉　光一

目　次

まえがき

序　章　日本人の危機意識欠如の文化的背景 ―― 3

第1節　日本人の危機意識欠如の主な理由と文化的背景 …………6
1．「自己防衛」意識の欠如　(6)　2．想像力及び創造力の欠如　(8)
3．臭いものには蓋をする　(13)　4．疑う目を持てない国民性　(14)
5．「熱しやすく冷めやすい」特性　(17)
6．運命論及び天譴論で片づける　(22)

第2節　日本人に危機意識を身に付けるための方策 …………25

第1章　危機管理の基礎理論 ―― 29
―― 緊急意思決定の組織科学論的展開 ――

第1節　危機及び危機管理の定義 …………29
1．危機とは何か　(29)　2．危機の2つの条件　(30)
3．危機の実在による3つの影響　(31)　4．危機発生の原因　(34)
5．経営学的アプローチ　(36)　6．ヘラクレイトスの考察　(37)
7．悪　循　環　(39)　8．小さな可変事項を拡大する力　(40)
9．危機を好機会に変える　(42)　10．危機管理の基礎理論　(44)

第2節　危機の分類 …………50

第3節　危機管理の5段階 …………52

第4節　危機管理の概念的枠組み …………56

第5節　危機管理における不測事態分析 …………57

第6節　危機管理・不測事態の多角的分析 …………59

第7節　不測事態対応計画サイクル …………62

第 8 節　統合的危機管理システム …………………………………67

第 2 章　危機管理システムの基本概念 ———————————73

　第 1 節　危機管理の事前活動 …………………………………………73
　第 2 節　危機管理の 8 つの要素 ………………………………………74
　第 3 節　危機管理計画策定の方法 ……………………………………76
　第 4 節　危機対応マニュアルの作成 …………………………………81
　第 5 節　危機管理対応チームの役割と任務 …………………………85
　　1．危機管理対応チームの必要条件　（85）
　　2．危機管理対応チームの編成　（86）　　3．危機管理対応チームの機能　（90）
　　4．危機管理対応チームの行動手順　（97）
　第 6 節　オペレーションセンターと事件現場における指揮活動 ………100
　　1．緊急オペレーションセンターの目的　（101）
　　2．オペレーションセンターの概念　（104）
　　3．事件現場における指揮活動　（109）
　第 7 節　組織の危機事態における危機広報戦略 …………………114

第 3 章　企業の危機管理 ———————————————125
　　　　　——海外派遣幹部社員の誘拐対策を中心に——

はじめに ……………………………………………………………………125
　第 1 節　海外派遣幹部社員の誘拐防止対策 ………………………126
　　1．誘拐犯人による標的選択の方法　（126）
　　2．誘拐犯人による監視への対策　（127）
　　3．誘拐犯の張り込みへの対応　（128）
　第 2 節　海外派遣社員の誘拐事件の処理方法 ……………………130
　　1．ネゴシエーターの選択　（131）　　2．マスコミ対策　（132）
　　3．現地政府との関係　（133）　　4．誘拐犯人との交渉　（133）
　　5．身代金の要求　（134）　　6．身代金の引渡し　（135）

第3節　海外危機管理計画立案の要点 …………………………………136
　　　　　──派遣幹部社員の誘拐事件及び脅迫事件の解決策──
　　　1. 危機管理チームの役割 (136)　2. 方針決定 (137)
　　　3. 計画設定及びテスト (138)　4. 危機管理センター (138)
　　第4節　企業の危機管理組織 ………………………………………………141
　　　1. 権限と責任の委譲 (141)　2. 組織 (142)
　　　3. 危機管理担当要員 (148)　4. 計画 (149)
　　　5. 関係 (151)　6. 管理 (155)
　　第5節　企業の危機管理の進め方 …………………………………………157
　　　　　──基本マニュアルの例──
　　第6節　ケース・スタディ …………………………………………………177
　　　　　──米系多国籍企業の派遣幹部社員誘拐事件からの教訓──

第4章　国際テロリズムの脅威管理　──────────181
　　　　　──脅威評価の方法論──
　　第1節　脅威と脅威評価 ……………………………………………………181
　　第2節　脅威評価の方法論 …………………………………………………183
　　第3節　脅威評価のための情報収集活動 …………………………………188
　　第4節　弱点の評価 …………………………………………………………190
　　第5節　外部組織との連絡 …………………………………………………195
　　第6節　緊急事態対応計画と訓練 …………………………………………196

第5章　テロリズム対策と情報管理システム　──────199
　　　　　──テロリズム対応理論と情報活動──
　　第1節　テロリズム対応理論と危機管理計画 ……………………………199
　　　1. テロリストによる破壊活動の実態 (199)　2. テロリズムの定義 (200)
　　　3. テロリズム対応理論 (200)
　　　4. テロ事件への対応およびテロへの挑戦 (202)

第2節　テロリズム情報の役割と運用方法 …………………………… 203
　　　1．洗練された情報とは（204）　2．情報の根源（205）
　　　3．情報分析から方針策定へ（206）
　第3節　情報とテロリズム ……………………………………………… 210
　　　1．諜報活動（210）　2．情報源の確保（214）
　　　3．秘密活動（215）

第6章　自治体の危機管理 ─────────────────── 219
────緊急事態発生時における自治体の役割────

　　1．緊急事態に対する準備（219）　2．緊急事態対応計画（220）
　　3．自治体が直面する緊急事態（222）　4．戦略的意思決定の問題点（223）
　　5．自治体の対応戦略概要（223）
　　6．対応責任の分散と集中について（224）
　　7．活動権限の集中と分散（224）　8．緊急事態管理システムの確立（225）
　　9．緊急事態管理システムに関しての特記事項（226）
　　10．自治体の緊急事態対応システムの権限について（226）

第7章　災害危機管理 ─────────────────────── 231
────自然災害および産業災害に対する緊急事態対応計画────

　第1節　緊急事態対応計画立案の必要性と役割 ………………………… 231
　第2節　緊急事態対応計画と評価 ……………………………………… 236
　第3節　目的に基づいた評価システム ………………………………… 238
　　　1．訓練の目的の明確化（238）
　　　2．緊急事態対応計画の訓練に役立つ要素（239）
　　　3．報告書作成の基本的な役割（240）
　第4節　早期警戒システム ……………………………………………… 241

第8章　地震災害危機管理 ──────────────────── 245

　第1節　被害想定 ………………………………………………………… 245

第2節　事前被害軽減措置 …………………………………………247
　　第3節　緊急事態対応（地震発生後72時間にとるべき行動） ………250
　　第4節　業務復旧 ……………………………………………………253
　　第5節　地震災害対策ガイドライン …………………………………254
　　第6節　地震災害対策マニュアル例 …………………………………257
　　　1．地震災害対策本部の設置とその役割　(257)
　　　2．災害対策本部組織図　(260)
　　　3．地震災害対策本部の活動フロー　(261)
　　　4．自衛消防隊の編成とその役割　(262)
　　　5．災害時の連絡網1（就業時間内）　(262)
　　　6．災害時の連絡網2（就業時間外）　(263)
　　　7．地震災害時の渉外活動　(264)
　　　8．地震災害時の社内広告活動　(266)　　9．防災用品・備蓄　(266)

第9章　災害危機対応計画の実際 ―――――――――――271
　　　　　――米国セントヘレンズ火山噴火の緊急事態対応の事例分析――
　　第1節　危機対応の制度的側面 ………………………………………271
　　第2節　緊急事態分析 …………………………………………………274

第10章　産業災害危機管理 ―――――――――――――281
　　第1節　危険物質事故 …………………………………………………281
　　第2節　放射性物質漏洩事故 …………………………………………284
　　ケース・スタディ――原子力発電所事故の危機管理対策 ……………287
　　第3節　インド・ユニオン・カーバイド社毒ガス漏洩事件 …………298
　　　1．事件の背景　(298)　　2．世界最悪の産業惨事　(299)
　　　3．ボパール危機　(303)　　4．緊急事態対応手順の欠如　(306)
　　　5．安易な対応が最悪の事態を招く　(307)

第11章　危機管理対策の事例研究 — 311
第1節　米国ゼロックス社の危機管理対策 … 311
第2節　外食産業の危機管理対策 … 322
　　　　――米ハンバーガーチェーン食中毒事件からの教訓――

第12章　危機管理シミュレーションと訓練 — 327
1. 訓練とテスト（328）　2. 課程の構想（328）
3. 訓練フォーマット（329）　4. シミュレーション（330）
5. シミュレーションの目的（331）　6. ステージの設定（332）
7. 参加者の役割（334）　8. 疑念の除去（335）
9. 基本的な実行手順（336）　10. 計画の再検討（337）
11. シミュレーションの方法論（338）

付　録 … 341
1. 危機管理チーム・チェックリスト（341）
2. 方針策定チェックリスト（341）
3. 訓練／テスト・チェックリスト（342）
4. 被害者チェックリスト（342）
5. クライシス・コミュニケーション・チェックリスト（343）
6. 脅威評価管理実施のためのチェックリスト（344）
7. シミュレーション・チェックリスト（345）
8. 危機管理対応を評価するチェックリスト（346）

索　引 … 347

クライシス・マネジメント

――危機管理の理論と実践――

〔三訂版〕

序　章

日本人の危機意識欠如の文化的背景

　近年，海外においては米国の同時多発テロ事件，また国内では三菱自動車工業やブリジストンの米国子会社の欠陥製品によるリコール問題，雪印乳業の食中毒事件など，改めて日本企業の危機管理体制が問われるような事件が多発している。とくに一万四千人を超える食中毒被害を出した雪印乳業は，危機管理のための組織体制や情報伝達がゼロに等しかったという実態を浮かび上がらせた。
　わが国では阪神・淡路大震災以降，とくに危機が発生することを予知・予防する事前対応行動に重点を置いた危機管理の必要性が大きく叫ばれてきたが，未だに危機が発生してから対応する後手の危機管理が主流となっている。
　こうした背景には，日本人の危機意識欠如の問題があると指摘されている。そのために事前対応行動に積極的に取組むことができず，その結果，事件や事故が発生した後の対応が後手に回ってしまうと考えられているのである。
　日本人は安全に対して楽観的するきらいがあり，安全や平和というものは与えられるものではなく，創り上げるものであるという認識に欠けている。
　著者は1997年8月，東京都内及び静岡県内に居住する約2千人の18歳以上の日本人を対象に年代別，男女別の危機意識に関するアンケート調査（有効回答率100%）を実施した。
　その結果，「あなたは危機意識をもっているか」という質問に対し，「はい」と回答した人が，全体の40.4%，「いいえ」と回答した人が30.1%，「わから

ない」と回答した人が27.1％で，残りの「その他」と「無回答」を合わせて2.3％であったが，「いいえ」と「わからない」を合わせて57.2％の国民が危機意識に乏しいということである。なお，わからないと回答した人は，危機的状況の中で効果的に対処することが困難であると考えられる。

また，「自己防衛ができるか」という質問に対し，「いいえ」と回答した人は39.0％で，「わからない」と回答した人39.2％と合わせると78.2％の人たちは，自信を持って自分の身を自分で守ることができないのである。

ところで，日本人の自然観は，運命論，天譴論，精神論の3つに分けられるが，アンケート調査によると，これらのうち78.6％が運命論者であることがわかった。

図Aはこうしたアンケート調査をもとにして作成した「日本人の危機意識欠如の主な理由と文化的背景」を示したものである。これによると，日本人に

図A　日本人の危機意識欠如の主な理由と文化的背景

図 B　日本人に危機意識が身に付かない文化的背景

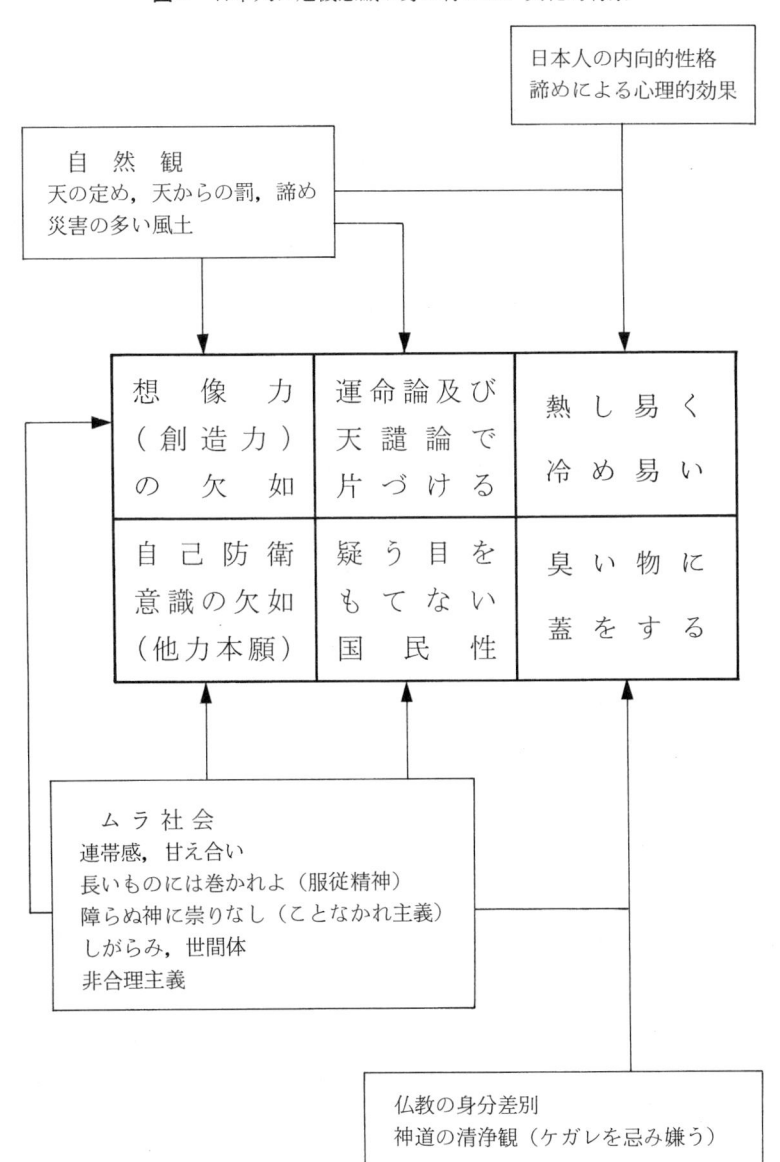

```
                                    ┌──────────────────────┐
                                    │ 日本人の内向的性格    │
                                    │ 諦めによる心理的効果  │
                                    └──────────┬───────────┘
┌────────────────────────┐                     │
│ 自　然　観             │                     │
│ 天の定め，天からの罰，諦め│─────────────┐    │
│ 災害の多い風土         │              │    │
└──┬─────────┬───────────┘              │    │
   │         │                          │    │
   ▼         ▼                          ▼    ▼
┌─────────┬─────────┬─────────┐
│想 像 力 │運命論及び│熱し易く │
│(創造力) │天譴論で │冷め易い │
│の 欠 如 │片づける │         │
├─────────┼─────────┼─────────┤
│自己防衛 │疑う目を │臭い物に │
│意識の欠如│もてない │蓋をする │
│(他力本願)│国民性  │         │
└────▲────┴────▲────┴─────────┘
     │         │
┌────┴─────────┴──────────────┐
│ ム ラ 社 会                  │
│ 連帯感，甘え合い             │
│ 長いものには巻かれよ(服従精神)│
│ 障らぬ神に祟りなし(ことなかれ主義)│
│ しがらみ，世間体             │
│ 非合理主義                   │
└──────────────────────────────┘
          ┌─────────────────────────────────┐
          │ 仏教の身分差別                  │
          │ 神道の清浄観(ケガレを忌み嫌う)   │
          └─────────────────────────────────┘
```

危機意識が欠如している主な理由として，①「自己防衛」意識の欠如，②想像力及び創造力の欠如，③自分に降りかかってきそうな悪いことや嫌なことを極力避けたがる，いわゆる「臭いものには蓋」をしたがる，④疑う目を持てない国民性，⑤熱しやすく，冷めやすい，⑥自分でどうすることもできない事態に対して投げやりになり，運命論や天譴論で片付けようとする，などを挙げることができる。

このような特性をもつ日本人は，危機に対して極めて脆弱な状態にあると言わざるをえないのである。以下では，これらの日本人の心理的な特性を文化的な観点から検討してみる。

第1節　日本人の危機意識欠如の主な理由と文化的背景

1.「自己防衛」意識の欠如

日本人には欧米人のように「自分の身は自分で守る」(self-defense) という意識がないも同然といわれている。

日本人の他力本願的な考え方がムラ社会の中で形成された背景として，主に次の2つの理由が考えられる。まず第一に，ムラ社会における構成員相互の連帯感の高まりによって「甘え」合いの関係が形成されてきたからである。第二に，ムラの多くが血縁関係の上に成り立っているため，同族内での身内意識が働き互いに助け合うことが多く，強い信頼関係で結ばれているからである。そのためムラ社会においては，何か不測事態が発生した時に，当然「誰かが助けてくれる」という意識が働くのである。

ムラ社会の形成過程において，自給自足的な性格と全体的な統一性を明らかにすればするほど，一方で，外部世界との開放性は失われていくといわれている。他方，ムラ社会内部における構成員の凝集性と連帯感はさらに強固なものとなるが，逆に他のムラ社会に対し閉鎖的，警戒的，非友好的，排他的といった性格（図C参照）が強まると，同じ集団内部では構成員相互の結びつきや

図C　ムラ社会の特徴

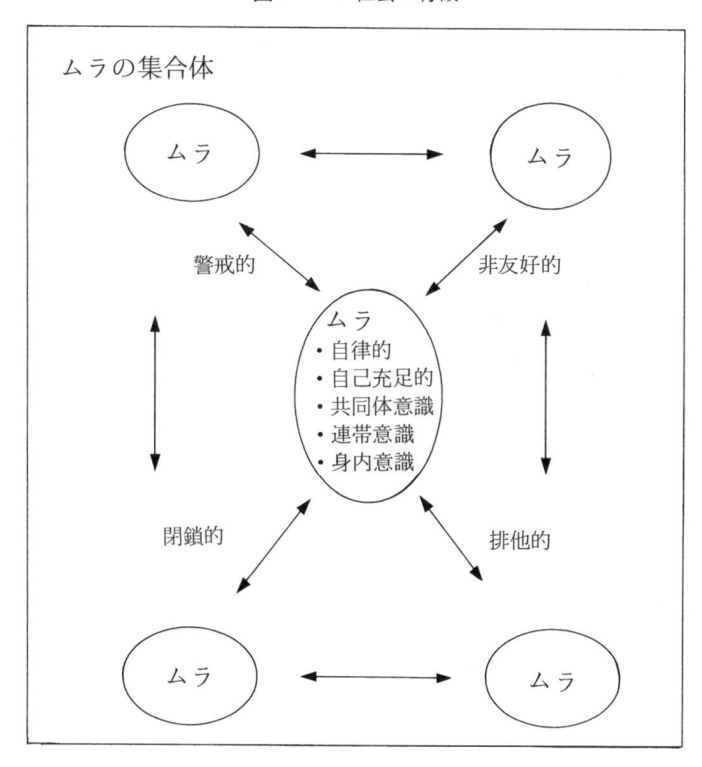

```
ムラの集合体

    ムラ  ←→  ムラ
      ↘    ↙
   警戒的  非友好的
       ムラ
       ・自律的
       ・自己充足的
       ・共同体意識
       ・連帯意識
       ・身内意識
      ↗    ↖
   閉鎖的   排他的
    ムラ  ←→  ムラ
```

身内意識はさらに強くなるのである。この凝集性と連帯感の過度の高まりは構成員相互の「甘え」合い，もしくは寄りかかり合う「共感」の世界といった強い信頼関係で結ばれた社会を形成するが，その結果，他力本願的であるという特性がムラ社会内部に出来上がったと考えられている。

　また，同族とは本家の先祖を共通のものとして認識し，家系の共通性と系譜的序列に基づいて構成される本家分家集団のことであるが，同族内では多様な形での共同互助的な社会活動が行われてきた。基本的には共有の田畑や山林などの共同作業や管理などがその代表としてあげられる。また共有地が存在することによって同族内から個家が離脱することは少なく，その結果ますます集団としての結びつきは増していくのである。

基本的に本家の作業や行事には，分家が一方的な労働提供をするが，それに対して本家側も分家に扶助を行なう。また，同族内の格差が少なくなると同族内での労働交換が行なわれることもある。このように，同族内の結びつきは強く相互依存的であるといえる。

　一般的に水田稲作農業の特徴として，①労働集約的である，②定住性が強い，という点をあげることができるが，ある一時期に集中的に労働力が必要となるため，同族としての統一性を常にはかっている必要性があったと考えられている。こうした共通の利害や生活感覚，地縁・血縁関係で結ばれた強い相互依存の関係によって，ムラ社会内部において，次第に構成員相互の他力本願的な意識が育まれていったと考えられる。

　ところで，豊臣秀吉の刀狩りによって他力本願的な意識が農村内で広まったという説もある。1588年に，豊臣秀吉は刀狩り令を発令し，神社仏閣の建立のために鉄を使用するという名目で，農民から武器を取り上げた。この背景には農民の一向一揆を押さえるという目的があったが，その結果同時に，農民の自衛手段をも奪ったのである。

　戦国の世の中，農民は領内に流れこんでくる落ち武者等，流れ者から身や田畑を守る必要があった。武器を失った農民は，武士に米や作物を与え，その引換えに自らの身や田畑を外敵から守ってもらったのである。

　こうして，自分の身は自分で守るという意識が農民から薄れていき他力本願的になったという説である。

　一概にこれが日本人の他力本願の原因と決めつけることはできないが，物を出すことによって身の安全を確保するという考え方は現在でもしばしば見受けられることである。

2. 想像力及び創造力の欠如

　日本人は模倣は得意だが想像（創造）力は乏しいとよく言われる。これには，主として次の4点の理由が考えられる（図D参照）。

図D 想像力・創造力欠如の背景

```
┌──────────────┐              ┌──────────────────────┐
│ 水田稲作農業 │              │島国,外敵の少ない地理的要因│
└──────────────┘              └──────────────────────┘

┌──────────────┐              ┌──────────────┐
│ 特　徴       │              │ 特　徴       │
│ 収穫高は天候しだい│          │ 強大な敵がいない│
└──────────────┘              └──────────────┘
                  ┌──────────────────┐
┌──────────────┐ │創意工夫・アイデア不足│ ┌──────────────┐
│ 無力感       │→└──────────────────┘←│武具,兵器といった│
│ 天まかせ,諦め│            │         │身を守る工夫が不要│
└──────────────┘            │         └──────────────┘
                            ↓
                  ┌──────────────────┐
                  │ 想像力・創造力の欠如 │
                  └──────────────────┘
                            ↑
                  ┌──────────────────┐
┌──────────────┐ │創意工夫・アイデア不足│ ┌──────────────┐
│ 特　徴       │ └──────────────────┘ │ 特　徴       │
│ 自然との一体化│      ↑      ↑       │ 他人と同じ行為│
└──────────────┘      │      │       └──────────────┘
┌──────────────┐      │      │       ┌──────────────┐
│防寒具,冷房器具│─────┘      └───────│出る杭は打たれる│
│といった身を守る│                    │世間体,しがらみ│
│工夫が不要    │                      │にとらわれている│
└──────────────┘                      └──────────────┘

┌──────────────┐                      ┌──────────────┐
│ 温暖な気候   │                      │ ムラ社会     │
└──────────────┘                      └──────────────┘
```

①　農耕社会において，収穫高は天候によって左右されるため，創意工夫を重ねることよりは天のなすがままに任せればよいという意識が強い。
②　島国であるため歴史的に国内の戦乱を除いて，諸外国からの侵略もほとんどなく平和が続いたことによって，武器や身を守る兵器を新しく作り出す必要があまりなかった。
③　熱帯・寒冷・乾燥地域の気候と比較して気候が温暖であるため，厳しい自然環境におかれた他の国々と比べて，身を保護する器具，設備を考え出す必要が比較的少なかった。また，自然とは共存するものである，という意識が強く自然を克服するための創意工夫，アイデアが育ちにくく，またあまり必要ではなかった。
④　ムラ社会において，他の人と異なる行動をとることはムラの秩序を乱し，たとえそれが創造的，効果的なものであっても，「出る杭は打たれる」結果に終わってしまうことが多い。また，ムラの慣習，伝統といった「しがらみ」にとらわれているため，そこから逸脱した行動，アイデアなどが生まれにくい土壌がある。

　①の「天のなすがままに任せればよいという意識」は，日本人に危機意識の定着しない6つ目の理由である「自分でどうすることも出来ない事態に対して投げやりになり，運命論で片づける傾向がある」と同様の背景をもつと考えられる。
　一般的にこれらの意識の根底には，自然の偉大さに対する人間の無力感と，運命は逆らわずに甘受するものといった諦めが，反映されている。そして，こうした自然観や運命論的な考え方は深く日本人の国民性と結びついていると言われている。
　ここでは，まず日本人の自然観について簡単に述べてみる。
　日本の自然は，一方では四季折々を通して変化に富み，また，いたる所に景勝の地を備えている。それらは極めて繊細かつ心和むものであり，日本人の豊かな心を育んできた。

しかし他方では，わが国には地震，津波，台風などの自然災害が多く，時に自然は，人々の生命を容赦なく奪い取る圧倒的な破壊力を示してきた。気候的には温暖であるが，自然災害の観点からみると，日本の国土や自然環境は，表面は楽土であっても実際は極めて厳しいものと言わざるをえないのである。

こうした自然の特性によって，日本人の心の中には独特な自然観が形成されるに至る。日本人の自然観の特徴として，まず，自然と人間の関係を極めて密接なものとみなす点があげられる。しかし，この両者の関係はきわめて一方的であり，「偉大な自然」と「無力な人間」という対比も同時に存在しているのである。

この自然と日本人の関係のパターン（日本人の自然観）は，次の3つに大別することができる。

第1は，心をなごませる自然の優しさに着目し，これを人間の「救済者」とみなす自然観である。

第2は，第1のものとは逆に，自然の残酷さに着目し，これを人間と社会の「断罪者」とみなす自然観である。例えば自然災害を人間への天罰とみなす意識は，この自然観によるものである。

第3は，優しさと残酷さという自然の二面性に着目し，これを人間の「救済者」であるとともに，「断罪者」である，とみなす自然観である。

これら全ての根底には，自然を絶対化する一方で人間の無力さを自覚する態度が，共通に流れているといわれている。それは自然を対象化し征服しようとするのではなく，むしろ自然と一体化しこれに服従しようとする意識と言い換えることができる。

こうした自然観は，日本人の物の見方と深く関わっている。自然の偉大さに対する人間の無力感が強く意識されるようになると，日本人の心の中には天まかせの意識，諦めやすさ，運命論で片づけるといった意識が自然と芽生えてくるものである。こうした心理によって，自然への挑戦や自然を克服する過程で必要とされる創意工夫や想像力（創造力）が日本人には身につきにくく，想像力（創造力）欠如といった国民性が形成されたものと思われる。

以上が①の理由に関しての主な背景である。
　ムラ社会において他の人と異なる行動をとることは，ムラの秩序を乱し，たとえそれが創造的，効果的なものであれ，「出る杭は打たれる」結果に終わってしまうことが多い。また，ムラの慣習，伝統といった「しがらみ」にとらわれているため，そこから逸脱した行動，アイデアなどは生じにくいという④の理由には，次のような背景がある。
　例えば，農村において「世間体がいい」ということは，つまるところ，ムラの習わしから逸脱しない行為を意味しており逆に，「世間体が悪い」といえば，それはムラの習わしから逸脱した行為を意味している。こうした世間体の内容は，単に道徳規範的なものだけにとどまらず，物事に対する好き嫌い等までをも含むことがある。
　世間体にとらわれている農民は，彼らの頭の中に世間体を満足させるような仮想の人間像が描かれていて，あたかもその人間が行動するであろう範囲内において行動するといわれている。こうした仮想の人間像はムラごとに異なるが，極めて保守的で，ムラの習わしに少しの逆らいもない点では，まさしく個々のムラを離れて共通しているのである。
　また，彼らの頭の中で仮想した典型的な人間は，個々のムラには必ず，一人ないしは二人は実在していると確認されており，ムラの日常生活を規制していく際には，このような人物がモデルの役割を果たすことが多い。
　このように，伝統や慣習といった「しがらみ」や「世間体」にとらわれたムラ社会においては，想像力を働かせたり，また発達させることは比較的困難なことである。その結果，想像力（創造力）欠如といった日本人の国民性が形成されたと考えられる。
　「世間体」がうまく機能すれば問題はないが，それが，集団の「足を引っ張る」もの，また，「しがらみ」でがんじがらめになると，健全な社会生活は成り立たなくなる。こうした現象は現在でもみられることである。例えば既得権の問題がある。
　危機が発生した後，危機からの教訓を十分に生かすためには，失敗の原因を

分析・評価し問題点を改善しなければならない。この場合，従来のやり方やシステムを大幅に修正しなければならないが，当然のことながらそこでは少なからず物的・人的に犠牲が伴うことが多い。大量解雇などがその例である。

日本社会において危機終了後，大量解雇を伴う政策を打ち立てたり，システム転換をはかることは困難なことである。

例えば，1996年7月に大阪府堺市の学校給食で病原性大腸菌 O-157 による集団食中毒事件が発生したが，病原菌の感染源や感染経路が特定できなかったため，今後も同様の問題が起きる可能性があるということで学校給食を廃止すべく世論が盛り上がった。しかし，学校給食に従事している十数万人が失業すると懸念され，結局うやむやの内に従来通り再開されるに至った。

これは明らかにわが国における既得権の問題の1つであるが，こうした既得権の存在は一方で問題解決のための足枷ともなりうる危険性があることを十分認識しなければならない。

3. 臭いものには蓋をする

日本人は，死に結びつくこと，自分に降りかかってきそうな悪いこと，嫌なことを極力避けたがる。言い換えるならば，臭い物には蓋をする傾向がある。災害による惨状の写真や映像から目を背ける行動は，その現れであるが，こうした最悪の事態を避けたがる傾向は，危機管理を行う上で，大きな障害となる。というのも，危機管理において「最悪の事態を予知，予防」することは非常に重要であるからである。最悪の事態を想定することなしに，効果的な危機管理を行なうことは出来ないのである。

こうした日本人の意識はどこからくるのであろうか。ここでは，「ケガレ」という文化人類学の用語に着目して，この日本人の「臭いものには蓋をする」特性を検討する。

古来日本には，人の死体のみならず，牛馬や鳥獣の死体処理をする人々は，社会に不可欠の存在にもかかわらず，これをケガレたものとして，忌み嫌った

り，差別したりする悪しき習慣がある。このケガレたものを避けたり排除したりする意識は，おそらく神道の清浄観に由来し，さらに仏教が身分差別を持ち込んだためといわれている。

神道の清浄観は，熱帯モンスーンの影響により夏場（梅雨時）の湿度が高く，ものが腐敗しやすいというわが国の気候・風土から自然発生的に形成されたと考えられている。原始仏教はヒンズー世界の身分差別を否定し，平等観を打ち出したが，日本に伝わり広まる中で，逆に仏教が差別秩序をつくり出した。この仏教観下において，最も人々に嫌われたものは，人の死体や牛馬や鳥獣の死体の処理に従事する人達であった。そして，この「死」に関わる仕事は，中世，近世を通して最も差別を受けた職業である。その結果，人々の意識の中に，「死」に結びつくことを避けたり，タブー視する傾向が強く植えつけられたのである。

ここで注意しておきたいことは，ケガレたものを嫌う傾向は，もともと日本人のなかに強く存在していたが，その傾向をさらに強めたのが，差別化をつくりだした仏教の身分制度ということである。この身分制度によって「死」に従事する人達はますます差別を受け「死」に結びつくものにまで，被差別対象が広がったといわれている。

日本人の，最悪の事態を避けたがる，臭いものには蓋をするという国民性は，湿気の多い風土であるため物が腐りやすく，腐った（ケガレた）ものを忌み嫌い排除する傾向が高まり，また，身分制度下ではそうしたものを最下層に位置付けることにより，ますます嫌うようになったため，強く形成されるに至ったと考えられている。

つまり日本人はこうした死に結びつくこと，自分に降りかかってきそうな悪いこと，嫌なことを極力避けたがるのである。

4. 疑う目を持てない国民性──盲目的服従と問題意識の希薄さ──

危機意識が乏しい4つ目の理由として，日本人は疑う目をもてないという

ことがあげられる。例えば，政府や自治体が公共建造物の耐震（安全）神話をつくり上げると，それに対し何ら疑問を持つことなく信じ込んでしまうのである。一般的に日本人は，権力や権威に非常に弱い。その背景には，時代の権力者が大衆に対し，服従精神を巧妙に植えつけてきたという歴史が考えられる。

「長いものには巻かれよ，太いものには呑まれよ」と服従をすすめる言葉は，歴史的に支配される側の民衆にとって第1に心がけるべきこととされている。また，権力への無条件な服従心を民衆のなかに植えつけることによって，多くの権力者は自らの権力を保ってきたのである。

一般的に権力の恐ろしさを，言葉や暴力によって人々の心の中に植え付ける形で，服従精神は作り上げられる。大半の日本の民衆によって「長いもの」，「太いもの」として直接に影響を受けてきた権力は，「お上」，「お巡り」，「軍部」などであった。現在においては，政府や自治体，警察といった国家権力などである。

歴史的に「お上は」，民衆の服従精神の形成過程において大きな役割を演じてきたが，こうした服従する状態に絶えずさらされていると，気がつかないうちに，自然と服従的な習性が植えつけられてしまうものである。

一方で，権威への自動的な服従の習性が形成されていくと，他方では個人の自由な自我の成長が妨げられるが，逆に自我をできるだけ伸ばさないように訓練をすることによって服従の習性を強くすることもできる。

大抵の場合服従は初め，強制として感じられるものであるが，服従という行為が絶えず習慣として，機械的に繰り返され，それについての疑問や批判がことごとく禁じられる状態が長く続くと，やがて強制の枠に入れられている自分を忘れ自我の抹殺からくる服従の習性が形成されるといわれている。

服従の習性がいったん形成されてしまえば，その後は何事によらず服従することが自然のように思われてくる。この段階では当人にとっては命令に従う行動が，あたかも，自然の自己の内部からの要求によるかのように感じられることが多い。

こうして，この服従の習性が更に強まると，決まった枠の中で行動しないこ

とがかえって精神的な苦痛となる場合もある。服従の習性は，命令されたり予定された生活の枠に収まっていないと，不安定で物足りない感じを呼び起こすようにもなる。

また，命令への絶対服従という習性が強くなってくると，やがて何事によらず消極的でことなかれ主義をとる習性まで形成されるようにもなる。

このようにして多くの権力者は，大衆に対し巧妙に服従精神を植えつけてきた。その結果，特に権力，権威に対し，何ら疑問を持つことなく信じ込んでしまう，疑う目をもてないという日本人の国民性が形成されたと考えられる。

火山学者の発表を疑うことなく信じ込んでしまったばかりに，多数の犠牲者や被災者を出した出来事がある。

これは，大正3年1月12日に起きた桜島の大噴火（大正爆発）のことである。この噴火による被害は，「鹿児島県史」によると，死者35人，負傷者112人，行方不明者23人，全焼家屋2148戸，全倒家屋113戸にのぼったが，これは，全くの自然災害ではなく，いわば人災であったといわれている。

「村長ハ数回測候所ニ判定ヲ求メシモ，桜島ニハ噴火ナシト答フ」と記録が残されている。噴火の前兆ではないかと不安におののく住民を代表して，桜島村長は噴火の可能性を測候所に問い合せたところ「噴火ナシ」という返事が返ってくるばかりであった。確かに，温泉や井戸の水温上昇，水枯れ，小地震が起こるなど，普段とは異なる現象が数多く観測された。しかし，最終的に桜島の住民は測候所の判断を信じ込み，噴火が起こるまで避難をすることはなかった。その結果，上記の被害が出たのである。

この出来事から得た教訓を後世に残すために，東桜島小学校の裏には「住民ハ理論ニ信頼セズ…」で始まる"科学信ズベカラズ"という記念碑が立てられた。この出来事から80年以上経た現代の科学でも，火山の爆発は到底予知できない。この出来事は，測候所の発表を鵜呑みにしたばかりに起こったものであるといえる。

日本人は権威や権力以外に対しても，疑う目をもてないことがある。例えば身内に対してである。以下では現代の日本社会における一例を紹介する。

最近，海外において日本企業の派遣幹部社員が誘拐される事件に巻き込まれるケースが増えている。こうした事件の中には自社の現地人従業員から誘拐犯人に情報が漏れたケースもあったといわれる。日本人は身内を100％信じて疑わない傾向が強く，例えば社内の同僚が誘拐犯への情報提供者であるなどとは到底考えないのである。

本社からの派遣幹部社員は，現地人従業員との関係を維持，もしくは改善しようと機会を見つけては生産現場に出かけ，積極的に彼らとコミュニケーションを図ろうとする。とりわけ，日本的な家族主義の経営管理システムを導入する傾向がある。

こうした経営手法には様々な利点がある一方で，現地人従業員に接近しすぎるあまり，自宅の住所や電話番号，行動パターンやスケジュールといった個人的な情報を不必要に漏らしてしまう危険性がある。その結果，時と場合によっては，危機管理を行なう上で大きな問題を抱えてしまうことがある。

例えば，1992年3月，中米パナマにおいて日系商事会社の邦人派遣幹部社員の誘拐・殺害事件が起きたが，犯人は被害者の直属の部下であった。

この事件以外にも情報提供者が同僚だったり，元従業員だったというケースは少なくないが，「まさか身内の者が」という先入観があるため，身の回りに不審な挙動や事柄があっても見逃すケースが多いのである。

「人を見れば泥棒と思え」とまでは言わないが，ケース・バイ・ケースで自社の現役社員や元社員をも疑わなければならない場合があることを認識しなければならないのである。

5. 「熱しやすく冷めやすい」特性

危機意識欠如の5つ目の理由として，「熱しやすく冷めやすい」という日本人の特性があげられる。これは，例えば，災害直後など，大きな課題を与えられれば，熱心に取り組むが，時間とともに生々しい記憶は薄れ，同時に危機意識も薄れてしまうということである。

「熱しやすく冷めやすい」という日本人の特性は，日本人の内向的な性格によるためであるといわれている。

内向的な性格の特徴として，新しいものを創造することよりも元の状態に戻すことの方が向いており，長期的な目標より，短期的な目標をこなす能力に優れている点があげられる。逆にいえば，長期的な視野にたって新しい状態を創造することが苦手であるといえる。

例えば，阪神・淡路大震災の復興の際には異常な努力が結集されたが，後の災害に備えた都市づくりという観点から見ると，十分に教訓が生かされていなかったといえるのである。これは，歴史的に数多くの自然災害に見舞われてきたというわが国の自然環境にも大きくよるが，他方で内向的な性格にとって，復興という形態をとることには非常に適しているが，創造することには不向きであるからといえる。

復興は，建設という形態を一応はとってはいるが，「あった」姿に戻すことに違いないのである。それには集中するが，「あるべき」姿を目指しての建設となると，想像力を必要とする世界に立ち向かうことであるから，日本人は戸惑いを覚え熱意を失うか，逆に盲目的に突進することが多いのである。

こういう観点から，日本には欧米のような長期的視点に基づいた何ヵ年計画というのは存在，成立しにくいのである。

さらに，こうした内的傾向の強い性質は，企業経営を例にとると，非常に短期的な目標を掲げることを好むのである。何年も先に目標を設定し，そこへ向かって経営努力をすることにはあまり向いていないのである。

日本人は概して，短期的な目標を定める。というのも，限られた期間の目標に対してでないと，興味や熱意，集中力が続きにくいからである。つまり，身近に対象を感じることができる程度の短期目標であり，具体的な競争相手を明確に設定できるとき，多くの日本人はその達成に非常な努力を払うといえるのである。

一方，欧米人は長期的な目標をかかげることを好むので非常に短期的な課題をあたえても効果は少ないといわれている。壮大な長期目標がないと集中でき

ないのが，欧米人のような外側を向いている人間の特徴といえるのである。

したがって，内向的性格の強い日本人には創造することよりも元の状態に戻すことの方が向いており，長期的な目標より，短期的な目標をこなす能力に優れているという性格は，効果的な危機管理を行ううえで大きなマイナスとなりかねないのである。というのも，危機管理計画やマニュアルを策定するには，長期的視点にたって，最悪の事態を想定しながら危機に対し的確に対応できるような予防策を考案しなければならないからである。

また，「元の状態に戻す」ことは，危機の経験が生かされていないことを意味する。こうした特性は，危機意識が欠如した理由の2つ目である「想像力（創造力）が乏しい」とも結びつく。例えば，危機的状況を想像する場合，大半の日本人にとって危機のない状態というものは現状である。そして，外部の変化と無関係に現状が維持できると考えるのである。つまり，現状維持が危機管理であると錯覚するのである。危機管理は，流動的な外部の状況変化に応じ，主体的に外に働きかけることによって効果的に行なうことができる，という認識に欠けているのである。想像力を働かせて危機的状況を回避すること，またそうした状況に陥らないような事前の対策を講じることが日本人には多少欠けているのである。

図Eは，日本人と欧米人の危機に対する認識の違いを示したものである。

これによると，欧米人は危機を自らの認識不足によって発生するものとしてとらえ，分析・評価し，そこから得られた教訓を後の危機に生かすことを考える。これに対し日本人は，教訓を得ることよりも，運命論で片づけたり，諦めたり，忘れることによって危機から立直ろうとすることが多い。

また，危機が終了した後，日本人は復興という形で「あった姿」すなわち，危機発生以前の状態に戻すことが多い。一方欧米人は，危機からの教訓を生かし「あるべき姿」を模索し新しい状態を創造するのである。

こうした危機に対する認識の違いは，日本人の内向的な性格によるためでもあるが，歴史的に災害の多いわが国においては，常に災害（危機）と隣り合わせに生活をしなければならないという，欧米諸国とは異なる自然環境にも起因

図E　日・欧米人の危機に対する認識の違い

```
              現　状
              （平時）
                ↓
              危機発生
             ／      ＼
         日本人        欧米人
           ↓            ↓
         絶望感  ----→ 認識不足を痛感
                       して反省する
           ↓            ↓
        運命論で片づける   危機発生の原因を考
        諦　念           える
        忘　却           教訓を得る
                        将来の危機に生かす
           ↓            ↓
        あった姿に戻す    あるべき姿を模索
           ↓            ↓
         復　興         創　造
           ↓            ↓
       フィードバック   新しい状態
```

（大泉　光一作）

する。

　しかしながら，自然環境の違いという理由に甘んじてはいけない。欧米では，自然は克服するものという認識がある。これに対し日本では，自然とは共存するものという意識が強い。この「自然」を「危機」という言葉に置き換えると，

両者の危機に対する認識の違いの背景がよりよく理解できるのではなかろうか。

欧米人と異なり日本人は，危機発生から教訓を得ること，また教訓を将来の危機に生かすことが概して苦手である。これは，前に述べたように日本人の内向的な性格や自然環境の違いによるためでもあるが，もう1つ見落としてはならない重大な原因があげられる。それは，責任の所在を明確化することを極力避けたがる日本人の国民性である。

教訓を十分に生かすためには，危機が終了した段階で失敗の原因を徹底的に究明する必要がある。ここでは当然のことながら，誰（何）が，どのように，どこが，どうしていけなかったのか，といった事項に関して詳細に分析して原因究明を行なわれなければならない。例えば，失敗が一見不可抗力によるものであると見做されるような場合ですら，危機に対する事前活動（pre-activity）の不足として，自らの過失を認め，責任をとる姿勢を示すことが大切なのである。

ところが日本人には，失敗の責任をとるという意識が薄いのである。例えばこれは，日本企業の危機管理計画やマニュアルに，責任者の個人名がほとんど記載されていないことからもうかがえる。こうした危機が終息した後も，責任の所在が不明，あるいは曖昧なまま残ることが多いのである。

日本人も欧米人に見習い，失敗の原因を明らかにし，責任の所在を明確にすることによって危機から教訓を学んだり十分に生かすように心がけるべきである。

最後に，ゆで蛙シンドロームを通して教訓の生かし方について考えてみる。

ここに3匹の蛙がいる。まず1匹目の蛙を冷水の入った鍋に入れてガス台にかける。温度はゆっくりと上昇するが，蛙は鍋の中にとどまり，ついには死んでしまう。次に2匹目の蛙を湯に入れると，蛙はすぐに飛び出す。火傷はするが生きている。

1匹目の蛙は，「もうこれ以上熱くなるはずがなく，最後には冷めるに違いない」と考えた。2匹目の蛙は，湯をはった鍋に入れられた時，危機的状態を直ちに認識し，ジャンプして，何とかその場を逃れた。だが，前の2匹の

行動を見ていた3匹目の蛙は，警戒して，鍋の中に入ろうともしなかった。

　ここで得られる教訓は，手遅れになるまで問題を直視せず，必要な行動を起こさないことの危険性，そして，他人の災害に学び，事前に計画を立案することの重要性である。正しい計画が立てられれば，危機は回避できるし，少なくとも最悪の事態だけは免れることができるのである。

6. 運命論及び天譴論で片づける

　危機意識欠如の6つ目の理由として，「運命論で片づける」という日本人の特性があげられる。これは，自分でどうすることもできない事態に対して投げやりになり，自らの運命や天のさだめとして，事態を諦め，受け入れる傾向があることを意味する。例えば，自然災害においては，自然のもたらす災害とそこにおける人間の生や死を避けられない運命と考え，これを甘受する思想を意味している。

　ここでは，自然災害に焦点を当てて，運命論がいかに形成されたか，そして，運命論で片づける背景にはどの様な理由があるのかを検討する。

　これは，前に述べたように，地震，津波，台風，火山の噴火といった自然災害に見舞われやすいわが国の自然環境が，日本人の心のなかに独特の自然観・災害観を形成し，それらが日本人の運命論的考えと深く結び付いていると考えられる（図F参照）。

　環太平洋火山帯上に位置するわが国は，過去に幾多の巨大地震や火山の噴火を経験してきた。また，熱帯モンスーン（台風）による洪水，山崩れといった被害は毎年報告されている。

　こうした自然災害を通して数々の生と死に関する体験談が残されてきたが，被災者の中には，生と死が全く紙一重であった者やほんの些細な選択によって生死が分かれた場合もある。

　死を免れた被災者やその話を伝え聞いた者は，「もしあの時…」と運命の不思議さを考えずにはいられなかったのである。

図F　日本人の自然観・災害観

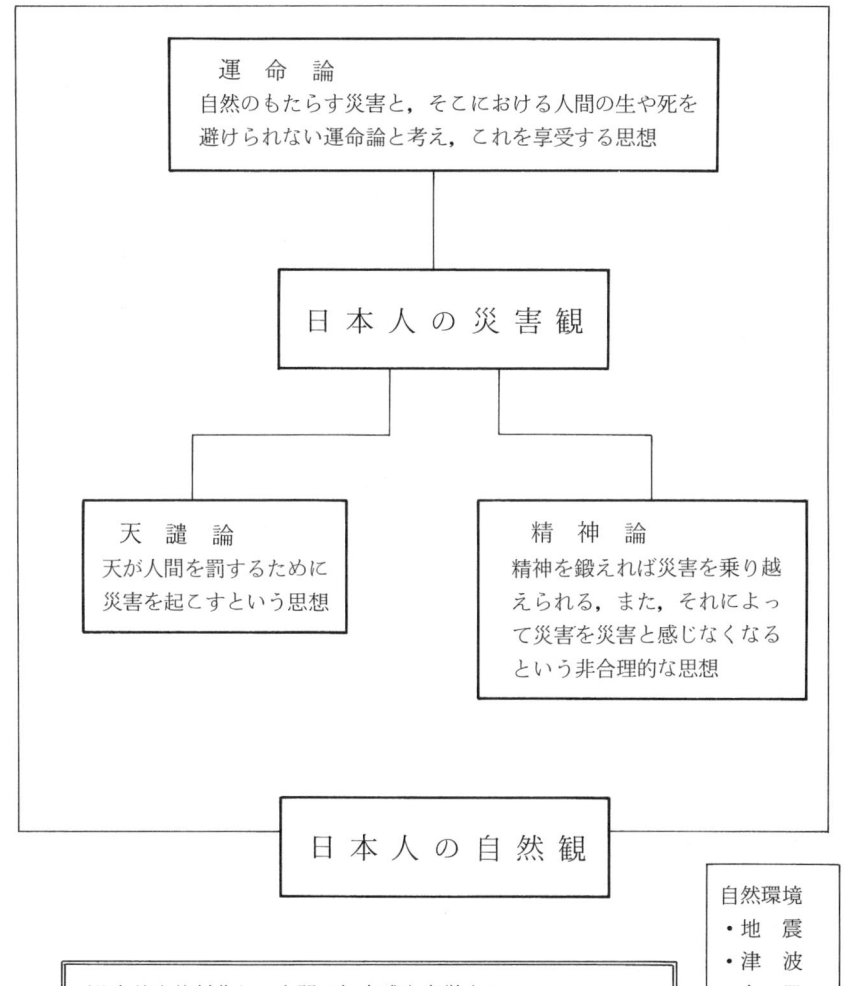

運命論
自然のもたらす災害と，そこにおける人間の生や死を避けられない運命論と考え，これを享受する思想

日本人の災害観

天譴論
天が人間を罰するために災害を起こすという思想

精神論
精神を鍛えれば災害を乗り越えられる，また，それによって災害を災害と感じなくなるという非合理的な思想

日本人の自然観

(1) 自然を絶対化し，人間の無力感を自覚する。
(2) 自然と一体化し，服従・共存しようとする。
(3) 自然は人間の「救済者」であるとともに「断罪者」である。

自然環境
・地　震
・津　波
・台　風
・火山噴火
・洪　水
・日照り

こうして，自然災害を繰り返し経験するたびに人々の意識のなかに運命論的災害観が形成されるに至ったのである。

ところで，災害観としての運命論には，大きな「心理的効用」がある。それは，運命論で片づけることによって災害の悲劇性を心理的に減殺できるという効用である。

この心理は，一方では，災害からの回復を促進する機能を果たすのである。災害の悲劇を運命論で割り切ることによって，生活の再建への大きな弾みとなるわけである。大切な家族や財産を災害で失ったことは全て自らの運命であって，いまさら悔やんでも仕方がないと考えることによって災害からたくましく立ち直るのである。

このように，運命論で片づけることは，災害の悲劇性を減殺するという心理的効果がある。しかし他方で，この心理的効果は，災害者のなかに，災害に対する「諦念」や「忘却癖」を生み出していく。つまり，運命論で片づけることによって，被災者は，災害をただ単に過去の不運な出来事と考え，その悲惨な経験を教訓として有効に生かすことはなく，これをたちまち忘れ去ってしまうのである。

諦念とは，災害は人間の手ではどうにもならないという感情であり，例えば地震や台風のような自然の破壊力に対しては，ただこれを耐え忍び，諦めるほかないという心理のことである。

一方，忘却癖とは，災害の経験を将来の防災に生かすことなく，これを忘れ去ってしまう態度を意味する。

要するに，運命論で片づけることは，被災者の心理的打撃や，災害の悲劇性を緩和するという効果をもつ一方で，災害に対する諦念と，忘却癖を生み出す作用ももっているのである。もちろん，この両者は互いに関連している。災害への諦念は，逃れがたい運命の強大な力を認識することから生じるのであり，また忘却癖は，災害を忘れ去ることによって，その悲劇性を心理的に減殺する効果をもつといえる。

このようにして，運命論で片づけるという災害観が日本人のなかに形成され

ていったのである。

第2節　日本人に危機意識を身に付けるための方策

マスコミ報道のあり方

　一般的に欧米人は，危機意識を子供の頃から普段の生活を通して自然に身につけているといわれている。これは歴史的に，欧米諸国では様々な紛争や他の国々からの侵略が繰り返し起こり，また現在においても治安が比較的悪い地域が多く，安心して生活を営むことができないためでもある。そのため，幼児期から自分の身は自分で守るという「セルフ・ディフェンス（自己防衛）」の意識を持つようになっている。

　また大半の欧米人は自分の身への危害に対し「目には目を，歯には歯を」という考えを持って対応している。

　一方，日本人は欧米人と比較して危機意識が乏しい。日本人に危機意識を身に付けるためには，危機に対する認識そのものを根本から変えていく必要がある。そのための方策の1つとして，マスコミの災害報道のあり方について検討する必要がある。

　1995年1月の阪神・淡路大震災で，神戸市内の一部地域で火災が発生した時，テレビの画面からは，音声を消したままで災害現場が放映されていたといわれる。確かに画面全部が火に染まっていたことにより，災害の規模は十分に実感できたと思われる。しかし，災害の本質的な悲惨さは全く伝わることなく，大半の視聴者は「対岸の火事」として受けとめてしまったのではなかろうか。

　惨状を伝える消された音声の向こうでは，建物の下敷きとなった被災者たちの救出を求める叫び声，「熱い，助けて」と火に包まれ死にそうな人の声，警察・消防の人の叫ぶ声，罵声，赤ん坊を胸に抱き逃げ惑う親子，自分の子供を探してその名を叫ぶ親，逆に親を捜して泣き叫ぶ子供，負傷して体から血を流している人，火災から逃げ惑っている人々が右往左往する姿などがあったことが想像される。こうした被災者が体験していた生々しい様子は，ありのまま報

道されてはいなかったのではなかろうか。

　災害報道において大切なことは，災害によって受けた物的被害だけでなく，悲惨で生々しい人的被害もありのまま報道することである。テレビの画面に映し出される生々しい惨状を通して，人々は自分の身に置き換えることによって災害からの教訓を学ぶことができるのである。

　また，テレビだけでなく，新聞，雑誌等の各メディアにも同様なことがいえる。わが国においてテロ事件や災害現場の生々しい悲惨な写真はほとんど掲載されない場合が多い。

　一方，欧米のメディアはこれとは全く異なる。例えば，テロ現場の報道では爆弾により大勢の被害者が吹き飛んで死んでいる姿がそのまま大きく取り上げられる。

　日本では，刺激が強く生々しい映像の放映やメディアは，主に主婦層から子供の教育上良くないとの抗議を受ける場合があるといわれている。しかし惨状の現場を包み隠す事なく報道した映像でないと，心に本質的な災害の悲劇性は刻まれないであろうし，危機に対しても恐ろしさが生まれてこない。欧米では，こうした映像が放映された時，親が子供にテロや戦争の悲惨さ，災害により人々がどのような被害を受けるかを説明し危機意識を持つように教えるのである。マスコミの映像は親子の危機管理の教育の教材として使用される。日本人も欧米人に学び，こうした悲惨な映像を意図的に避けるのではなく，危機意識を持つきっかけとしてありのまま受け止めるよう心がけなければならない。

　ありのままの悲惨な災害の現場を報道することの必要性には，2つの大きな理由が考えられる。1つは，幼児の頃よりこうした映像に接することにより，自然に危機に対する心構えが形成されることである。

　もう1つは，インパクトの強い方が人々の心に被害の悲劇性が長時間残り，そこから教訓が得られやすいためである。例えば，頬を平手打ちされるよりパンチされた方が痛みは大きく，インンパクトが強いため，痛みは長時間消えない。また痛みが大きければ，次は殴られないように防御する姿勢が自然に生まれてくるのである。

話は少し変わるが，日本人と欧米人では隠れんぼの際に「ワッ」と脅かされた後の反応が異なるといわれている。大半の日本人はびっくりしてその場に立ちすくんでしまう。例えば路上で日本人が暴漢に襲われた場合，とっさに何もできず立ちすくんでしまうのである。

これに対して欧米人は驚くより以前に手足が出る。これは自然に自己防衛の意識が備わっているため脅かした相手を加害者と見なし，自分の身を守るための反応（行動）を無意識のうちに示すからである。

欧米人が危機意識を自然に身につけ，危機に対して最善の策をとることができるのは，生々しい悲惨さをマスコミを通して知り，認識しているからといわれている。

日本人が危機意識を身につけるためには，欧米人に学び，幼い頃より生々しい悲劇の惨状やその本質をありのまま受け止め，そこから教訓を得なければならないのである。

そのためにはまず，マスコミによるありのままの災害報道を受け入れることができるような社会を形成していくことが大切なのである。

参考文献：
1) 今野敏彦ほか『くらしの社会学』八千代出版，1983年，165頁。
2) 南　博『日本人の心理』岩波新書，1977年。
3) 会田雄二『日本人の意識構造』講談社現代新書，1973年，36-39頁。
4) 廣井　修『災害と日本人——巨大地震の社会心理』時事通信社，1986年。
5) 井上忠司『世間体の構造』NHKブックス280，1978年，4-5頁。
6) 市坪　弘『火山灰に生きる——桜島の人間記録』中公新書498，1978年。

第1章

危機管理の基礎理論
――緊急意思決定の組織科学論的展開――

第1節 危機および危機管理の定義

1. 危機とは何か

　ハーマン（C.F. Harmann）によると，「危機（crisis）とは，意思決定集団の最優先目標を脅かし，意思決定が下される前に対処時間を制限し，発生によって意思決定集団のメンバーを驚かすものである」と定義づけられている[1]。また，危機とは，社会システムの基本的構造または根本的価値や規範に対する脅威であって，そこでは時間的圧力と高度で不確実な環境のもとで重要な意思決定が必要とされるのである。

　さらに，「危機」はシステム全体に物的影響を与え，基本理念つまりシステムそのものの抽象的意義やシステムの実在する核心事項を脅かす崩壊，と定義できる。

　しかしながら，危機はシステム全体に物理的影響を与えるだけではなく，個人の基本的な固定観念，主観，実存的コアにまで影響を及ぼす崩壊であると定義できる。

2. 危機の 2 つの条件

　以上，危機の定義について簡単に述べてみたが，「危機」には少なくとも 2 つの条件が必要となる。第 1 は，システム全体が完全に破壊されるところまで影響を受ける必要があることであり，第 2 は，システムの所属メンバーが基本理念の土台がそもそも間違っていたことに気づくとか，基本理念に対する防衛機構を確立しようとするようなところまで影響を受ける必要がある。

　システム全体に衝撃を与えるというのが危機の第一条件であるが，実質的に出来事がシステムの一部にしか影響を与えない場合，これは危機ではなくて事件と解釈すべきである。しかし，この見解はシステムの定義によって変わる可能性がある。システムを企業とか製造プラントと定義した場合，システムの破壊は操業の停止ということになるのである。この考え方は，経営学上危機を企業の技術の核心部分を破壊するもの，または投入処理，産出というプロセスを破壊するものとしてとらえることができる。しかし，システムを生産されている製品全体，業界全体，さらには地球規模のものとしてとらえた場合，破壊という意味合いは，経営学で使ってきた見解を逸脱することになるのである。例えば，アメリカで DC10 数機にエンジンの欠陥が発見されたが，これによって全世界中にある DC 機全機種だけでなくマクドネル・ダグラス社や他の旅客機，ついには航空業界全体に影響を及ぼした。その他の事例として，チェルノブイリ原子力発電所の爆発は，原子力発電所を破壊させただけにとどまらず，地球全体を放射能で汚染し，原子力発電そのものの運命にも影響を与えたのである。アメリカ系多国籍企業ユニオン・カーバイド社のインドのボパール事件は，数千人の死者を含む 20 万人余の被害者を出したにとどまらず，全世界中の化学工業界に脅威を及ぼし，多国籍企業の途上国における操業に疑問を投げかけたのである。

　この第一条件については，財政的な問題としてとらえられることがしばしばある。危機管理担当責任者の観点からすると，深刻な危機による財政支出額はもっとも身近で目につきやすいことが多い。危機のほとんどが多額の財政支出

を強いている。例えば，エクソン社はバルデスの石油流出事故に対する除去費用ならびに罰則金として10億ドルを支出している。企業の経営者に責任がなく，彼らも危機の被害者であっても多額の財政損失を被らねばならないのである。例えば，カプセルの鎮痛解熱剤「強力タイノレール」を市場から撤去し，カプセルをキップレットに変えることで，ジョンソン＆ジョンソン社（子会社マックニール社）は5億ドルを費やしたという話は有名である。このような支出を回収できる企業はほとんどない。

　危機が企業の物的および財政的資産をどのように奪い去るかを理解するのは簡単である（製品の生産やサービスに通常投入される資産は危機対応に振り向けられる）。しかし，危機は精神的なダメージをも強いる。そしてこれは把握することがより難しいのである。直接的または間接的に被害を受ける者は，事故の精神的ストレスに苛まれることが多い。被害者は，記憶，夢の中で繰り返し危機を思い出してしまうので，一般的な緊張感，不安，睡眠不足，性欲の低下，ならびに多くの場合顕著なうつ症を示すようになる。これはシステムの所属メンバーの基本理念を破壊する危機の第二条件のひとつである。

3. 危機の実在による3つの影響

　すでに指摘してきたように，危機の中でもっとも難しい側面は，危機の実在する範囲を理解することである。「実在する」とは抽象的なものではまったくなく，ここでは具体的なことを意味している。危機が実在することによって少なくとも次の3つの影響がある。

　第1に，危機は全産業界の合法性を脅かすことがある。過去に起きた，ボパール事件，チャレンジャー号事件，チェルノブイリ事件等は，化学，宇宙，原子力発電それぞれの業界のその後の発展に大きな影響を与えた。

　第2に，危機は企業の戦略活動を覆すことがある。カプセルの鎮痛解熱剤「強力タイレノール」毒物混入事件について考えてみよう。1982年9月，シカゴ近辺でジョンソン＆ジョンソン社（子会社マックニール社）の「強力タ

イレノール」に毒物（青酸化合物）が混入されたために薬としての本質は完全に覆され，人のためになるものから逆に人の害になるものへと変わってしまい，企業および製品双方の基本的戦略上の目的が打撃を受けた。実際，この事件はマーケット・リーダーの思いがけない一側面を劇的に示したものであるが，製品が非常に多くの人を対象に多大な損傷を引き起こす原動力として利用されることがある。このように，現代の世界のマーケット・リーダーであることには，逆説的な側面がある。経営者の多くは危機管理に投資しないことを正当化するのにこの逆説を利用している。経営者によっては，管理の行き届いた企業には危機はないと思い違いをしている者もいる。しかし，逆が真であることは危機が実在することによって示される。例えば，宇宙産業界において米国のNASAの活動は，チャレンジャー号の危機によって脅かされる。この事件でスペース・シャトルは人命に危害を加えるものとして関連付けられた。同様に，教育の分野においてもモントリオール工科大学で数名の学生が殺害されたが，これによって大学の運営は逆転した。若者に明るい将来を提供するかわりに，同校は殺人の現場となってしまった。このような逆転は食品業界でもみられた。1990年の米国ペリエール社の危機である。飲料水は，同社の宣伝戦略を通じ「自然の純粋さとすばらしさ」と深い結び付きがあったが，突然毒物として関連を持たされてしまったのである。最後に，1990年に発生した百科事典を出版しているフランス系企業の「ラルーシ社」の危機があげられる。この危機は情報産業でさえも危険を招くことを示した。毒のあるマッシュルームと食用のマッシュルームについての印刷ミスがあったために読者は混乱し，何千人ものマッシュルーム生産者を危機にさらしたのである。

　第3の影響は，個人レベルで発生する。危機は，世間や自らの感じ方などの人びとの主観や価値観，権力，個性などに対する内面的感覚，さらには内面的な首尾一貫性をも混乱させる。人間は，否定とか非合理な合理論を唱えて危機によってもたらされる実在する死という恐怖の体験から逃れようとする。ここでいう死とは，単に肉体的な死というだけでなく，内面的な首尾一貫性とか主観とかが損なわれた時に人が経験することに関連した精神的な死という意味

である。

　例えば，チャレンジャー号の事件後，NASA の技術者は NASA が精神安定を目的とした緊急ホットラインを設置したり，カウンセリング計画を立てたりするほどの精神的ショックを被った。この障害は，その影響が特定範囲に限定されず，経験によって築いた精神的なものすべてに影響を与えた。ある技術者は，技術者としての資質に問題があるのではないかと感じた。「私は技術者として十分だろうか。その事故を防ぐのに何かできたのではないだろうか」。また別の技術者は，NASA が組織として先端技術を管理する能力があるだろうかということ，および NASA は最良であるという従来の想定に疑問を抱いたのである。また，この大災害はエンジニアリングの分野が技術の複雑さを"十分によく"処理し，そのような事故を防止できるかという想定に疑問を投げかけた。さらに，人間としての全般的な適性があるのだろうか，ということに疑問を持った技術者もいた。つまり，私は他人を裏切らない良い友人だろうか，ということである。また，人類全体への貢献を再評価し，仲間の死に対する責任感や大災害の防止に不適当なところがあったと責任を感じながらも，人間そのものに何らかの貢献ができただろうかと感じた技術者もいた。

　チャレンジャー号の悲劇は，言い換えると，経営者，科学者，従業員，技術者，顧客，市民，親，友人，個人自身というさまざまな役割を通じ，それぞれのあり方や存在意義に対して脅威を及ぼした。これらの存在にかかわる脅威の強さは，多数の防御戦略が開発されたことでも理解できる。この問題を狭く，処理しやすい2つの領域に絞ったとすると，それらは技術的欠陥と，NASA 経営陣からのコミュニケーション不足のせいにできた。大災害が起こる前に警告を発していた技術者がシャトルを発射させたのである。シャトルで働く技術者の子供達は，"宇宙飛行士の殺人者"と彼らの両親にレッテルを張ったクラスメイトによってなぶり者にされた。NASA の内部告発者，例えばボイスジョリー一家は，彼らのコミュニティのメンバーから村八分にされ，非難され，長い間住み慣れた町から引っ越さなければならなかったのである。

　これらの実在する問題と防衛メカニズムの強さは，国際的に注目を集めるシャ

トル計画のような事件にだけにあると信じることは大きな間違いである。自然災害や産業危機の研究の多くが，他の例でも同様の精神的外傷があることが報告されている。

　ここで強調したいのは，産業危機は古典的経営の分野が提唱しているように，企業の技術的核を形成している"入力―処理―出力"のプロセスに脅威となるだけではない，ということである。この危機は，個人が産業，企業そして自分自身に帰する象徴，信念，感情などを含めたシステム全体に対する脅威ともなる。危機とその実在とのこの関係は極めて奥深いものなので，実在心理学の分野は人間が危機をどう経験するかという研究を課している。例えば，ロロ・メイ（Rollo May）はこの活動の創始者の1人であるが，実在心理学を"危機におけるあらゆる人間の行動に力点を置いた現実への理解"を探求するものだと定義している。この実在の領域に注目するのは不可欠であり，それがなければ危機に直面する人間の現実を理解できないし，変化に対する努力も管理できないからである。

　これは，危機の物質的かつ象徴的範囲の双方が，危機の前後に着手される"危機管理"と安全の技術面に限定される"セキュリティ・マネジメント（Security Management）"および事後対応に限定される"クラッシュ・マネジメント（Crash Management）"の3つを区別することである。危機に備えのある企業の経営者は，本気で危機管理に取り組んでいる。彼らは，事前対応および事後対応の両方に注目し，危機の物質面だけでなく，象徴面にも対応を怠らない。これらの相違を理解するには，危機がどのように展開するかを理解することが必要である。

4. 危機発生の原因

　ここでは，危機の複雑さやその複雑さを論証できる危機管理の理論を示すために異なった分野で用いられているいくつかの見方を簡単に述べてみる。

　まず，経済学の理論において，危機的状況はしばしばインフレーション，失

業，不景気，財政赤字，景気後退のような基準によって定義される。危機発生の原因は，政府の決定や国際経済システムのルールを遵守しなかったという場合が多い。

　次に，政治学では危機を政治的統率の失敗，政治システムの統治能力のなさ，社会的対立を統治できない多様な政党の無力さ，もしくは国際政治組織の公平な発展の失敗というような現象に原因がある，としている。

　さらに，マルクス主義の政治経済理論では，危機を社会階層に存在する対立や交換価値と製品との間にある矛盾である，としている。

　社会学者がしばしば危機とするのは，社会的不平等，動機づけと刺激の低下，権威への挑戦，調整機構の欠陥，"功利的個人主義"の増加，もしくは家族，コミュニティ，市民と宗教の伝承の断絶である。

　また，社会学者は，他の社会なら理解できない出来事をある社会における個人には意味をなす神秘主義的なものに類似した"社会的事実"ととらえている。このように，逆説的だが，危機の概念は人びとの基本的な理念に疑問を与えるだけでなく，疑問を与えられた経験に意味を持たせることを可能ならしめるものであり，説明が不足している危機の発生を求めることでもある。

　歴史家は，危機を軍事力，技術，性的行動などの情報が氾濫する社会的事象のなかで矛盾が累積した結果として説明することが多い。

　渾沌の理論において著述家は危機を均衡の崩壊と定義しているが，危機発生の原因をよりよい秩序をたてようとする試みとしてとらえている。

　心理学者は，危機を個人のアイデンティティ，自我，意義の崩壊であると考えており，その原因についても多数論述し，それには本能的行動，潜在意識の影響，出産，病気，事故のような精神的ショックの経験の影響，親の感情移入としつけ，個人を目的として行動させる社会的影響，精神性の欠如，恐れなどがある。

5. 経営学的アプローチ

経営科学の専門家の多くは危機について多局的な見方を採用していない。彼らは，危機をその影響が限定的なものとして定義する傾向があり，管理機構を新たに導入することで発生した危機をひとつの枠組みに入れようとし，セキュリティ・マネジメントを一般的に主張する。

おそらく，マネジメントにおける最大の誤解は，危機をポジティブな力，つまり企業の存在に寄与する要因としてみなさないということである。危機には，ポジティブとネガティブの両面があり，それは危険と好機会の両方であるばかりでなく，その破壊的な面は，それ自体が組織発展の必要条件となっている。

現在，ミイラー（Miller）やシイエバース（Sievers）などの経営学者がこの重要な逆説を強調しているだけである[2]。彼らは生と死，秩序と渾沌，創造と破壊，秩序と無秩序，"平常通りのビジネス"と危機，とを反対のものとしてでなく，全体としてはむしろ統合されたものとしてとらえている。生と死の双方が相互に補足し合っているというこの概念は，西欧哲学と同じくらい古く，紀元前500年にギリシャ，西欧哲学の始祖の1人であるエペソのヘラクレイトス（Heraclitus）によって主張された。秩序と危機についてのこの誤解は，おそらく多くの企業が一般に危機に対して備えをしていないというもっとも重要な要因のひとつである。この点において経営の理論と実践は，逆説の重要性をすでに理解している他の多くの分野，例えば芸術，生物学，歴史学，神話学，哲学，物理学，心理学，社会学，唯心論，組織論，神学等に遅れをとっているようである。経営学者の3つの集団は，ヘラクレイトスの危機の考察を完全には採用していないが，そのような方向で研究している。最初の集団は，歴史学や社会学の考察を織り込んでいる。彼らは，危機を累積的なプロセスの結果としてみなしている。チャールズ・ペロー（Charles Perrow）の起工学の"普通の事故（normal accident）"に関する研究は典型的である。彼は，危機は普通のことで，現在われわれが用いている複雑な技術から生じるのだと強調している。この見地では，危機は人間の間違った決定によって引き起こされる

郵便はがき

料金受取人払

神田局承認

9679

差出有効期間
平成15年6月
30日まで

101-8796

011

(受取人)
東京都千代田区
神田神保町1—41

同文舘出版株式会社
愛読者係行

毎度ご愛読をいただき厚く御礼申し上げます。
本カードを出版企画等の資料にさせていただきますので,
ご意見,ご希望などをお聞かせ下さい。
図書目録希望　　有　　　　無

フリガナ		性別	年齢
お名前		男・女	才

ご住所	〒 TEL　　(　　)　　　　Eメール

ご職業	1.会社員　2.団体職員　3.公務員　4.自営　5.自由業　6.教師　7.学生 8.主婦　9.その他(　　　　　　　　　)
勤務先 分　類	1.建設　2.製造　3.小売　4.銀行・各種金融　5.証券　6.保険　7.不動産　8.運輸・倉庫 9.情報・通信　10.サービス　11.官公庁　12.農林水産　13.その他(　　　　　　　　)
職　種	1.労務　2.人事　3.庶務　4.秘書　5.経理　6.調査　7.企画　8.技術 9.生産管理　10.製造　11.宣伝　12.営業販売　13.その他(　　　　　　　　)

愛読者カード

書名

- ◆ お買上げいただいた日　　　　年　　　月　　　日頃
- ◆ お買上げいただいた書店名　（　　　　　　　　　　　　）
- ◆ よく読まれる新聞・雑誌　　（　　　　　　　　　　　　）
- ◆ 本書をなにでお知りになりましたか。
  1. 新聞・雑誌の広告・書評で（紙・誌名　　　　　　　　）
  2. 書店で見て　3. 会社・学校のテキスト　4. 人のすすめで
  5. 図書目録を見て　6. その他（　　　　　　　　　　　）
- ◆ 本書に対するご意見

- ◆ ご感想
  - ●内容　　　　良い　　普通　　不満　　その他（　　　　）
  - ●価格　　　　安い　　普通　　高い　　その他（　　　　）
  - ●装丁　　　　良い　　普通　　悪い　　その他（　　　　）

- ◆ どんなテーマの出版をご希望ですか

注文書

直接小社にご注文の方はこのはがきでお申し込みください。ただし、送料がかかります（冊数にかかわらず380円）。書籍代金および送料は商品到着時に宅配業者（クロネコヤマト）へお支払いください。到着までに1週間ほどかかります。

書　籍　名	冊　数

というより，むしろ現代の技術を構成する多くの要素の複雑な相互作用によって引き起こされる，としている。もし，人間にすべての責任があるならば，それは大きく複雑な技術システムをまず第一に築きあげようとしたことである。なぜなら，これらのシステムは，人間の理解や調整を超えてしまったり，人間自身の行動をも形作っているからである。

2番目の集団は，より社会心理学，政治学の考察を強調している。彼らは危機を間違った意思決定によって起きるものとしてとらえ，その責任は主に個人や集団にあると考えている。アイルビン・ジャニス（Irvin Janis）の重要な意思決定に関する研究[3]はこの見方の典型となっている。彼の考察では，危機管理の目的は，意思決定に関する通常の制約事項を減じ，それによって致命的になりかねない大災害を避けるという方策である。間違った意思決定がどのようにして災害を引き起こし，危機管理の実行をも阻害するかユニオン・カーバイド社のインド・ボパール事件の事例を参考に第10章で考察している。

3番目の集団の経営学者は，前に述べた2つの見解を統合している。彼らは，危機は普通の出来事で組織の複雑さや間違った意思決定，加えて技術システムとそれを管理する人間との間の相互関係によって起こると主張している。ボパール事件に関するポール・シリバスタバ（Paul Shrivastava）の研究[4]は，そのなかで大災害の不可避をまとめているが，この見解の典型的なものである。

ここでは，この総合的な見解を採用している。この見解には，決定論の要素（組織の運命は，それぞれの可変事項が秩序と渾沌を生じさせ，人間の決定や介在の影響がせいぜい関係するような組織自体の複雑さに影響される）と自由意思の要素（人間の決定は潜在的な大災害と潜在的な断固とした気性を招くもとである）の2つがある。

6. ヘラクレイトスの考察

ヘラクレイトスの考察においては，複雑さの現象はシステムに存在する多く

の可変事項間に相互関係があることだけでなく，秩序と渾沌の双方の根源であるそれぞれの可変事項にも逆説的本質があることをここでは強調すべきである。この見解から考えると，組織だった考察をした場合，危機は1つないしは2つの大きな原因だけに焦点を当てるべきではない。1つもしくはいくつかの出来事がどのようにしてシステムの勢い，動きもしくは相関関係についての一定パターンを引き起こすことになるかに焦点を当てるべきである。私たちは，伝統的なCause（原因となる）という言葉よりもむしろTrigger（きっかけとなる）という言葉をここでは使用したい。ヘラクレイトスの考察において，1つの可変事項だけが他を変える原因になると話すことは不合理だからである。いくつかの具体例をあげると，タンカーの船長の酩酊がエクソン社バルデス号の大災害の"原因となった"，もしくはテロリストの破壊活動がボパールの大災害の"原因となった"もしくはOリングの欠陥がチャレンジャー号の大災害の"原因となった"というのは不合理である。

　危機の組織だった考察には，1つの可変事項がシステム全体にどう影響し，その可変事項がシステムの他の可変事項によって拡大されるだろうということをできるだけ理解することが必要である。

　組織だった考察について具体例をあげると，エクソン社の経営者は，船長の潜在的な飲酒の深刻さに気づいていなかったという失敗をしており，この可変事項がその他の可変事項，つまり，安全装置の欠如，事故が発生した場合のアラスカでの技術的な準備不足，エクソン社のエグゼクティブ湾岸警備隊，アラスカの緊急事態サービス，地元の人達との間の効果的なコミュニケーション・ネットワークの欠如，もしくは逆境における心理学的訓練の欠如，などによって危機が拡大することを考えていなかったのである。

　同様に，第10章第3節で詳しく述べるが，ボパール事件でユニオン・カーバイド社の経営者は，全体の組織における破壊活動（原因が同社代表者のいうとおり破壊活動であった場合）の深刻さを考慮に入れなかったという重大な失敗をしており，それが他の可変事項，つまりインドでの工場の技術的欠陥，現地の経営チーム，地域住民・地元の緊急事態対応チーム，インド政府などに対

する知識の欠如というような事項によって拡大されることは考えていなかった。そして，NASAの何人かのマネージャーはOリングの潜在的な問題の深刻さについて考えていなかったという失敗をしており，NASAのマネージャーは潜在的な問題を軽視することとか，NASAの階級間およびNASAとそのパートナー間に存在するコミュニケーションの問題，スペース・シャトルの技術的なもろさなど他の可変事項によってこの可変事項が拡大されることを考えていなかったのである。

　警告の言葉：これらの大災害の原因は，人間の"間違った"意思決定だけに見出されるものではない。最良の備えがあっても事故は起きるものである。事故は現存するシステムにおけるひとつの状態である。しかし，危機を受けたこれら3つの企業の経営者は，大災害のリスクを減じ，少なくとも事件発生に備える努力に欠けていた責任がある。

7. 悪循環

　危機は，多くの者が悪循環（vicious circles）と呼んでいるように，自らを悪化させる自動補給式の現象である。メルトン（Merton）[5]の例を用いると，銀行が流動性の問題を抱えた場合，神経質な顧客は銀行から預金を引き出すようになって流動性はさらに悪化し，そのためにさらに多くの顧客が金を引き出すようになり，ついには銀行の倒産にまで発展するのである。

　悪循環には2つの主要な出所がある。人間の介在を通じ導かれるものと，複雑な社会技術システムに固有の特性から派生するものとである。NASAの事件は，前者から導かれた最近の事例である。スペース・シャトルの製品欠陥率を低減するため，NASAは従業員が欠陥を報告することを奨励するボーナス計画を設定した。その結果，製品の欠陥数は増加し，何人かの従業員はボーナスを得るために故意に製品を改変したのではないか，とNASAの経営陣が疑うまでにいたった。NASAの行動は，本来の問題を解決するのに失敗しただけでなく，本当にもっと悪い問題を引き起こす結果となったのである。これ

は，政策による悪循環を示したケースである。そのような悪循環は，危機の被害を受けやすい会社の特色である。そこでは，経営者が不適当な介在をして悪循環をもっと大きくしているようである。

悪循環はまた，システムそれ自体からも起こる。これらのシステムは，非常に錯綜し，複雑で相互関係がある。広範な官僚制度はその適例である。官僚制度は非常に複雑で形式ばっており，矯正しようとすると大失敗し，全体的に硬直性を増してしまうのである。

現在は，危機管理研究の分野において悪循環に気付いているのはわずかな研究者だけである。例えばペローは，ハイ・リスク・テクノロジーの研究において，社会技術の2つの特質，ひとつは全体的な複雑性，もうひとつは1つの可変事項の変化が他の可変事項の変化に影響を及ぼすというような関連性の程度が産業事故の可能性を増すと論じている。例えば彼は，海上輸送における技術は安全面において大した差はなかったが，それでも事故の可能性は増加したと論じている。同様に彼は，最良の才能，もっとも進歩した技術，最良の資源をもっていることさえ，危険な産業事故の可能性を克服することはできないと強調している。彼は「私たちは，非常に複雑な設計を作り上げたので，相互に作用しあう欠陥の可能性についてはすべて予想できない。われわれは，安全装置を取り付けているが，それはシステムのなかに潜んでいる経路のなかで騙され，避けられ，挫折させられている。これまでデザイナーは，中世の大教会の失敗……や列車の衝突から学ぶことができた。しかし，化学工場の爆発や放射性物質の事故から学ぶことは不可能のようである」と述べている。

8. 小さな可変事項を拡大する力

この危機の組織だった見方は，別の局面をもとらえることができる。つまり，組織の小さな事項でも別の可変事項によって拡大されると潜在的に大きな変化をもたらすことになるということである。組織だった観点から考えると，多くの事件（一部分のレベル）は，事故（全体の組織レベル）になり，それから危

機（基本的な理念に対する挑戦）へと他の可変事項によって拡大されるのである。

　表1-1は，危機となり得る潜在的な事故や事件を示したものである。これらのうち危機にまで進んだものは稀である。例えば，1987年にアメリカの核産業において3,000件の事故があったが，一時的に施設閉鎖に追い込まれたのは，それらのうちわずか430件（14.33％）だけであった。そして，核産業全体としては今まで公式にはスリーマイル島とチェルノブイリの2つの大きな危機だけであり，事故が危機をもたらした割合は，0.000666％である。確かに割合としてはとるに足らないが，これらの出来事は多大な影響を与えた。

　小さな可変事項が全体の組織に潜在的な影響を与えることを最初に強調したのは環境調査の分野であった。それは"バタフライ効果（butterfly effect）"と呼ばれ，世界のある一角で蝶々の羽ばたきがあると，どこかでサイクロンの

表1-1　危機になり得る主な事件

内部告発	労働者のストライキ	倒　産
反政府活動	エイズ	市民暴動
航空機の安全性	空港の安全性	欠陥製品
アスベスト	不良債権	顧客の死亡
化学薬品の乱用	化学物質の流出	工場・設備の不備
議会での偽証証言	毒物混入（製品脅迫）	強　奪
談　合	経営者の突然死	火　災
麻薬や化学物質の乱用	横領	誘　拐
誤った非難	危険物の事故	情報・コミュニケーションのミス
抵当権の喪失	インサイダー取引	レイオフ
敵対的テイクオーバー	訴　訟	核物質の流出
労働問題	ノーコメント	特許情報の喪失
利益供与	誤った噂	サボタージュ（破壊活動）
悪臭排出	不正取引	性的嫌がらせ（セクハラ）
欠陥商品の回収	贈収賄	乗っ取り
スキャンダル	産業災害	輸送事故
価値の変換	不正経理	環境汚染
テロリズム	航空機墜落	
反道徳的なふるまい	不当な貸付け	

（出典）　Pauchant & Mitroff〔4〕，P.26. を参考に筆者が作成

ような大きな環境変化を引き起こす可能性があることを示したものであった。同様に，経営科学分野の研究者は，可変事項間に余裕や緩衝のあまりない大きな組織間の緊密な結合の危険について強調している。緊密に連結した組織はより効率的に変化にすばやく対応するが，多くの複雑な相互作用やフィードバックによって著しく大災害となりやすくなる。1つの可変事項の変化が，他の可変事項の変化を導く可能性があるが，規制がないと組織全体の崩壊へと導いてしまうのである。

　危機管理におけるこの影響を示した例は多数ある。たいていの大きな組織は，見たところとるに足らない混乱から引き起こされている。ペローはこれを「非凡な組織における平凡な出来事」と呼んでいる。例えば，チェルノブイリの大災害は標準的な安全処置によって引き起こされている。チャレンジャー号事故は，シャトルのOリングが破壊したという技術的故障によって引き起こされている。1984年の，東京における電信，および電話の不通は，定期的なメンテナンスを怠ったために引き起こされている。別の例では，バージニア・エレクトリック・アンド・パワー社が1980年に4日間の工場閉鎖をしている。これは，1人の従業員がシャツのポケットにブレーカーのハンドルを引っ掛けたためで，会社と取引先はそれぞれ数十万ドルの損害を受けた。

　これらの小さな出来事がきっかけとなっている（"原因となった"のではない）。これら小さな出来事は全体の組織を構成している他の多数の可変事項と密接な相互関係を通じて拡大されたからである。些細な出来事が危機発生過程のなかでいつ発生するかによるが，オペレーターの過失やうわさなどの事件は危機を引き起こす可能性があり，さらにはそれをもっと深刻なものにさせることがある。

9. 危機を好機会に変える

　危機は確かに破壊的なものであるが，一方で人や組織にチャンスを与えるのである。

カプセルの鎮痛解熱剤「強力タイレノール」の製造元の「ジョンソン＆ジョンソン（子会社マックニール社）は，1982年9月，米国シカゴ近辺で発生した毒物（青酸化合物）混入事件に対して「ジョンソン＆ジョンソン社」の会長自らが問題解決のための陣頭指揮をとり，迅速な製品回収など効率的に対処したことにより，より強力な組織として台頭し，同社製品の評判を向上させて売上を大幅に増大させることができたのである。

しかし，第10章第3節で詳しく述べるが，1984年12月にインドのボパールでの農薬工場から致死性毒ガスが放出され，死者3千人，被害者総数10万人という大惨事を引き起こしたユニオン・カーバイト社は危機に押し潰されたのだといえる。ジョンソン＆ジョンソン社とユニオン・カーバイト社との違いは，ジョンソン＆ジョンソン社がイニシアティブをとり，事件に積極的にコミットしたのに対し，ユニオン・カーバイト社は損害を最小限に食い止めようという方針でしか対応できなかったのである。

それではなぜ，ジョンソン＆ジョンソン社が積極的な対応ができて，ユニオン・カーバイト社ができなかったのか。その答えは，事前活動（Pre-Activity）を行っていたかどうかである。事前活動は，危機が発生する前に方針や計画を策定し，危機発生中は適切にそれを実行し，最終的に業務を平常の状態に戻すという危機管理を行うためのプロセスであって，効果的な危機管理にはもっとも重要な要素の一つである。

事前活動によって，起こりうる危機およびその対策は，問題が発生する前に十分評価・検討されることになる。また事前活動によって，とくに広報活動や危機広報（Crisis Communication）に関与して事件に影響を与えることができる。危機広報とは，危機に対してとられるべき行動，ならびに危機から回復するためにとられるべき行動を公に伝達することである。さらに，危機に際してイニシアティブをとる危機管理担当マネジャーの能力が，最大限に活用されるように組織と資源（情報，資金など）を提供することも事前活動に含まれる。

10. 危機管理の基礎理論

　危機管理には，常に最悪の事態を想定し，危機が発生しないように予防・防止のための計画が立案され，訓練される，「クライシス・コントロール」と，万一，危機（非常事態）が発生した場合，人的及び経済的な損失を最小限に食い止めるための「クライシス・マネジメント」がある。つまり前者は主導的（イニシアティブ）又は，能動的（アクティブ）な意味があり，後者は，受動的（パッシブ）な意味がある。

　危機管理とは，時と場所を選ばず思わぬ形で発生する緊急事態（emergency）を予知，予防することであり，万一発生しても，すばやい対応で被害を最小限にとどめることである。どんな原因であれ，いったん企業やビジネスマンおよびその家族に被害が生じると，企業イメージの低下や経営に大きなダメージを与えることになる。したがって，これらの危機に対して"起きてから対処するのではなく，積極的にこの問題に取り組んで，未然に危機を防ぐ手段を講じる必要がある"。

　ミトロフ（Mitroff, Ian, I.）は，危機管理についてインターディシプリナリーなアプローチをとるのが適切であると指摘している[6]。とりわけ，危機の人的，組織的，組織間的局面のウエイトは大きい。

　ミトロフによると，図1-1に示したように，効果的な危機管理は，①（危機）前兆（シグナル）の発見（Signal Detection）→②準備・予防（Preparation & Prevention）→③封じ込め／ダメージの防止（Containment Damage Limitation）→④平常への復帰（Recovery）→⑤学習（Learning）すなわち教訓を得るの1～5段階の順序で進めることが望ましい。

　図1-1の（危機）前兆（シグナル）の発見および準備・予防の段階では，事前対応行動がとられる。もし，適切な行動がとられていれば，こうした対応行動によって危機を初期の段階で食い止めることができる。ダメージの防止および平常への復帰段階では，早急な対応行動がとられることになるが，危機が発生したあとの行動となる。被害を食い止め，復旧活動を行なうのである。こ

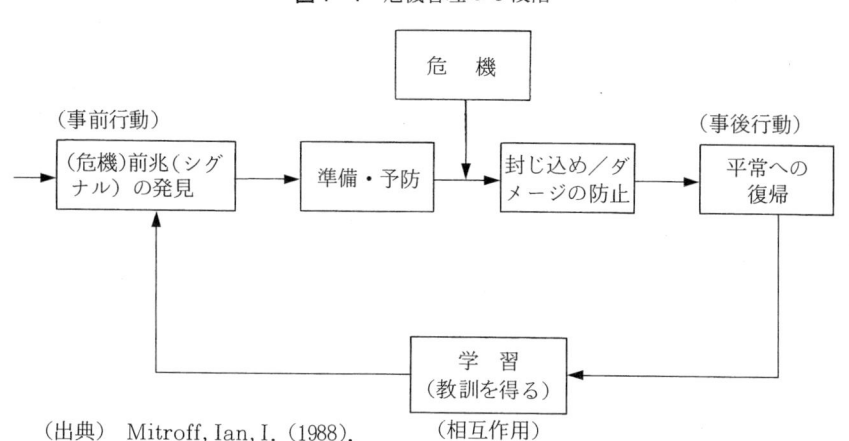

図1-1 危機管理の5段階

```
                              ┌─────┐
                              │ 危 機 │
                              └──┬──┘
                                 ↓
(事前行動)                                      (事後行動)
┌─────────┐   ┌─────┐   ┌──────────┐   ┌──────┐
│(危機)前兆(シグ│→│準備・予防│→│封じ込め/ダ│→│平常への│
│ナル)の発見  │  │      │  │メージの防止│  │ 復帰  │
└─────────┘   └─────┘   └──────────┘   └───┬──┘
     ↑                                          │
     │         ┌──────────┐                     │
     └─────────│  学 習   │←────────────────────┘
               │(教訓を得る)│
               └──────────┘
                 (相互作用)
```

(出典) Mitroff, Ian, I. (1988).

こではこれを"クラッシュ・マネジメント（Crash Management)"と呼ぶことにする。学習（教訓を得る）という段階では，危機管理の対応行動はまだ進行中であるが，ほとんどの組織はこの行動を行なうことはない。これは危機が発生していない時も，危機管理の対応計画の一部とし，危機の経験として認識していなければならないのである。こうした各段階を統合することによって，トータル的なスコアカードができあがり，組織や経営者の判断基準となる。組織の中には，この5段階のうちどこかで失敗をする場合があるが，各段階において，適切に対応することによって，危機を克服することができるのである。

次に，危機の5段階の局面について具体的にみてみることにする。

① （危機）前兆（シグナル）の発見

過去に発生した様々な災害をみてみると，危機が発生するには早いうちから何らかの警告信号，また前兆，告知等がみられる。フィンク（1986）はこれを「プロドメス（Prodomes)」と呼んでいる。もし，こうしたシグナルが取り上げられなければ危機は拡大することが必至である。危機とは通常，ゆっく

りと発展していくものである。発展段階の初期に危機の前兆（シグナル）を捉えることができれば，それだけ問題を解決する可能性が高くなる。不幸にして前兆を見逃したり，あるいは無視したり，さらに発見しようとする努力を怠れば，組織活動に影響が出始めるまで，危機の発展過程を捉えることは不可能となる。往々にして危機の前兆は，一般的な事象であることが多いのである。ある事件が組織外で発生し，それが自分の組織内部へ波及するだろうという場合，外部の事象が危機の兆候であると見極めることができる。例えば，過去に米国の医学界が，ハイ・レベルのコレステロールが人間の健康に大きな問題を及ぼすとの見解を発表した。それは米国の養卵産業全体に大きな打撃を与える明らかな兆候であった。しかし，それはまた，卵の梱包メーカーや鶏の飼料メーカーや人工孵卵器の製造メーカーにも打撃を与える兆候だったのである。いわば，コレステロールの発見は，これらすべての関係業界に対する悪影響の兆候であったが，当時養卵メーカー以外の業界は脅威の兆候とは見なかったのである。しかし最終的には，養卵業界全体に脅威が移行し，通常の経営活動に悪影響を及ぼす原因となったのである。

　危機に備える第一ステップは，心の準備である。まず前兆を発見することから始めなければならないのである。

　早期警告シグナルは，当面の問題を投げかけている。危機管理担当者は常に大量の信号にさらされており，その中から本当に重要なものを取り出すことは非常に難しい。一方，危機はそれぞれ異なるシグナルを発しているが，とくに強くあらわれたシグナルがどの種の危機に当てはまるかを常に見極められるとは限らない。ちょっとした従業員の落書きが，不満から引き起こる暴動への警告を表わしているかもしれないし，反対になにか良いことを表わしているかもしれない。突然起こった施設の不調は，従業員のサボタージュの前兆かもしれない。クライシス・マネジメント・ユニット（CMU）の重要な機能のひとつとしては，こうしたシグナルの追跡および分析の過程を常にモニターすることである。

② 準備と予防

　危機を避けるには，組織のテスト，予防措置，対応メカニズムが必要である。これによって，とくに重要な早期警告シグナルをとらえることができる。未だ起こっていないことに対し，予防を行なうことは非常に難しいことである。予防段階での目的は，対応行動をとる前に，組織の弱点を見極めることである。そして，総合的なシステムが複雑で目一杯の状態になっていないかを評価することである。こうした予防措置は，受け身的では行なうことはできない。組織の弱点と問題の可能性を徹底的に追求しなければならない。

　この段階での2番目の局面としては，準備対応があげられる。危機の最中に，何の訓練もなしに効果的で落ち着いた行動をとれる者は，そう滅多にはいない。準備段階では，様々なシナリオと危機を想定した一連の行動および関連する機器類の十分なテストが必要となる。

③ 封じ込め／ダメージの防止

　ここでの危機管理は，被害の拡大を防ぎ，組織のうち影響を受けていない部分が巻き込まれないようにするための被害抑制メカニズム（クラッシュ・マネジメント）を促進することである。エクソン社のバルデス号事故のケースでは，石油の流出の拡大を防止しなければならず，汚染がほかの地域に及ばないようにしなければならなかった。ここで注意しなければならないことは，この段階の危機管理では，発生した事故の種類と関連があるということである。

④ 平常への復帰

　この段階では，復旧メカニズムの定期的，短期的および長期的な方策の立案とテストを行なうべきである。テストの際に強調しなければならないことは，それが決定的なものであるということである。事前計画もなしに，危機に対して効率的な行動をとることはできない。復旧段階にはいくつかの局面がある。まず，失ったものを元通りにすることである。有形または無形の資産などがこれに含まれる。組織内の責任者は，こうしたアイテム，プロセスを事前に認識

し，この段階において組織が最も効率よく日常業務をこなせるための人員を確保しなければならない。危機傾向にある組織のトップが犯しやすいミスは，もっぱら内部的運営にばかり気をとられて，組織の外部への危機の影響を見落としがちになることである。

復旧段階において，ともに業務を行なうグループのメンバーは，経験について生き生きした状態で語り合い，グループはいつもより結束力があると言い，重大な業務を成し遂げたというふりをする。また，復旧グループのメンバーは，復旧段階において自分たちの仕事を成し遂げるということを日常業務と同じモチベーションとして説明しようとしている。

いずれにせよ，危機発生前にテストを行なっていない復旧メカニズムを実施することは非常に難しいといえる。エクソン社のバルデス号事故は，正にこの点を完璧にあらわした例ともいえる。もし，ある組織が危機の予期行動を何も行なっていなければ，危機に対しては強引な対応となり，被害が発生してから修復を迫られることになる。

⑤ 学習（教訓を得る）

危機管理の最終段階として，継続的な学習および過去において何を行なったかについて改善をするための再評価を行なう。相互作用的学習は極めて重要である。しかし，達成には常に痛みをともない，個人に対しても感情的な傷を残すことがある。

自分自身で学ぶということは，恐れを克服し，心配事を受け入れることができなければならない。あるインタビューでは，その回答者の半数以上が，過去の危機から何かしら学ぶものがあったと述べている。危機の発生前に，より迅速な行動の必要性を認識したという回答者が3分の1を占めた。残りの人も，内部および外部組織とのコミュニケーションの重要性をあげている。

なお，基本的な危機管理と予防行動に関するチェックポイントを表1-2および表1-3に示した。

ところで，危機管理の失敗は破滅的な出来事と関連づけられ，百年に一度の

第1節 危機および危機管理の定義　49

表1-2　危機管理におけるチェックポイント

1. 過去に，組織はいくつの危機の可能性を経験してきたか？　それはなぜか？（対応計画の不備があったため等）
2. それらの危機が発生する前に予知できたものはいくつあったか？
3. 危機に対し，組織のどの部門が準備対応を担当したか？
4. 組織の準備対応は，どの範囲にまで及んだか？
5. 組織の準備対応に際し，各部署間における機能，専門家等の調整はどのように行ったか？
6. まったく取り上げなかった危機はどれか？
7. 組織として取り上げた危機と取り上げなかった危機を認識するにあたって，どのような決めごと（仮定）を行ったか？
8. その決めごと（仮定）は，どの程度根拠のあるものか？　それはなぜか？
9. 将来に向けて，よりよい準備対応を行なうにあたり，組織力において何を変える必要があるか？

表1-3　予防行動におけるチェックポイント

1. 過去に，組織はいくつの危機の可能性を経験してきたか？　それはなぜか？（対応計画の不備があったため等）
2. システム的に危機を回避するには，どのような行動をとればよいか？
3. もっと強調すべき点は何か？　それはなぜか？
4. もっと統合すべき点は何か？　それはなぜか？
5. 組織として取り上げた行動と取り上げなかった行動を認識するにあたって，どのような決めごと（仮定）を行ったか？
6. その決めごと（仮定）は，どの程度根拠のあるものか？　それはなぜか？
7. 何を変える必要があるか？
8. 組織が変化する可能性はどの程度あるか？
9. もし，組織が何も変わらなかった場合，ふりかかる危機によってどのような結果が生じるか？

確率で起きる特殊な事件として扱われることが多い。これらの危機は分析可能な状況であることが多いが、振り返ってみると、緊急事態がより複雑な偶発的出来事としてとらえられることがある。失敗の認識は、失敗したとレッテルを貼ることのできる個人を犠牲にすることによって正当化できる。こうした状況においては、いかに当事者が誠実に行動したのかは重要ではなく、当事者が精力的であるか、または洞察力を兼ね備えているかどうかが重要となる。責任は、負うべき非難を振り分けた際に明確に現われるが、振り分けにあたって意思決定を行なうエリートが負うべき失敗に対する責任をゆがめたり、転嫁したりすることがある。

　経営学において、失敗の認識は微妙な問題である。成長とか適応が通常の組織で成功であるとみなされて以来、縮小、下降している組織を管理することは不名誉なことになっている。経営者は、心理的にも意図的にも組織を不成功に導こうとすることはない。結局失敗については、経験不足または状況の複雑さに起因するものであると結論づけてしまうのである[7]。意思決定上の失敗や問題点はいかなるものでも本質的根拠のない特異な状況によって発生したものであると理由づけされている。これはなにも驚くべきことではない。なぜなら、これらの失敗は合理的、形式主義的な一連の経営理念を踏襲した組織ならびに経営上の分析に適合しないものである。

第2節　危機の分類

　表1-4に示した危機の分類は、脅威そのものに関連する要因と危機の解決策に関連する要因の2つの変動要因を明確にすることを基本としている。

　表1-4によると、第1に、危機は対立危機（conflict crisis）と連鎖危機（solidarity crisis）の2つに大別することができる。

　第2に、危機の領域を組織や地区、地方、国家、世界といった地理的観点からとらえることができる。脅威の範囲は波及的効果によって変わることがある。また、危機の範囲は被った被害の大きさによっても分類できる。

表1-4 危機の分類

紛争の程度	対立危機		連鎖危機	
発生源 脅威の範囲	内部的要因	外部的要因	内部的要因	外部的要因
世　界	アル・カイダ　テロ ↑			チェルノブイリ 原子力発電所爆発 事故
国　家	FARC　ハイジャック ↑		↑バングラデシュ 　サイクロン	↑ライン川デルタ地 帯でのサンドス毒 物事件
地　方	ETA　爆弾テロ →			
地　区	集団抗議行動 市民暴動		↑インド 　ボパール事件	
組　織	暴力的なデモ 工場占拠		→ 工場災害	

(注)「アル・カイダ」―オサマ・ビン・ラディン氏率いるイスラム原理主義過激派組織，FARC―コロンビア革命武装軍，ETA―バスク祖国と自由。

　第3に，危機の発生は内部的要因のものと外部的要因のものとに分類することができる[8]。また，危機は自然的なものか人的なものかという区分も考えられる。後者の区分は，意思決定者の対応という観点からはきわめて重要である場合が多い。さらに，危機が外部的要因で発生している場合，その対応は非常に困難である。表1-4に示したチェルノブイリ原子力発電所爆発事故の際，旧西ドイツ政府は国境があったために自由な行動がとれず，同国に広がった放射能汚染を取り払うことができなかった。

　危機当事者の危機の認識ということに目を向けると，危機の分類はさらに2つの区分が必要となる。危機当事者には，危機対応の必要性について一致した意見と異なる意見がある。これは，危機の客観的見方と主観的見方に関係している。危機は見る人によって判断される。つまり，個人（ならびにマスコミ）がひとつの状況を危機であると定義づけたら結果的にそれは危機ということになる。しかし，社会のなかにあるグループはその危機が変革をもたらす絶好の

機会であるととらえる場合もある。これらの異なる認識は直接大きな問題にはならないが，問題が抗議デモ，座り込み，ストライキ，誘拐，爆弾攻撃などの脅威に発展した時，これらの認識の相違は大きな問題となる。

　ただ，危機の分類は理論や分析の主要な手段であると考えてはならない。類似する危機の幅広い枠組みのなかに危機事件を配置する道具としてとらえるべきである。

第3節　危機管理の5段階

　不測事態（contingency）とは，死傷，物的損傷，資産喪失，または組織に打撃を与えるその他の不測事態を招く通常の企業活動の範囲を越えて発生する潜在的な事態のことである。不測事態には，①テロリズム（誘拐，暗殺など），②脅迫（爆弾脅迫，誘拐脅迫，製品脅迫など），③労働争議（暴力的なストライキ，労働者への攻撃，施設に対するサボタージュなど），④市民暴動（暴力的デモ，集団抗議行動など），⑤産業災害（爆発，火災，建物の崩壊など），⑥自然災害（地震，洪水，サイクロン，火山爆発など），⑦その他（国家テロ，戦争人質など）の危機がある。したがって，不測事態は総論であり，その各論ともいえる個々の危機に関する具体的な対応法を考えなければならない。

　効果的な危機管理計画を立案するためには，組織が緊急事態に対して自らの対応を調整し，管理できる予測手段を集合させることになる。そのために重要なことは，①危機発生前（Pre-Crisis），②警告期間（Warning），③危機発生中（Crisis），④移行期（Transition），⑤危機終了後（Post-Crisis）といった危機の5段階を認識しなければならない。

(1)　危機発生前

　この段階では，はっきりした危機的状況はない。業務も平常通り行われ，すべてが正常である。この時点で，リスク評価，弱点の評価を通して事前活動が開始される。

この段階で危機管理チームのメンバーが決定され、それぞれの任務を各自に認識させる時期でもある。各人の任務には、危機発生中の役割だけでなく、計画作成、訓練、事後処理等の活動も同様に含まれる。この段階における危機管理チームのもっとも重要な機能は、非常事態対応計画立案の指針となる方針と手順を確立することであり、また、危機発生中に必要な資源を組み合わせることである。これには緊急時の活動場所（対策本部など）を定めることも含まれる。

(2) **警告期間**

状況が変化し始めた段階である。この段階において、組織および職員へのリスクレベルが増大したことが、一連の事件によって示されることもある。危機管理チームは、ただちにリスクならびに弱点の再評価を行い、すでに完成されている不測（緊急）事態対応計画が、その危機の状況に具体的に適用できるかどうかを確認しなければならない。また、チームのメンバーが、各自の役割について、必要な訓練を受けているかどうかを確認する時期でもある。さらに、危機に対処するのに欠如している事項や、非現実的な計画、陣容を見直す時期でもある。

(3) **危機発生中**

この段階において重要なことは、危機管理チームがイニシアティブをとり、広報活動、緊急対応、その他必要とされる活動を管理するような行動をとるべきである。被災（害）者及びその家族に対する支援、記者会見の資料の作成などマスコミとの対応などのほか、日常業務にもできるだけ支障がないようにしなければならない。しかし、この段階は事前の努力がすべて報われる時期である。組織が十分に整備され、計画され、そして訓練されていれば、危機管理チームは、その規模に関係なく効果的な活動を実践できる。チームは、情報を入手し、それを分析・評価し、適切な決定を下し、広報活動についてもイニシアティブをとることができるようになる。

(4) 移 行 期

　この段階で，危機管理チームがどのような活動をしたかが，最終的に危機からの回復に大きな影響を与えることになる。また，この時点では危機は終了していないが，事後処理を開始し，危機終了後の検討を始める時期である。この際，危機管理チームが考慮しなければならないのは，被った被害の評価と復旧のメカニズムが適切に設定されているかどうかを確認することである。なお，復旧活動そのものは，この段階ではできないかもしれないが，もっともスムーズな事後処理ができるように事前準備と意思決定がなされなければならないのである。

(5) 危機終了後

　緊急事態そのものが終了したからといって，ただちに危機管理から手が引け，すべてが平常に戻ることは期待できない。被害については，顕在的および潜在的なものがあり，その両面に対し修復しなければならない。その上，危機管理の努力がどの程度効果的であったかを評価する必要もある。さらに，計画の有効性，手順の適正，職（社）員の業務履行などに関する評価や，被害者への援助，記録の保持などが，計画された手順と，それが実際使用された手順との間に食い違いがあった場合は問題である。何らかの修正を行うことが，次の緊急事態の状況下で多くの利益をもたらすことになる。いずれにせよ，経験から教訓を学び，将来に生かすべきである。

　危機管理チームは，チーム全体の将来的な見通しに照らし，すべての経験を見直し，危機終了後の評価から学んだ経験をもとに，危機管理計画の見直しをしなければならない。

　多くの場合，危機発生後の段階は危機発生前の段階と部分的に重複しており，また，危機終了の段階は危機発生前の段階となるのである。このような観点で考えた場合，危機管理の事前活動は終りのないダイナミックな活動過程であるといえる。

効果的な危機管理計画を進めるためには，①危機管理チーム，②方針決定，③計画設定およびテスト，④危機管理センター，⑤危機コミュニケーション，⑥影響を受ける関係者，の6項目に関して検討しなくてはならない。これらの各検討項目は，それぞれに関連性があり，補足し合っている。これらの項目を前述の危機の5段階に組み込んで危機管理計画を作成すれば，より効果的な危機管理ができるのである。

──**危機管理の効果を妨げる要因**──

危機管理の方策および特殊な自然災害や人災に対する対応計画の複合的な機能の効果促進，鎮静措置努力，災害（危機）発生時の対応，復旧作業などはかなりの社会的および経済的負担を与えることになる。

効果的な危機管理計画自体，その構築，実施，調整が非常に難しい。その主な理由として，次の点があげられる。

(1) 危機管理は緊急事態が発生するまでは，それほど重要な位置を占めることはない。

(2) 危機管理計画には，効果的な活動のための強力な政治的支援が欠けている。

(3) 危機管理方針および計画の効果の測定が非常に難しく，コスト的にもかなり高いものになる。

(4) まったく予測のつかない危機の多様性は，リスク評価および危機管理計画の難しさを露呈させている。

危機管理計画の実施手段は，危機が発生するまでの威力を発揮することができず，最善の努力を払っていても，予測をはるかに上回る大規模な危機が発生すればそれさえも不十分なものになってしまうのである。方策決定には莫大なコストがかかることは明らかである。

今後発生するであろうさまざまなタイプの危機においては，その都度浮かび上がってくる問題を解決するための効果的な危機管理計画を設定するのは難しいのである。

第4節　危機管理の概念的枠組み

図1-2は危機管理対応計画のモデルを示したものである。これによると，不測事態対応計画（contingency planning）は環境（context），実施される過程（process）およびその結果（outcomes）の3つの構成要素から成っている[10]。危機管理対応策を計画立案するうえで，環境の主な要素は，スタッフの緊急事態に対する経験である。

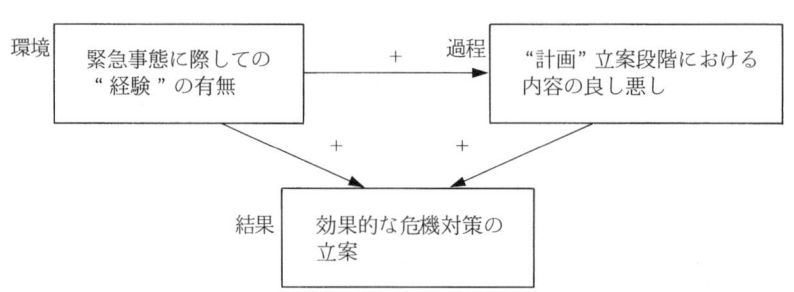

図1-2　危機管理対応計画のモデル

```
環境    [緊急事態に際しての    +  過程   ["計画"立案段階における
         "経験"の有無]      ─────→    内容の良し悪し]
                    +         +
                         ↓
結果    [効果的な危機対策の
         立案]
```

計画の立案段階は，緊急事態に対処する関係部署に対し，部内間の調整を行ない，経験に基づいて対処するための機会を与える役目をもっている。このような計画立案段階を経て，将来の危機に対する特定の方策およびそれらを実行する責任体系を規定するという「結果」へと結びついていくのである。

危機対応に関する研究は，もし実際に危機が発生する前に行なわれていれば，スタッフの対応能力を高めるうえで有効な手段のひとつとなる。

企業の危機管理担当者は，計画立案段階で，とくに自然災害および人災の不測事態を感知する個人的差異を調整することが重要である。この個人的差異を調整しないで計画を立案することは意味のないことである。というのも，危機に対する教訓の解釈は十人十色であるからである。

経営意思決定理論によると，個人の情報収集能力の欠如は，計画などの組織行動規範に関連があるということである。経験は将来発生する緊急事態を予測するうえで重要な情報を与えてくれる。しかし，緊急事態に直面した担当スタッ

フは，組織の"世界的視野"は危機に対する精神的規範に適応できず，新たな境地を切り拓くというより，古い規範によって行動してしまうものである。ここでいう規範とは，理解，解釈，推理，期待を導く一般的な知識構造である。

第5節　危機管理における不測事態分析

　組織内部で，より広範囲の不測事態分析が主流となってきているなかで，技術と環境の2点は強調すべき重要な変動要因となっている。不測事態分析が記述的なものから分析的なものへとそのレベルが向上していることからもこのことが確認できる[11]。このような経過をたどる過程で，組織の将来的展望も変化し，組織規模，組織構成，さらには組織目標といった他の組織上の不測事態変動要因によって重点がおかれるようになってきた。分析レベルまでの移行によって，危機管理のフレームワークは，より幅の広い理解を含めた領域にまで及ぶようになっている。

　複雑な組織上の変動要因を機能化させるといった試みは，不測事態を理論的に評価することから生じている[12]。したがって，組織構造や行動規範は，特定過去の不測事態変動要因を前例として取り入れるだけでアプローチできない。組織上の危機設定だけでも多数の変動要因がある。これは，危機管理面でもまったく同じことがいえる。とくに危機管理や意思決定においてそうであるが，経営管理上の慣例を必要に応じて最小限に抑えることが，経験的であるが，あらゆる不確実性や危機の不測事態対応に関する一致した認識である。

　強固な結束または相関する複雑性を分析することが，組織内の相互依存体制によって大きな利益をもたらす，といった明確な理論的背景がない場合であっても，技術や領域に差異があり，それによって技術的複雑性や環境的複雑性が推定されるという考え方は，概念的にはずいぶん前から存在していた。この考え方は，例えば，技術の実証研究で生じる複雑さを調整したり，任務遂行上生じる組織上の外的制約要因を明確にするのに有効となる。さらに，それは組織行動や行動過程に対する管理体制的なイメージを抑制する分析上の根拠にもなりえる。しかし，現在の危機管理学研究においても，従来の古典的経営理論と

同様未熟な統合の域は脱しておらず，とくに断片的な事象を未成熟な政策に結びつける傾向がいまだに根強く残っているのである。

　技術的変動要因に関しては，さまざまな組織特性にいくつかの点で関連した不測事態の実証的文献が存在する。それらの文献では，技術は狭義に解釈され，それはいままでの組織構造に影響を及ぼし，相互関係を形成し，組織構成員の人格に影響を及ぼすものとされてきた[13]。

　このような技術の研究は，単に内部組織管理を中心とした不測事態対応戦略をさらに推し進めることになるが，断片的な事象を政策に組み入れようとする時に発生する不測事態分析の最大の問題はこれによっては解決されない。このため，技術的効果の特性，程度および条件は，より幅広い適切な理論付けが必要であるとの問題に直面する一方で，技術変動要因を組み入れた不測事態の研究は，多くの点で閉鎖的で形式的な統合といった反対方向にその流れが移っていったのである。このなかで，モベルグとコッホ（Moberg and Koch）[14]は，理論的目的または実践的目的のいずれか一方の目的で，不測事態に関する発見事項を統合すると，単純な統合を認めない未成熟な知的集団を形成してしまうという深刻なリスクを負うことになると指摘している。寄せ集め的な不測事態対応モデルには，十分に認識され強調されねばならない方法論や概念に関する問題が残ってしまうのである。危機管理や意思決定の発展的方法を策定しようとすると，これらの問題は明らかに制約事項となるのである。

　経営権を持った管理者は，偏見のともなわない理論モデルを求めることが一般的である。研究の対象範囲と結論形態は，経営陣のある面で組織分析において2分法論を適用する結果をもたらすのである。この方法は，予備的な分析に利用される場合は有効であるが，概念的には不適切であり，非生産的であることが多い。日常的または非日常的，計画的または非計画的，指導的または放任的といった2分法論は，社会活動を説明する点で経営理論における方法論の限界を示している。

　実践者に提示される不測事態対応モデルでは，概念と状況の双方が適合する過程およびその適合特性に注意が払われるべきである。しかし，この努力を実

らせるには，組織要因や分析者に対する柔軟性が関係してくる。柔軟性が発揮されなければ，不測事態の研究は不完全な統合とともに実証主義者の古典的な組織論に研究対象がとどまり，専門家を対象とした科学的弁証論の領域からは脱することはできない。分析領域も，組織の効率性のみにとどまることになる。不測事態の発見項目を単に理論に取り入れ，統合したものが，いままで指摘してきた要点である[15]。

第6節　危機管理・不測事態の多角的分析

　ペロー（Perrow）の理論[16]の特徴である技術主導型で非常事態を管理できるように分析しようとした場合，次にあげる2点を明確にしておく必要がある。第1に，ペローは技術的要因による破壊的事例について述べているだけではなく，階層制度による不測事態不適応についても言及している。第2に，この分析で重要となるが，ある国においては物理的または技術的崩壊（ダム，原子炉，航空機，ロケットなど）よりも頻繁に発生している社会的要因から派生した危機について，ペローは考慮していないということである。

　ここで取り上げる分析は，いずれの危機管理状況を選定するかでより普遍的なものになる。例えば，オーストラリアは危機管理状況とは比較的無縁な国であるといわれている。確かに幸運なことに，航空機事故は少ないし，過去に何度となく洪水にあっているが大きな問題になったことはない。ハリケーンやサイクローンはまれである。オーストラリアにおける唯一の原子炉（ニューサウスウェールズのルーカスハイツ）は，アイソトープを生産しているが無事故である。だからといって，オーストラリア人が物理的，社会的な管理状況にまったく免疫がないというわけではない。また，これらの危機が将来的に発生しないだろうと思うほど楽天的でもない。ここでは，これらの危機をより概念的にとらえていく必要がある。

　まず，トンプソン・チューデン（Thompson-Tuden）[17]およびエメリー・トリスト（Emery-Trist）[18]による2つの不測事態対応理論は経営理論におけ

60　第1章　危機管理の基礎理論

る3つの独立した変更要因，つまり，トンプソン・チューデンの意思決定プロセス，意思決定構造およびエメリー・トリストの環境要因に関連してくる。もし，これら2つの不測事態対応概念が，1つの複合体のなかに集約されたら，意思決定における4つの形態は，予測（calculation），判断（judgmental），

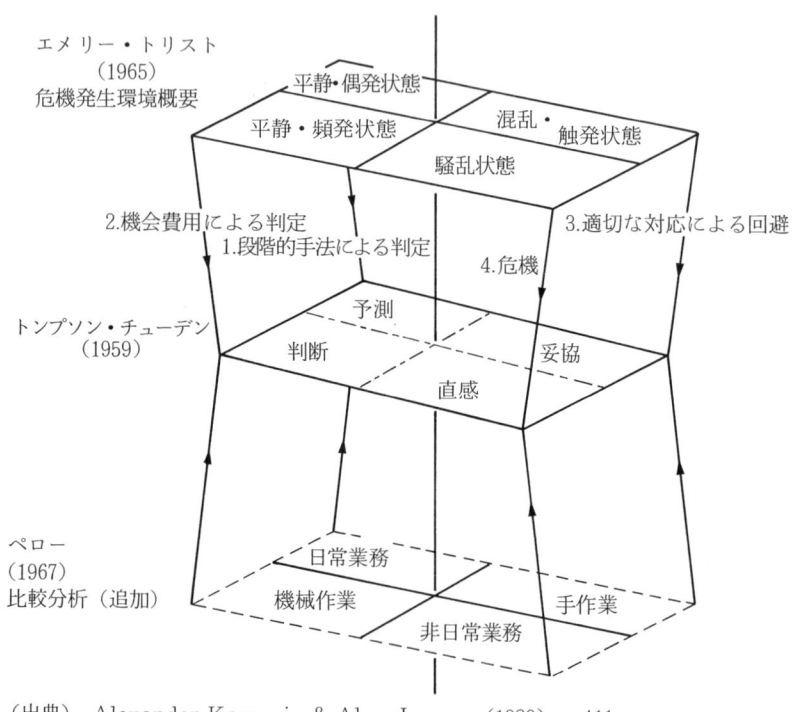

図1-3　危機管理対応計画のモデル

エメリー・トリスト
（1965）
危機発生環境概要

平静・偶発状態
平静・頻発状態　　混乱・触発状態
騒乱状態

2.機会費用による判定　　　3.適切な対応による回避
1.段階的手法による判定　　4.危機

トンプソン・チューデン
（1959）

予測
判断　　　妥協
直感

ペロー
（1967）
比較分析（追加）

日常業務
機械作業　　手作業
非日常業務

（出典）　Alexander Kouzmin & Alan Jarman（1989）p.411.

図1-4　意思決定階層

意思決定形態	環境要因
1. 予測	平静／偶発状態
2. 判断	平静／頻発状態
3. 妥協	混乱／触発状態
4. 直感	騒乱状態

図1-5　緊急事態における意思決定

1.予想＋平静／偶発状態＝段階的手法による判定
2.判断＋平静／触発状態＝機会費用による判定
3.妥協＋混乱／触発状態＝適切な対応による回避
4.直感＋騒乱状態　　　　＝危機

妥協（compromise），直感（inspirational）が，エメリー・トリストの環境要因に直接関係を持ってくるのである（図1-3）。意思決定における4つの形態は，図1-4に示したように推論できる。

　この類型は，意思決定が予測から直感へと移行するに従い，環境要因は最終的には騒乱へと変化する過程を表わしている。それらから導かれた4つの意思決定状況は，図1-5に示したとおりである。

　環境要因から派生して不測事態における4種類の意思決定状況は，それぞれ段階的手法による判定，機会費用による判定，適切な対応による回避，危機（図1-5）とで定義づけた。分類目的は，4種類の意思決定状況を分類する目的で，それぞれに分析上の限界範囲を設定している。まず，段階的手法によって判断できる状況を限界点からとらえた場合，それはまさに日常的業務であり，予想可能な確定的状況である。この意思決定状況においては，コンピューターのプログラム管理が行なわれ，システムの技術的要求にあった専用システムが開発されるのである。その他の限界点，例えば人間の思考に近いエキスパートシステムが開発されるような状況では，意思決定状況はより不確定なものになる。範囲を限定した試行錯誤のループをシステム設計に含める必要があるのかもしれない。製造工程におけるロボット化は，段階的手法による意思決定の一例である。

　第2に，機会費用による判定であるが，この時点では，任務を遂行するうえで新しい手段が必要となり，慣例は任務を計画するうえでもはや必要ではなくなる。この分析の限界範囲は，単純な方程式が組めて，プログラム評価および見直しの技術的ネットワークによって確率計算ができ，最良の方策が設定できる状態である。環境上の阻害要因が無視できる範囲にあれば，これら確率計算を基にした手法は，定義づけが比較的しっかりなされている問題を解決するのに有利である。この段階における意思決定において，機会費用が優先され，日常業務と手段としての慣例については考慮されなくなる。

　第3の不測事態類型は，より複雑で不確実な意思決定状況であり，適切な対応による回避，と定義される。よく知られているサイモンの組織における意

思決定過程は[19]，第3の意思決定方法の知的直感にあたる。ここでの意思決定の限界は，「限定された合理性」に対しての満足状態から予想的意思決定にいたるまでの広範囲に及ぶのである。この段階で，環境要因が徐々に渾沌状態へと推移した場合，適切な対応による回避の状況は危ういものとなる。この段階では，古い慣例，規範，日常業務または標準作業段階に頼ることはできない。革新性と独創性が方針を決定するうえでの重要な要素となり，注意を怠ると問題は非常に深刻なものとなる。

　最後に，不測事態の類型に限定した危機状態もまた限界範囲が設定されている。ここでは，これらの範囲を大変動と渾沌状態とに分けて考えてみる。前者の範囲はテロリズム，暴動，暴力的ストライキまたは核兵器を使用しない限定的戦争（湾岸戦争など）があげられる。一方，渾沌状態に陥るのはまれである。スリーマイル島原発事故は大変動であり，チェルノブイリ原発事故は1945年に広島及び長崎に原子爆弾が投下されて以来の渾沌状態である。しかし，ここにあげた身の毛もよだつ事例でさえも，広島，長崎，そしてチェルノブイリの人びとを含め，平静レベルへの復旧はなされているのである。

　非常事態をもとにした4段階の意思決定形態を要約してみると，第一段階の段階的手法による判定から第四段階の危機に進展していくに従い，より不確実な意思決定の結果を招くことが多くなる。内部組織の曖昧さと技術的な複雑さおよび外部環境の不確実性の双方は（変化の度合いが異なるとしても）同時に進展するのである。災害，事件，災難は明らかに4段階の非常事態分析にあてはめられ，各段階を経過してきたものである。危機の経過を時間的にとらえれば，橋の崩壊のように，非常に時間が短いものもあれば，社会的争議のように数年，時には数十年続くといった長期にわたるものもある。

第7節　不測事態対応計画サイクル

　図1－6は，不測事態（危機管理）対応計画サイクル（The Contingency Planning Cycle）の基本的な概要を示したものである[20]。これには，他の方法

図1-6 不測事態対応計画サイクルの基本的要件および行動フレームワーク

ビジネスの理解		不測事態の理解
ビジネスの目標と方向 プロセス管理マニュアル ビジネス作業フロー図 ビジネスの代替実施方法 基準から方針までのマップ手順 ビジネス機能間の相互補完	法的要件の理解	基本的原則 業界内の教訓 業界の傾向と方向 業界での最善活動戦略 企業内のビジョンと目標

ビジネスのインパクト評価	リスク評価
インパクトの測定尺度 有形および無形のインパクト 利用資源／最低必要資源 ビジネスの優先順位の確立	企業内ビジネス危険 企業外ビジネス危険 リスク容認レベル リスク低減の変更

不測事態任務の定義
　任務の規定，責任の範囲，不測事態の想定および成功の要因
　復旧優先順位の確立，企業のビジョン／優先事項，文化統合目標

企業内活動計画	不測事態対応チーム	企業外活動計画
損害管理と評価 危機管理／広報 意思決定管理 ビジネスの継続	戦略策定 プロセスの書式化 対応チーム統合トレーニング 企業文化の統合／教育	不測事態サービス・ベンターズ 企業外資源 緊急サービス 外部ロジスティックス

行動計画の実行とプロセスのテスト
　不測事態対応チームの手順と戦略の実行
　自動システムとプロセスの効率のテスト

（全プロセスの繰り返しによる継続的ループ）

（出典）　Jeffrey L. Nicolet "The Contingency Planning Cycle", *Disaster Recovery Journal*, April-June 1996, p. 56.

論と同様，要件や行動のフレームワークが示されており，それぞれのフレームワークは無限のサイクルの中で次の段階へと導かれるようになっている。しかし，現実問題として，これらの段階の多くは同時に実施されたり，全く実施されないという場合もある。図1-6は，各段階における必要時間量（枠の厚さ）と重要事項の変更（斜線）について視覚的に示してあるが，これらは参考であり，必要時間量の絶対的な割合を示したものではない。ここでは，図1-6と方法論についてその概略について解説する。

　第1段階は，生活および仕事をしている世界についての基本的な理解を得ることである。まずは，ビジネスについて理解する必要がある。不測事態（危機管理）対応計画は，技術に基づき策定される場合が非常に多く，ビジネスのニーズには重点が置かれていないのが実状である。したがって企業のビジネス目標や方針を理解することが第1のステップである。現行のビジネスやその手順を理解し書式化することも重要である。ビジネスの作業フロー図，ビジネスの代替実施方法，ビジネス間の相互補完関係などの情報を収集するのには，プロセス管理マニュアルやビジネス・プロセス・マニュアルが利用されることが多い。手順と基準および基準と方針の関係を示したプロセス・マップもまたビジネスがなぜそのように機能しているかを理解するのに役立つのである。

　今日の災害復旧／不測事態対応計画は，単にバックアップだけではないので，それを理解することが重要である。予防，防護，利用性，継続性という基本的な不測事態の原則については理解しなくてはならない。経験者からの教訓は，コストの嵩む類似の過ちを防止する優れた方法である。不測事態に関する業界の傾向や方向，利用可能なツールならびに業界の実践的戦略の提言に関する理解については，常に最新なものにしておく必要がある。これらすべては，企業内のビジョンや目標を策定するのに役立つのである。

　不測事態対応計画については法的要件を理解する必要もある。不測事態対応計画の実施にあたっては，いくつかの業界（金融業界，危険物の製造または搬送業界等）では，明確な法的要件がある。法的規制の少ない業界では契約上の安全や常識的な責務について考慮する必要がある。

次の段階は，ビジネスに影響を与えるリスクとそれが発生した時のインパクトについて理解することである。ビジネスに対するインパクトの評価は，当該ビジネスを調査した上で，そのビジネスに使用している資源を書式化し，有形および無形の損失を明確にし，時間の経過とともに増大する損失項目を決定することである。有形の損失には，収入，生産性の低下，罰金，支払い金利，残業などが含まれる。無形の損失には，知識レベル，顧客サービス，モラル，コミュニティーへのインパクトなどが含まれる。インパクトの決定については，企業で容認できるレベルを決定しておく必要がある。そうすれば，ビジネスにおける優先事項が理解され，それが設定されるようになる。

リスク評価は，企業内および企業外のビジネスの危険を確認するものとなる。これらの危険には，設立場所，供給経路，情報ネットワーク，ユーティリティー，安全対策，データ・セキュリティーなどによる危険が含まれる。リスク容認レベルを設定すれば，危険を低下させるビジネス・プロセスの変更を実施することができる。これらの変更には，代替の供給業者に変更するなどの単純なものから，代替の電線や電話線を敷設するなどの複雑なものまで含まれる。

次の段階は，不測事態対応の達成期待値を設定し，資産を防護することである。不測事態対応の任務を定義することは，任務の概要をまとめ，責任範囲を明確にし，基本的な不測事態の想定とそれに対する成功要因を特定し，必要資金レベルを決定することである。また，企業の目標や目的のなかに不測事態対応任務のビジョンを取り入れ，不測事態対応戦略を日常業務の一部に位置づける文化的統合目標を定義する必要もある。

能力や処理量を測定するのに，日常の業務ではサービス・レベル・アブリーメントが使用されている。その事例には，通信伝送にどの位の能力があり，何回利用されているか，製品の注文が1日に何件処理されているかなどがあげられる。

不測事態対応サービス・レベルの達成期待値を定義するのは，同じ原則を不測事態対応戦略に当てはめればよい。不測事態対応サービス・レベルでは，多くの重要なビジネスの指令が処理されなければならない場合があり，そうした

場合，重要でないビジネスの活動が保留されるため本体の総合的能力は減少してしまうのである。また，不測事態対応サービス・レベルは，特定の資源やビジネス活動がいつ利用できるかを特定したうえで，復旧の優先順位を明確にするものでなければならない。顧客サービス窓口は，これによってサービスがいつ再開されるかについての正確な情報を提供することができるようになる。

復旧の優先順位については，復旧資源を最大限有効に利用しなければならないこと，および特定戦略を十分に実行するのに必要な時間に制約があることによってビジネスの優先順位とは異なることがある。

資産防護とは，資産や資源の利用，ビジネス・プロセスの統合，危険物の防護を確実にすることである。資産や資源の防護は，別の場所にバック・アップを持つこと以上のことである。それには，代替施設や機器の契約，統合の防護，データ・セキュリティー，ビールス防護，ラップトップ型コンピューター内の防護データに関する方針，ビルの入出管理，資材の火災鎮火および防護，人命防護，施設または地域避難計画，アラーム・システムなどが含まれる。

次の段階は，不測事態対応戦略の計画，策定，テストである。それには，不測事態（危機管理）対応チームが中心的役割を果たすことになる。同チームは，戦略の策定，プロセスの書式化，企業文化の統合を支援することになる。不測事態（危機管理）対応チームの機能や構成を確立するのに多くの方法があるが，計画の実施項目や目標に従うことが最善のアプローチとなる。事例としては，緊急管理（人命の安全および危険物の防護），損害の抑制および評価，意思決定管理（不測事態対応戦略をいつ，どのように始動させるか），事故管理（対応チームとの連絡，損害評価および決定に関する書類の保管，公共メディアに対する声明など），ビジネスの継続（代替のデータ・センターや代替の事務所などへの移行），ロジスティック（移送，移転先でのオペレーションのサポート）などがあげられる。

上記活動の多くは，企業内ですでに実施されているかもしれないが（例えば，広報部門には，危機管理対応マニュアルが備えてあるかもしれない），計画された対応戦略のなかで統合される必要がある。

企業内活動計画は特定場所における不測事態対応手順が中心になっており，その実施には現地スタッフが主に活用される。この計画には，損害の抑制および評価，意思決定管理，危機管理，広報，ビジネスの継続が含まれる。

　企業外活動計画は特定場所の外部にあるエージェントの不測事態対応手順が中心となっており，この計画には緊急サービス，不測事態対応ベンダー，他社所有の施設等が含まれる。

　企業外活動計画の手順には，消防士やレスキュー隊の施設レイアウト図の保有，保管している危険物質に関する情報，不測事態対応サービス・ベンダーの行動ステップや行動範囲，機器や支給品の出荷プログラム，近距離および長距離電話会社の行動戦略，他企業の資源を利用するための計画，輸送戦略などがあげられる。

　いくつかの戦略が採用され，手順が策定されると，行動計画の実施とプロセスのテストが不可欠となる。不測事態（危機管理）対応チームの手順と戦略は，それらが最新で現実的なものであり，期待しているサービス・レベルを満足していることを確認するために訓練がなされる。

　自動防護システムとそのプロセスは，それが稼働状態にあるかどうかテストされるであろうし，資産や資源が利用できることを確認する日常の手順については，その効率性について調査が行なわれる。

　忘れてならないのは，不測事態対応計画は継続的なループとなっていることであり，それを実施した結果によって，ビジネスに対する理解や企業内の不測事態に関するビジョンや目標を再度調査することができるようになる。

第8節　統合的危機管理システム

　図1-7は，米国連邦緊急事態管理庁（Federal Emergency Management Agency: FEMA）が開発した統合的危機管理システム（Integreated Emergency Management System: IEMS）のモデルを示したものである。これによると，IEMSは①危険分析（hazard analysis），②能力評価（capability

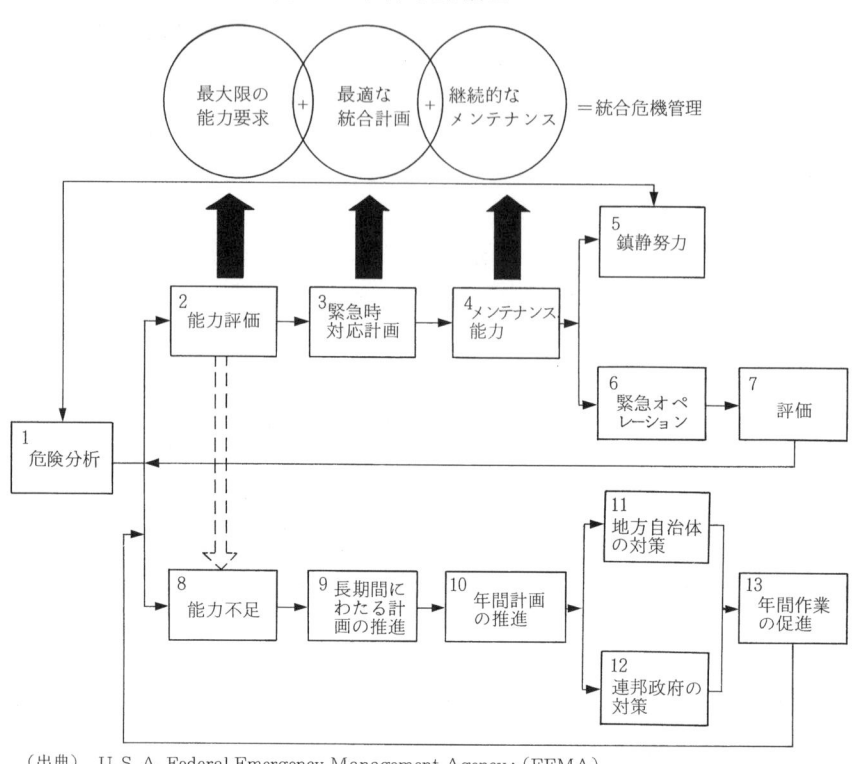

図1-7 統合的危機管理システム

(出典) U.S.A. Federal Emergency Management Agency:(FEMA)。

assessment),③緊急時対応計画(emergency planning),④メンテナンス能力(capability maintenance),⑤緊急時対応策(emergency response),⑥復旧努力(recovery efforts)の6つによって構成されている[21]。

① 危険分析――被害地点の確認,被害発生の可能性のある場所の確認,財産,人,地域への危険度分析,危険に身をさらされている者への優先権の割合などが含まれる。

② 能力評価――最新の危機管理組織と計画,警報および警戒システム,緊急時コミュニケーション・システム,有効な避難場所,避難計画,緊急医療体制,緊急事態のための訓練および教育などが含まれる。

③ 緊急時対応計画——危機管理マネージャーの対応，特殊災害に対する計画，急激な変化に対応する手段などが含まれる。

④ メンテナンス能力——計画のテストおよび改訂，設備の点検整備，緊急要員の訓練および教育などが含まれる。

⑤ 緊急時対応策——危機管理計画の運営，予測できない結果の認識，危機管理計画における形式的調整。ここでの緊急時対応評価は，危機分析および評価能力を増進するための情報をもたらすべきである。

⑥ 復旧努力——危機経験の活用による救援システム，危機鎮静努力および被害分析を促進するための危機経験の活用，危機対応そのものを促進するための復旧経験の活用などが含まれる。

このモデルは，すべての危機は非常に似かよっているが，危機管理機能に互換性があるということを意味するものではない。ここでの目的は，モデルに対して議論することはない。むしろ，テロリスト組織や危機における活動の結果引き起こされた災害などが適用された時，それ自体の有益性を検討することにある。

注：
(1) C. F. Hermann, *International Crisis: Insights From Behavioral Research*, New York, Free Press, 1972, p.13.
(2) B. Sievers, *Participation as a Collusive Quarrel over Immortality*, Dragon, 1, 1986, pp.72-82 and *Beyond the Surrogate of Motivation*, Organization Studies, 7, 1986, pp.335-351. D. Miller, Organizational Pathology and Industrial Crisis, Quarterly, 2, 1988, pp.65-74.
(3) I. L. Janis, *Crucial Decisions: Leadership in Policy Making and Crisis Management*, 1989, New York: Free Press.
(4) P. Shrivastava, *Bhopal: Anatomy of a Crisis*, 1987, New York: Ballinger.
(5) R. K. Merton, *Social Theory and Social Structure*, 1957, New York: Free Press.
(6) I. I. Mitroff, *Break-Away Thinking: How to Challenge Your Business Assumptions (and Why You Should)*, 1988, New York: Wileg.
(7) Alexander Kouzmin & Alan Jarman, *Crisis Decision Making: Towards a Contingent Decision Path Perspective, Coping with Crisis*, Charles C. Thomas Publisher, U. S. A. 1989. pp.297-398.
(8) R. Roth, "Cross Culture Perspectives on Disaster Response", *American*

Behavioral Scientist, 13, 1970, pp.440-451: R. R. Oynes, "The Comparative Study of Disaster: A Social-Organizational Approach", *Mass Emergencies*, 1, 1975, pp.21-31: M. Douglas and Wildavsky, A. *Risk and Culture: An Essay on the Serection of Technological and Environmental Danders*, Berkeley, University of California Press, 1983, and Drabek, 1986.

(9)　L. Waugh, William, Jr., "Terrorism and Emergency Management──Policy and Administration──" *Public Administration and Public Policy／39*, Marcel Dekker Inc., 1990, pp.15-18.

(10)　Jack D. Kartez and Lindell, Michael K., "Planning for Uncertainty", *Journal of the American Planning Association*, Autumn 1987, pp.489-490.

(11)　J. D. Thompson, *Organizations in Action: Social Science Base of Administrative Theory*, McGraw Hill, N. Y. 1967. 高宮晋監訳, 鎌田・新田・二宮訳「オーガニゼーション イン アクション」同文舘, 1987年。

(12)　H. K. Downey and Slocum. J. W., "Uncertainty Measures, Research and Sources of Variation", *Academy of Management Journal*, Vol. 18, No. 3, September, 1975, pp.562-578.

(13)　R. G. Hunt, "Technology and Organization", in F. E. Kast and J. E. Rosenzweig (eds.), *Contingency Views of Organization and Management*, Science Research Associates, Chicago, 1973, p.42.

(14)　D. J. Moberg and Koch, J. L., "A Critical Appraisal of Integrated Treatments of Contingency Findings", *Academy of Management Journal* (Vol. 18, No. 1), March, 1975, pp.109-124.

(15)　D. Silverman, *The Theory of Organizations: A Sociological Framework*, Heinemann, London, 1970.

(16)　C. Perrow, *Normal Accidents: Living with High-Risk* (Technologies), New York, Basic Books, 1984.

(17)　J. D. Thompson and Tuden, A., "Strategies Stuctures and Processes of Organizational Decision", in J. D. Thompson et al (ed.), *Comparative Studies in Administration*, Pittsburg, University of Pittsburg Press, 1959, pp.195-216.

(18)　F. E. Emery and Trist, E. L., "The Causad Texture of Organizational Environment", *Human Relations* (Vol. 18, No. 1), February 1965.

(19)　H. A. Simon, *Administrative Behavior: A Study of Decision-Making Processes in Administrative Organization*, 2nd Edition, The Macmillan Company, New York, 1965.

(20)　Jeffrey L. Nicolet, "The Contingency Planning Cycle", *Disaster Recovery Journal*, Vol. 9, Issue 2, April-June 1996, pp.55-57.

(21)　L. Waugh William, Jr. "Terrorism and Emergency Management, Policy and Administration", Marcel Dekker, Inc. N. Y. 1990, pp.29-30.

参考文献：
1) Urill Rosenthal, Michael T. Charles, Paul't Hart, "Coping with Crisis", *The Management of Disasters, Riots and Terrorism*, Charles C. Thomas Publisher, 1989.
2) Michael T. Charles and John Choon, K. Kim, *Crisis Management――A Casebook――*, Charles C. Thomas Publisher, 1984.
3) Norman R. Bottom, Jr. and Kostanski, John I., *Introduction to Security and Loss Control*, Prentice Hall, 1990.
4) Thierry C. Pauchant and Mitroff, Ian I., *Transforming the Crisis-Prone Organization*, Jossey-Bass Publishers, 1992, pp.11-27.
5) 大泉光一「企業危機管理の基礎概念――緊急意思決定の組織科学論的展開――」産業経営研究，第13号，日本大学経済学部経営研究所，1992年6月，15-26頁。
6) 大泉光一『海外ビジネスマンにおける危機管理のノウハウ』PHP研究所，1992年，16-20頁。

第2章

危機管理システムの基本概念

第1節　危機管理の事前活動

　効果的な危機管理の重要な概念をいくつか検討する前に，危機管理そのものと事前活動という2つの主要概念について定義づける必要がある。

危機管理の概念	事前活動の概念
不測事態対応マネージャーやチームが不測事態に対し，予防，準備，対応，復帰できる一連のシステム化された先行手段および対応手段である。	不測事態対応計画が実施され，危機管理担当責任者が危機対応にあたり，さまざまな手段を選択できるように方針や手順，人員の教育やテストを事前決定して必要資源を確認するプロセスである。

　これら2つの概念を組み合わせると効果的な危機管理の潜在性を最大限に引き出せる重要な経営上のプロセスを構築できる。このような包括的で統合されたプロセスを通じ，企業はどんな不測事態でも解決する目標を打ち立てていたことを確認できる。テロ危機のような複雑な状況下では，このことがさらに重要になる。結局，危機管理の事前活動とは過去，現在，未来という不測事態の3つの時間的フレーズのなかで活動しなければならない危機管理担当責任者に必要なツールを与えるということである。危機管理担当責任者は職務を遂行するうえで，常に各時間的フレーズを認識していなければならない。過去に

何がなされたかを知り,今何をすべきかを決定し,将来どのような行動が必要になってくるかを考えていなければならない。適切な手段を選択できる広範な選択肢を有することが,効果的な事前危機管理の目標である。

第2節　危機管理の8つの要素

組織の危機管理の目標や目的を有するが,通常8つの重要な項目を達成するように努めている。これらは危機管理全体の基本をなすものであり,ここで提唱している事前プロセスの目的である。これら8項目は,事前危機管理の基盤ともなっている。これら8項目はそれぞれが関連しあっているが,各項目ごとに理解されなければならない。これら項目の目標については図2-1に示したとおりである[1]。

「最悪の事態について考える」ことは,組織的または個人的偏見などの理由から難しい場合が多い。とくに緊急事態の可能性がほとんどないような場合,計画立案者や組織のトップはそれをあまりにも簡単に無視してしまう傾向がある。事件や事故が壊滅的な結果を招くものであっても,発生の可能性が低いということでないがしろにする。最悪の事態について考えることには,従来の認

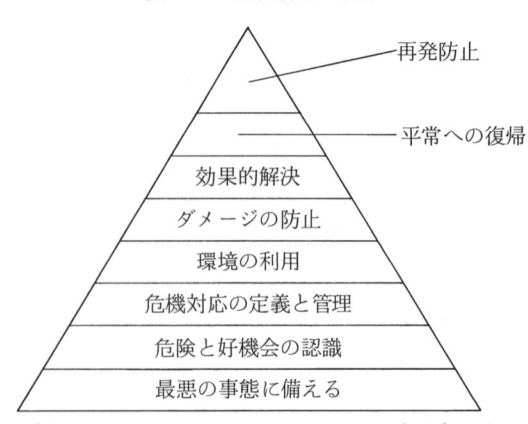

図2-1　危機管理の目標

ピラミッド図（上から下へ）:
- 再発防止
- 平常への復帰
- 効果的解決
- ダメージの防止
- 環境の利用
- 危機対応の定義と管理
- 危険と好機会の認識
- 最悪の事態に備える

(出典)　Nudell Mayer and Antokol Norman (1988), p 21.

識を超えた客観性と前向きの気持ちが必要となる。

　「危機と好機会を認識する」ことには，現実の事柄を超えて見ることのできる洞察力が必要である。不測事態にはクライシス・マネージャーが注意を要する細かな事項が多くあるが，これは気を引くだけのものであることが多い。医者が治療すべき病気が何であるかを判断するために患者の症状を検診するのと同様，クライシス・マネージャーは，対応が正しいかどうかを確認するために危機に関連する主要な問題に焦点を当てなければならない。危機に直面した組織が以前に比べてより強い立場に立つことは多いが，一方で弱い立場に立たされる可能性もある。

　危機と好機会を適切に認識することには「危機対応を定義し，管理する」ことが必要となる。一般常識や幸運は常に望まれるものであるが，それらだけがクライシス・マネージャーの道具であってはならない。適切な計画や準備によって多くの選択手段がクライシス・マネージャーに提供される。このプロセスには，組織が通常機能をタイムリーに実施できるような規定が含まれていなければならない。

　クライシス・マネージャーに必要なもうひとつのことは，「環境を利用する」ということである。これは，適切な権限委譲，組織および不必要なストレスや障害から危機担当者を守ることが関係している。適切な作業シフト・スケジュール，適切な施設，危機担当者の技能や作業量に対する評価がこの作業の一部である。

　「ダメージの防止」はクライシス・マネージャーに不可欠な目標である。これは，施設に対する物的損害や人的損害だけでなく，被害者に対する精神的損失および組織のイメージや評判に対する広報面での損失が含まれる。危機コミュニケーション（Crisis Communication）は欠くことのできないひとつの非常手段でなければならない。

　危機を「うまく解決する」ことは次の目標である。状況がどのように解決されたのかその成功を判断するのは，組織の目標や目的が事前に設定された組織の方針に基づき，いかに定義づけられたかということにかかわる。組織が目標

に基づきテロ状況を解決した場合，組織は事件や事故の解決に成功したといっても過言ではない。

　危機管理の次の目標は，「平常への復帰」である。企業が通常の業務に復帰できない場合，危機がうまく処理されなかったことになる。事実，組織が危機から平常業務状態に移行をスムーズに行なえることが危機解決成功の一部分となっている。

　最後に，危機管理のもっとも重要な事項についてであるが，非常事態の「再発を防止する」ことがあげられる。ある危機の危機発生後の段階は多くの点で別の危機の危機発生前の段階である。組織の危機対応に関し，何が正しく何が誤りだったかを慎重かつ公正に分析することが，このプロセスで必要不可欠なステップとなる。組織が類似の危機を将来防止できたり，防止できない場合でも，よりすぐれた対応ができるよう適切な訓練を学ぶことが重要である。

　効果的な事前危機管理は，危機管理スタッフの人選および教育に負うところが大である。これは組織のトップ・レベルで始められるプロセス内で実施されねばならない。非常事態が発生する前に方針を策定し公表するなど組織のトップのコミットメントがあってはじめて組織はクライシス・マネージャーが広範な選択肢から適切な対応策を選択できる投下資源，訓練プログラムおよび施設を策定し保持することができるのである。

第3節　危機管理計画策定の方法

　組織がある危機に直面した際に，直ちに適切な行動をとるために必要なことは，組織のトップが危機管理の必要性を社内に浸透させたうえで，実効性のある危機管理計画を策定することである。この計画は，潜在的危機の発見・評価，緊急事態に対応するためのチームの組織化，実行計画の策定，教育・訓練，といったプロセスからなっている。

　実際の計画は，不測事態の規模や事業内容，地域性といった条件に応じて立案しなければならない。細かく対処法を述べることはできないが，ここではそ

の骨格のつくり方を紹介したい。危機管理計画の骨格は，次の10本の柱で構成されるのである。

(1) 危機の発見・評価

組織が直面するリスクには，テロ，自然災害，工場事故など実にさまざまなものがある。そのうち，自分の組織は，どのリスクにどの程度さらされているかを評価し，どのリスクに対して計画を作成するかを決めなければならない。

(2) 仮説の設定と方針の決定

そしてリスク別に，どのような事態が発生するか，具体的に仮説を立てる。例えば，爆弾によるテロ，脅迫であれば，自分の組織に関係するどの場所に，どの程度の爆発力を持った爆弾が，いつ仕掛けられるかによって，想定される被害や対策は異なる。爆弾の種類1つとっても，プラスチック爆弾は，TNT爆弾よりはるかに爆発力が強く，対策も当然異なる。こうした点まで考慮して仮設を立てて，どのような方針で臨むかという方針を決定する。

(3) 危機対応組織の設置

次は，危機対応組織の構成を決めなければならない。欧米の組織は一般的に，情報を収集して全体を指揮する危機管理対策チームを置く。ここに，①対外発表を行なう広報，②活動資金の調達・提供を行なう財務，③人員配備を行ない，行政，コンサルタントとの窓口を務める総務・管理，④法務などの担当を置き，チームリーダーを補佐する。

とりわけ，日本の組織で重要性が見落とされがちなのは広報チームである。単に対外的な発表を行なうだけでなく，時には事実と異なるうわさが広まりそうな時に，コントロールすることも含まれている。十分な人数を割り当てることが望ましい。

さらに，この下に緊急オペレーションセンターという実行部隊を設置することが多い。この組織は，通信，輸送，情報収集・管理，医療といったチームか

ら成る。実行部隊の構成や規模は，危機の種類や被害の大きさによって変わる。ただし，すべての組織がこうした大掛かりな組織をつくる必要はない。

(4) **責任者とチームメンバーの任命**

次に，各組織に責任者と担当者を割り当てる。この際，重要なのは，各チームの責任者に誰がなるかを決め，それを明記することである。日本の組織の危機管理計画やマニュアルの欠陥は，ほとんど個人名を記載していないことである。

責任体制が不在，あるいはあいまいなままでは，いざ危機が発生した時に，

図2-2 危機管理のプロセス

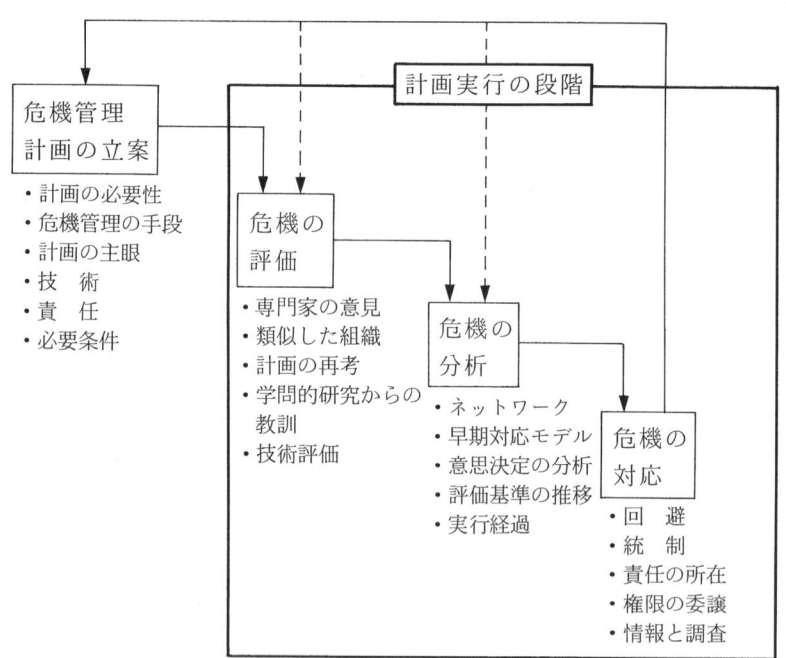

```
┌─────────────┐          ┌───計画実行の段階──────────────────┐
│ 危機管理     │          │                                    │
│ 計画の立案   │─────────▶│  ┌──────┐                          │
└─────────────┘          │  │危機の│                          │
  ・計画の必要性          │  │ 評価 │                          │
  ・危機管理の手段        │  └──────┘                          │
  ・計画の主眼            │   ・専門家の意見                    │
  ・技  術                │   ・類似した組織    ┌──────┐        │
  ・責  任                │   ・計画の再考      │危機の│        │
  ・必要条件              │   ・学問的研究からの│ 分析 │        │
                         │     教訓            └──────┘        │
                         │   ・技術評価         ・ネットワーク ┌──────┐
                         │                      ・早期対応モデル│危機の│
                         │                      ・意思決定の分析│ 対応 │
                         │                      ・評価基準の推移└──────┘
                         │                      ・実行経過      ・回  避
                         │                                      ・統  制
                         │                                      ・責任の所在
                         │                                      ・権限の委譲
                         │                                      ・情報と調査
                         └────────────────────────────────────┘
```

＊危機管理のプロセスは，一方的な流れではなく結果を評価や計画にフィードバックするサイクルである。

素早い意思決定ができないことが多いのである。

(5) 情報伝達・指揮命令系統の確認

例えば，神戸で災害が発生した時，神戸支店から必要な情報を危機管理対策チームに送り，承認を受ける必要が生じる。この際，直接情報をやり取りするのか，営業統括部など通常のルートを通す必要があるのか，関係部署に事後報告をするのは誰の役割か，を明確にしておかなければならない。

基本は指揮者と現場との直接連絡であるが，もし間に何らかの部署を経由するとしても，それを明確にしておかなければならない。

(6) 法律面による制約の確認

組織が，一定の方針を立てて危機対応をしようとしても，各国特有の法律や規制の壁のために不可能な場合がある。例えば商法改正によって，株主総会がらみなどで特殊株主などに脅された場合，金を渡せば有罪になるようになった。こうした法律がある時に，どのように対応するかを，専門家を交えて検討しておく必要がある。

(7) 各組織の運営プロセス

危機管理対策チーム全体の運営方針と，広報，財務，法務などのスタッフの運営方針を策定する。さらに，緊急オペレーションセンターを構成する，輸送，医療，通信などのチームが，どういった行動をとるかというプロセスを具体的に立案する。

(8) 教育・訓練

危機管理計画を紙に書いただけでは絵に描いた餅である。これが不十分だと，計画も安全設備も役に立たない。訓練は，最悪の事態を想定した条件のもとで，専門家の指導を受けながら行なわなければならない。日本の自治体や企業における防災訓練は，平時と変わらない。いわばベスト・コンディションのもとで

実施されていることが多い。

　危機発生時には，誰もが狼狽し，恐怖にかられるが，これは類似した状況に置かれたことがなく，次に何が起きるかが予見できないことによる。実際の危機に近い状況での訓練を繰り返すことによって，恐怖のあまり冷静な判断ができないといった危険性も低くなる。

　訓練は，危機管理計画の有効性を検証するためにも必要である。前項(7)までの危機管理計画をつくっただけでは，想定どおりに担当者が動き，コミュニケーションができるかどうかは分からない。情報伝達の時間と精度を甘く見ていないか，責任者が不在の場合の権限移譲に問題はないかといった点について，テストし，訓練を重ねる必要がある。その結果，不備な点が発見されれば，計画そのものを変更する必要がある。

　座学としての教育も欠かせない。欧米諸国には，危機管理に携わる人を養成する専門のトレーニングセンターがあり，組織はここへマネジャーや担当者を送り込んで教育する。避難誘導の仕方に始まって，危機時の広報対応（クライシス・コミュニケーション）まで，さまざまなカリキュラムが組まれている。

(9) 計画のメンテナンス

　訓練の結果から計画をフィードバックするのはもちろんだが，一定期間後には，企業のビジネス環境や事業部門構成，海外の進出先が変化しているため，それに応じた見直しが必要である。

(10) 計画へのフィードバック

　危機管理計画の骨子は以上である。策定するにあたって重要なのはトップの関与である。危機管理にはそれなりのマンパワーとコストがかかるだけに，総務の一業務として位置づけるといった対応では，他部門の協力は期待できず，実効のあるものにはならない。トップが先頭に立って組織全体に危機管理の意識を浸透させ，危機管理チームの中核となる専門家を育てながら取り組まなければならない。一朝一夕にできるものではないため，短期・中期・長期という

フェーズに分け，計画的に策定作業を進めることも必要である。

　緊急事態が終息すると，組織は通常業務へ復帰することになるが，直ちに危機管理体制を解除し，すべて平常に戻そうとしてはならない。危機が終息した状態は，次の危機に備えるための準備段階であると考え，危機管理計画を見直すことである。

　まず，この段階までの対策が，実際にどの程度効果的であったかを評価する。危機管理計画の有効性，手順の正確さ，スタッフの業務遂行状況などが分析対象となる。また，危機からの教訓は，計画策定時点では，ほとんど想定していなかった事態からも得られるのである。

　危機管理の事前活動は決して終わることのないダイナミックなサイクルである。常に，適切な再評価を行ない，その結果を教訓として生かすことによって，より進化した事前対策をつくることができる。

第4節　危機対応マニュアルの作成

　死者5,000人を超える歴史的な大惨事となった阪神・淡路大震災。悲痛な体験を教訓として，政府・自治体はもちろん一般企業の間でも，総合的な危機管理を立案すべきとの声が高まっている。中でも，問題視されているのが，緊急事態に対処すべく用意されていたはずの「危機対応マニュアル」が，ほとんど機能しなかった点である。

　経済大国と呼ばれる日本の組織で，なぜお粗末なマニュアルしかつくれないのか。その要因の1つとして，ほとんどの組織が総務担当者に，マニュアル作成を一任していることがあげられる。作成にあたって危機管理の専門家にアドバイスを求める，あるいは組織内にプロジェクトチームを編成して問題点を検討する，といったことも行なわれていないのである。危機管理のノウハウがないままに作成されたマニュアルに，大きな効果を求めようとすること自体に，問題があるといえる。

　危機対応マニュアルでは，まず最初になぜ危機管理が必要かを説明し，次に，

危機はあらゆる環境において避けなければならないことを強調する必要がある。

また，危機管理の責任者は，各担当者の責任を明確にした上で，誰が，いつ，どのように行動をとるのかを明示しておかなければならない。しかし，日本の政府・自治体・企業にあっては，普段から使命と責任の所在が明確でない場合が多く，マニュアルにもそれを盛り込むことが難しい。その結果，緊急時に責任を持った行動ができない場合がある。

しかし，これらのことを踏まえた上で，「危機対応マニュアル」を作成するにあたっての留意点を列挙してみたい。

(1) **意義の明確化**

実効あるマニュアルを作成するためには，「なぜ危機管理が必要なのか」「危機はあらゆる環境において避けなければならない」ということを，組織の構成員が正しく認識していることが必要である。

(2) **危機の評価**

次にあらゆる危機によって組織が被るダメージを十分考慮した上で，対象を検討しなければならない。組織の種類，規模，株式公開・非公開，親会社の有無などによって，重視すべき危機の種類と影響は異なり，自分の組織の状況を十分に見極めておく必要がある。

(3) **内部情報の整備**

極秘情報を含む，企業の資産・負債状況，個人情報も普段から収集・管理しておかなければならない。

さらに，病歴，常用薬などを含む社員の医療記録がなければ，特別の投薬や治療を必要とする社員を保護することができない。

(4) **マニュアルの内容**

　① 危機管理チームの編成

危機が発生した場合，真っ先に必要なのが連絡網の確立である。そのために，危機管理チームのメンバーリストを作成しておく必要がある。同時に「誰が意思決定を行なうのか」といった疑問がないように，担当部署と責任者を決定しておくことである。予備要員のリストも忘れずに作成する。

　② 情報の収集・伝達プロセス

　危機時には，組織内のあらゆる部門から，その部門の責任者や危機管理チームのリーダーに情報が的確に入ってくる必要がある。事件または事故発生の認識，人的被害，施設の被害の見積り，ある対策を実施中なのか，実施済みなのかといった進捗状況，不足物質など，必要な情報項目と伝達経路をあらかじめ決めて明記しておく必要がある。

　組織のトップや危機管理チームが下した判断を，現場の危機対応チームに伝える際の基準も必要である。現場で不足している物質や人員を他の部門から補充できる可能性とその時期，連絡すべき部署などを明記しておくことが欠かせないのである。

　危機対応マニュアルには，過去の危機発生の記録を添付するとともに，現在直面している危機の進行状況を詳細に記録するためのページが必要である。こうした記録を残していなかったために，後日，マニュアルを検討して改良することができなかったというケースも少なくない。

　危機に関する重要な連絡が社内外から入った場合，担当者がいつでも迅速に対応できるよう，連絡内容を書き込む緊急連絡シートを用意しておくことも大切である。

　③ 行動手順

　マニュアルには，役割が異なる危機管理チームごとに，行動チェックリストを準備することが必要である。一般的には，以下のようなチェック項目が欠かせない。

・被害はどの程度広がっているか。
・次に発生しそうな危機は何か。
・トップが危機管理チームの責任者と連絡をとったか。

- 移動オフィスまたは危機管理センターの設置は必要か。
- 警察や消防と連絡をとる必要があるか。
- 被害者の家族とは連絡をとったか。
- 駐車場または特別区域への立ち入りを禁止すべきか。
- 危機が収まるまで企業広告は停止すべきかどうか。
- 被害状況に関する書類作成のための写真を撮影したか。
- 組織の代表として早急に連絡をとらなければならないところはどこか。

(5) 万能ではないマニュアル

　マニュアルは，スムーズな危機対応を可能にするが，あらゆる危機にこれ一冊で対応できるわけではない。深刻な事態が発生して，企業の資産や社員の生命が危ぶまれる展開になった場合は，マニュアルだけではカバーできない場合もある。

　例えば，業績面への影響が甚大な場合には，証券取引所に被害状況について迅速に報告する必要がでてくる。さらに，事業の継続が一部不可能になった場合には，社員に対して一時帰休などの措置をとらなければならない可能性もある。こうした事態が生じた場合，一律の運用は難しく，ケースバイケースの経営判断が迫られる。そうした場合を想定して，経営陣は弁護士や保険会社を交えて検討し，大枠の方向について意思統一を図っておく必要がある。

　危機的状況が終息したら，直ちにマニュアルについての評価を行ない，問題点があれば改善していく必要がある。また，企業の事業内容が変化したときも見直しが必要である。既存事業と大きく異なる新規事業への進出や，Ｍ＆Ａ（企業の買収・合併）によって，企業にとって必要な危機管理の要件も異なってくる。そうした変化が生じた場合はマニュアルの見直しが欠かせないのである。

第5節　危機管理対応チームの役割と任務

1. 危機管理対応チームの必要条件

　危機管理対応チーム（Crisis Management Team : CMT）の編成と組織構成は危機管理プロセスの中心事項である。リーダーシップと組織は効果的な危機管理の最重要課題であり，危機管理対応チームがこの機能を提供している。

　危機管理対応チームは，メディアとの連絡，政府関係機関ならびに警察当局との連絡，被害者やその家族との連絡および管理業務という4つの基本事項に対応できるよう設定されなければならない。チームを効果的に機能させるためには，方針決定プロセスや脅威評価プロセス（Threat Assessment Process）に積極的に関わりを持たなければならない。こうすればチームは方針がどのようにして決まり，それが何であるかを理解するだけでなく，方針がなぜ設定されたのかという理由も理解できる。またチームはすべての危機管理担当者のために設定された訓練やテスト・プログラムだけでなく，危機管理センターの設置場所や配備機器の選定に密接な関わりを持つべきである。

　事前活動は，危機に対抗する準備を最高にするものであり，それは個人レベルでも採用できる。ただ，単独で実施することは不可能ではないが難しいのである。

　事前活動に取り組み，他に達成するものがない場合，危機に対してはよりしっかりした備えができていることになる。ただ，査定，評価，テスト，訓練については，さらに効果のあるものにすることはできる。これらの事項に対して慎重に注意を払うことで，組織ならびに個人は危機が発生してもより優位な立場で効果的な対応を行なうことができるわけである。安心だからという感情に支配されることはよくあるが，こうなると準備に不備を招くことになる。つまり，緊急事態に対する準備レベルを低下させる協力関係が知らないうちに築かれてしまうという結果になってしまうのである。組織や個人にこのようなことが起こってはならない。常に準備を怠らないことがボーイスカウトのみなら

ず，すべての者にとってのモットーである。

2. 危機管理対応チームの編成

CMT のメンバーは，各国の環境やそれぞれの事件や事故の形態によって変化するものである。しかしながら，CMT を効果的に運営するためには，とくに重要な機能がいくつかある。次にあげた事項はその一部である。

(1) 広報担当

テロ事件やその他の事件によって，広報の役割も CMT が担うことになる。危機コミュニケーションという局面から，担当者はその役割を果たす責任がある。スポークスマンは事件発生中の業務環境のごく近い部分において，CMT リーダーが義務を負っているということに責任を持つべきである。広報の業務は非常に難しく，高度なものである。

(2) 連絡担当

CMT は，多くの専門家から情報，アドバイスを得る必要があるが，CMT メンバーや緊急オペレーションセンターのメンバー全員がこれにあたるわけではない。連絡担当者は，常にこうした専門家と接触をとり続け，CMT のリーダーに即座に情報を提供しなければならない。接触をとるところとしては次のようなものがあげられる。

① オペレーションチームと事件現場において
　救援組織（自衛隊または軍隊および消防隊）／警察／情報組織／医療組織／被害者およびその家族／外務省
② その他組織（危機管理コンサルティング会社）および政府・地方自治体
③ 政府関係以外の民間組織および機関（ボランティア活動グループ）

(3) 管理上の援助担当

　エグゼクティブは一般業務の流れを統括しているが，CMT が要請する管理上およびロジスティックな援助を提供するように命ずる必要がある。こうした要請は，危機情報が入手できなくなるまで監視し続ける必要がある。援助は途切れることのないようにしなければならない。そこには言語的な援助も含まれる。CMT がどんな要求を出そうとも，緊急オペレーションセンターは即座に対応しなければならない。

(4) 噂のコントロール担当

　しばしば広報担当と混同されがちであり，その機能は見落とされがちである。正確に言えば，噂のコントロールは CMT の危機コミュニケーション努力によってかなり容易に対処できるのである。噂のコントロールの目的は，間違った情報が広まる前に，それを認識し，正すことにある。担当者は CMT のスポークスマンとして，さまざまなレベルにおいてコンタクトをとることが重要になってくる。

① 危機管理運営に直接関わっていない政府および企業関係者
　　政府および企業側からの不正確な報告を防ぐ手助けをする。
② 被害者およびその家族との連絡
　　CMT が被害者およびその家族と連絡をとるにあたっては，CMT と直接の被害者との間で一般的なインフォメーションチャンネルが結ばれている必要がある。こうした連絡をとることで，被害者は CMT を通してメディアを利用することができる。

(5) コミュニケーション担当

　CMT が選任した人物と即座に，しかも確実にコミュニケーションを図れる能力は，危機管理の効果を決定的なものにする。CMT は事件現場やその他，活動範囲内でコミュニケーションを図るばかりではなく，公衆，メディア，外国政府，国内組織，救援組織などとも確実にコミュニケーションをとる必要があ

る。正確でタイムリーな情報を流せなければ，CMTは危機管理の指令を成功裡に遂行することはできないのである。

(6) 法的アドバイス担当

緊急オペレーションセンターにおいて，法的アドバイザーが存在しているか，または彼のアドバイスがある種のタイプの連絡網を通して入手できるとき，CMTは法律弁護人と連絡をとる必要がある。

(7) 財政的アドバイス担当

危機管理および危機の後始末には非常に金がかかる。どんな危機状況においても，CMTは財政上の出費，通常でない時間と方策をとることによってかかる経費の振り分けなどを十分に認識しておかなければならない。CMTのリーダーは，政府高官や企業のトップの意思決定による勧告を受けるにあたって財政的な専門知識も必要とされる。

こうしたCMTのさまざまな役割は，すべての危機において実際に要求されるものとなる。その他の機能は，その危機の内容によって異なる。こうした準備を行なっておくことによってCMTは必要な時に，必要な措置を施すことができるのである。

(8) トレーニングと訓練について

危機状況下においては，常にその状況が思わぬ方向に向かってしまうという危険性をはらんでいる。トレーニングと訓練によって，発生した厄介な問題をうまく処理できるような準備が必要となってくる。

ここで紹介するトレーニングは，危機に対する準備を改善していくことに焦点をおいたもっとも基本的なステップである。

CMTは，一般的なタイプのトレーニングを補足するために，独自のトレーニング，およびテスト・プログラムを行なう必要がある。CMTには，危機対応管理も含まれるため，そのメンバーは，方策および管理手法のいずれにも精通

していなければならない。多くの能力を身につけるためのクロストレーニングもまた有益なものである。あらゆる地域において，CMTのメンバーはトレーニングを行なう必要があり，そこではさまざまな方法が用いられる。

　トレーニングはそれ自体では不十分である。適切な評価に基づいた方法を盛り込んだトレーニング・プログラムおよびCMTメンバーの熟練度に応じた方法をとることが重要である。さらに，危機管理シミュレーションを行なうことによって，CMTメンバーの危機管理対応能力を増強し，自然対応ができるようにする。また，危機管理という緊張状態を体験することができる。こうした能力は，訓練を通じて養われていくのである。

　実際に危機が起こらなくても，訓練とシミュレーションを行なうことによって，危機に対する方策，手順，能力，人員などを検討することができる。こうした訓練や経験を通じて，CMTメンバーが『リスク回避』という状況を作り出す能力を養い，その能力を洗練することができるのである。この知識と経験を共有することは，通常のトレーニング過程の補足として有益であり，対応計画そのものの過程の補足にもなる。ダイナミックな形式に基礎をおく目標を持った訓練は，選択オプションの基本的価値と，変化する危機状態またはテロ事件に対するCMTのアプローチに影響を及ぼすであろう予測できない要因などを検討することができる。ここに通常シミュレーションによる経験プログラムがなぜ重要であるのか，その理由をあげてみる。

① 一般の手順および緊急時の手順を実践するため
② 危機状態を経験するため
③ 組織および個人的つながりを強化するため
④ 必要とされる情報の検討を行なうため
⑤ 必要とされるコミュニケーションを認識するため
⑥ 対応策およびその時間を決定するため
⑦ 必要と思われる管理を行なうため
⑧ 方策の妥当性および効果を検討するため
⑨ 目標および各局，各組織の目的を一致させるため

⑩　管理手順の効果を検討するため
⑪　メディア，被害者およびその家族への圧力を削減し，政府および企業の通常業務の調整を緊急時対応計画および手順によって行なうため，等である。

3. 危機管理対応チームの機能[(2)]

　CMT は，国家および企業にとって危機をはらんだ状況に対処する責任がある。こうした状況のほとんどはそれぞれ特有の複雑さを持ち，国際的様相を呈している。CMT の勧告および行動結果は，今後何年にもわたってそれぞれの国家および企業に影響を及ぼしていくであろう。多くの場合，CMT は多様化する危機に対し真っ向から立ち向かっていかなければならない。
　CMT が危機を効率よく扱うことによって，危機が発生する前および発生した後も対処しなければならない事項を解決していくことができる。
　危機には5つの段階がある。危機発生前段階（Pre-Crisis）／警告段階（Warning）／危機発生段階（Crisis）／危機移行段階（Transition）／復旧段階（Post-Crisis）である[(3)]。それぞれの段階において，CMT は効果的な対応を行なわなければならない。

(1) 危機発生前段階

　この段階においては，危機に対するアプローチとして明白な指示はない。業務は平常どおり行なわれており，まったく普通の状況である。効果的な危機管理のための基礎づくりは，この段階で行なわなければならない。そこには，一般的な範疇として4つの要素があげられる。意思決定／手順の設定／計画／訓練とトレーニングである。意思決定とその実施について常に覚えておかなければならないのは，ダイナミックな過程である。その方策は，すべて緊急時対応計画および対応策のパラメーターとして位置づけられる。CMT のリーダーは，関連するすべての政策について完全に把握していなければならず，他の CMT メンバーとも常にコミュニケーションを図る必要がある。さらに CMT のリー

第5節　危機管理対応チームの役割と任務　91

危機発生前の危機管理対策チームの主な任務

> 1. 方針策定にあたっての指導
> 2. 手順の確立
> 3. 計画への参画
> 4. 計画履行の観察およびそれへの参画
> 5. 危機管理センターの選定
> 6. 危機管理センター装備の指導
> 7. 教育訓練への参画
> 8. 準備資料の見直し
> 9. 権限の委譲
> 10. 供給品の確保
> 11. 宿泊所・食糧・医療品の確保

ダーは，この平静な時期に何の方策も施されていない地域を確認し，適切な方策が施行されるように中級クラスのエグゼクティブに喚起を促す必要がある。

　緊急時の対応において，方策は戦略的なものでなければならない。また，手順は危機管理の戦術として組織立てられなければならない。方策には行動の優先順位を盛り込み，これにそって対応手順を実行する。CMTは，実質的に緊急時対応手順の促進を保証すべきであり，それらが政策と合致するものであるかどうかを検証しなければならない。またCMTは，危機発生前の段階で，適切な対応手順が作られているか，また，目標と目的が方策と一致しているかを検討する必要がある。

　その他CMTがこの段階で行なわなければならないことは，計画づくりである。計画は危機管理マネージャーが，行動するにあたっての法的専門知識，行動のガイドラインおよび行動システムについて示唆している。危機管理を行なうためのCMTの能力は，計画過程における質，完璧さおよび包括されたものと直接にかかわってくる。計画を立てることによって，緊急事態に対する防御，準備，対応および復旧の手助けとなる。計画過程における主要な構成要素は，リスクおよび危険の評価を行なうことである。

　さらに，危機発生前の段階における危機管理の重要な点としては，トレーニングと訓練を繰り返し行なうことである。CMT責任担当地域における危機管

理担当者に対して，トレーニングを施す必要がある。次にあげるのは，適切なトレーニング項目，テストおよび人員評価であるが，トレーニングプログラムは，とくにその準備をしっかりと行なう必要がある。シミュレーションを活用した創造性や経験は，CMT および危機管理業務に携わるスタッフの支えとなる。

(2) 警戒段階

緊急事態というものは，何の警告もなしに発生することはほとんどない。トラブルが起こりそうな可能性が現れれば，CMT はそれを危機段階として位置づけることができる。警戒段階において，CMT は非常に重要な役割を果たすことになる。この段階では，実際には何の変化も見られないが，CMT はやがて訪れるであろう危機を無視してはならない。政府や企業の危機管理努力の焦点として，CMT は活動のステップアップを図り，可能な限りの行動を準備しておかなければならない。

テロまたはその他の緊急事態が発生する見込みを見極めるため，CMT はその状況を専門家に分析してもらう必要がある。予備的な分析業務の多くは，計画過程の一部としてすでに完了しているものもあるが，以前に行なわれた一般的な評価は，その後の正しい計画促進においてより洗練されたものでなければならない。その他について，この分析は，目標，攻撃の種類の可能性，対応策，同一の戦術的なものとしてみなされる。

この分析結果から明らかにされるものとして，CMT は緊急時対応計画およびその手順に関連した内容の再調整を監督する必要がある。もし，必要であるならば，CMT のリーダーは政策決定者に対し危険の可能性および対応計画の関連性について注意をうながす必要がある。対応手順は，CMT がその手順を含んでいるか，また，サポート要員がおのおの何をすべきであるのかを理解しているか，という点について確認するために再検討を行なう必要がある。計画および対応手順のテストは，警戒段階において実施されなければならない。

次に危機管理，人員管理および設備管理などは，その準備を整えるのが非常に難しいということを明白にすべきである。CMT の対応計画および対応手順

第5節　危機管理対応チームの役割と任務　93

に関連して，オペレーションセンターもテストすべきである。この段階での訓練では，機敏な対応をとるのはもちろんのこと，問題の発生する可能性を認識する必要があり，CMT にとっても，危機発生以前に救済行動のための時間をとることができる。

　最後に，CMT は外部組織および緊急時に影響を受けるであろう人員と接触して，問題を認識する必要がある。こうした情報によって，テロ攻撃のターゲットと思われるものを正確に把握することができる。さらに，別の予防手段として，CMT は具体的なターゲットについてアドバイスを与え，危機発生期間中も業務をともにすることが望ましい。また，危機コミュニケーション行動は，新聞などによる声明の発表，またはその他公共が必要としている告知を推し進めていかなければならないのである。

(3) 危機発生段階

　いったん危機が発生すると，CMT は危機管理モードに移行する。多くの場合，対応行動をとることになるが，ときに特殊行動をとる場合がある。CMT は，影響力または管理促進能力を保持しなければならない。

　まずはじめに，CMT リーダーは CMT を組織化し，人員のサポートを行なわなければならない。ここでは，人員のシフト・スケジュールを作成し，業務フローを調整し，効果的な CMT 内部の情報フローを確認し，管理業務の統一化を図る。こうした業務のほとんどは，エグゼクティブ・アシスタントおよび CMT 管理業務メンバーが行なうのである。

　次に，CMT のリーダーは，適切な専門的代表者を任命しなければならない。もし，CMT が危機発生以前および警戒段階においてそうした行動をとっていれば，代表者はすでに緊急時対応計画とその手順を統合できていることになる。にもかかわらず，CMT リーダーは，専門代表者はすべての人員によって理解されていると確信している。

　分析は継続して行なわれるが，この段階では将来的な計画促進の予想を直接的に行なうことになる。CMT は，根本的な問題に焦点をあて，敵対している考

えを検討する。CMT 自体を徴候的な事業または無関係な事柄によって転換してはならない。

　この段階における CMT の関心事は，危機コミュニケーション行動である。テロリズムはそうした公的な危機であるが，CMT は政府活動の回復および広報関係のイニシアチブを維持しなければならない。これはテロリストに対して有効な武器となるであろう。メディア，被害者およびその家族との接触を続け，噂や誤った情報，その他厄介な問題を最小限に食い止めなければならない。周期的な報告（複数のルートから入ってくるが，元をたどればひとつの情報源），情報不足，噂などは CMT の見通しを歪めることになる。CMT のリーダーは，受け取った情報の真偽が確認できるまでは，常に疑問を持っていなければならない。

　さらに，CMT にとって重要なことは，被害者およびその家族に対してアドバイスを与え，援助の手をさしのべることである。これについては，CMT の監督業務として前にも述べたが，連絡スタッフは CMT からの情報を保持し，被害者やその家族たちが被害を受けたというプレッシャーを念頭においておく必要がある。被害者のための危機コミュニケーション行動は，もし見落としがあればそれ自体無駄になってしまうのである。

　緊急事態が長引いた場合，CMT のリーダーは，ストレスの発生する可能性

危機発生中の危機管理対応チームの主な任務

1. 迅速な業務シフト・スケジュールの確立
2. 仕事の流れ，書類等の管理
3. 組織の方針に従う
4. 前もって準備された手順を使用する。ただし必要であれば改善する
5. 情報はチーム全体で共有されることを確認する
6. マスコミ用声明文を見直す
7. 可能であれば情報を二重にチェックして確認する
8. 被害者とその家族を援助する
9. 可能な限り，チームメンバーのストレスを管理する
10. 記録をとる

を認識しておかなければならない。業務において，効果的な判断を下すことによって疲労の原因を取り除くことができる。肉体疲労はストレスと疲れからくるものである。一般的に，非常勤務者はときどき休息をとり，食事をきちんととることによってそうした問題の発生を防ぐことができる。緊急事態発生の際は，極度のストレスと長時間労働を強いられることになる。CMTのリーダーは，不必要な緊張を最小限にするような努力をしなければならない。

　最後に注意しなければならないことは，記録をきちんと保管することである。CMTの初めての会合から行動日誌をつけはじめ，緊急事態発生中もすべてにわたって詳細に記録しなければならない。期限，委任，決定事項などがある重要情報は，もれのないようにきちんと記録し，保管しておかなければならない。こうした情報は，今後の危機段階において『行動の再評価』および『参考となる行動』として非常に重要になってくる。

(4)　危機移行段階

　危機移行段階では，危機管理はしばしば見落とされがちになる。この段階では，危機状態はまだ続いているが，すでに終わったと見なされることが多い。この段階では，危機的要素と次段階の危機とが混在しており，焦点を絞るのが非常に難しい。この見極めを行なうのがCMTにとって重要なことである。

　CMTは，この段階で2つの原則を認識する必要がある。CMTは，復旧作業の開始および救済活動を開始することによって通常の状態へ戻すための指示を行なわなければならず，同時に危機の監視と分析を続行しなければならない。こうした2つの業務を統合することは，科学的というよりは，むしろ芸術的感性が必要になる。経験，トレーニングおよび訓練は，この移行期に再度開始するようにしなければならない。

(5)　次の危機に備えて

　この段階では，危機はすでに終息している。復旧作業が進行中であり，状態は徐々に平常に戻りつつある。救急チームは，この段階で危機管理を無視して

危機終了後の危機管理対応チームの主な任務

```
 1. 計画の有効性に関する評価
 2. 手順の適性に関する評価
 3. 社員の業務履行に関する評価
 4. 社員へ意見を求める
 5. 使用した装備および訓練の評価
 6. 新しい経験をもとにした計画の修正
 7. 手順の修正
 8. 段階的に平常な状態に戻す
 9. 適切な被害者への援助
10. 活動後の早急なレポートの準備
11. 記録の保持
```

しまうことが多い。しかし，CMT は引き続き危機管理を行なわなければならない。この段階は，次の危機への前奏曲であり，ここからさらに行動を起こしていかなければならない。

　この段階での CMT のとるべき主な行動は，危機および全体にわたる詳細な検討を行なうことである。この『事後行動』は CMT や政府並びに企業にとっては，今後の計画に修正を加えたり，手順や訓練方法の改善，方策の再検討を行なううえで非常に有益なものとなり，何といっても，今後同様の危機に見舞われた場合，即座に対応ができ，被害の再発を防ぐことができる。『危機終了後は，次の危機への準備の始まりである』再検討はできるだけ広範囲に行ない，CMT は業務上の見解および人や組織からの緊急時対応に関する情報をすべて組み入れていかなければならない。さらに，被害者やその家族，メディア，国際組織など，外部からの見解や意見を考慮しなければならない。

　見解の一部もまたスタッフの行動評価として含まれ，適切な認識と特別報酬を充当させるべきである。行動が平常に戻ったところで，失敗事項の原因究明を行なわなければならない。準備不足，効果のないトレーニングの実施，無能力などの要因で不的確な行動が起こる。CMT はこうした行動の原因を追求し，矯正していかなければならない。

　CMT のリーダーは緊急時にスタッフから適切な情報を受けているかを確認

しなければならない。情報を適切に受けることによって，ストレスから解放され問題を明らかにすることができる。さらに個人行動の見通しに関して援助をすることができ，担当マネージャーにとっては危機管理システム全体を評価する手助けになる。そうした目的を達成するための指導方法はいくつかあるが，危機が終了した時点で，できるだけ早急に行なわなければならない。

　CMTが評価を徹底的に行なうには，準備が必要になる。もし，特別の問題が発生しないとしても，CMTは命令によって準備計画が変更になったり，スタッフの追加トレーニングが有益なものになるよう行動を決定しなければならない。

　こうしたさまざまな分析結果を用いて，CMTは対応計画，手順の修正を行ない，上級意思決定者に対して方策を決定または推奨すべきである。しかし，計画，手順，修正がうまくいっていない方策の組み合わせを見いだすのは難しいことである。

　すべての情報の分析・評価は，事後行動報告書として文書化しなければならない。これはCMTに記録として残される。この作業いかんで，進むべき方向が良くも悪くもなるのである。危機管理システムが改善されるような前向きな行動計画を設定し，行動計画表を作成すべきである。それは，変更された計画，手順，調整されうる方策を提案するうえでの判断基準となる。

　危機管理過程において，それぞれの段階での記録をすべて保持し，残しておくことは非常に重要である。CMTはこうした記録を，将来参考にすることを考慮して，きちんと保管しておかなければならない。

4. 危機管理対応チームの行動手順

　CMTにはさまざまな重要な責任があるが，こうした責任を明らかにするために，CMTの内部手順をはっきりさせておかなければならない。基本的な達成構造は一様ではないが，CMTのリーダーは，次に述べることを念頭におくべきである。

① 警戒／通知

　名前，電話番号，無線のコールサイン，その他CMTメンバーに関する事項は，例えば緊急オペレーションセンターのように，センターに保管されなければならない。勤務スケジュールは，少なくとも1人のCMT主要メンバーが常に活用できるように規定されていなければならない。

② オペレーションセンターの活性化

　24時間体制で人員配備を行なっているオペレーションセンターは少ない。こうしたケースの場合，センターの行動手順をきちんと設定し，ある状況下で専門的に行動する担当者を任命しなければならない。

③ 人　　員

　危機管理業務は非常に激務であり，またヒトに頼るところが多い。CMTの調和を保つことは，効果的な管理を行なううえで非常に重要になってくる。こうした激務に耐えられる者はそう多くはいない。CMTは，チームのメンバーシップの基準となるものを設定し，スタッフを援助し，できるだけ内勤ができるようにすべきである。

④ 安全／アクセスコントロール

　基本的なアクセスコントロールの準備はできているが，テロ事件における危機管理のように，慎重さを要するものに対しては，CMTは内部的な管理手順を用いるのが望ましい。情報は，CMTメンバーによって引き止められるべきではなく，来訪者または部外者も重要情報が得られるようにするために追加手順を設けることは有益なことである。

⑤ 供　　給

　CMTの管理担当メンバーは，システムが兵站学上の要請があるかどうかを確認する必要がある。このシステムは，必要なときにチームに適切な支給を行なっているかを確認するばかりでなく，腐敗しやすい食料品の入れ替えや，消耗品の補充なども管理しなければならない。

⑥ そ の 他

　一般に，CMTは管理要求が必要に応じて明白にされているか，ということ

を常に見ていなければならない。必要ならば，通常管理および兵站学上の過程を補足するための独自の手順を設定しなければならない。

以上，CMTの役割と任務について検討してみたが，いかなる危機においても，対応がうまくいくか，または失敗するかの鍵を握っているのはCMTである。対応計画，対応手順および危機管理を構築するのは，CMT自身の能力によるところが大きい。

CMTの重要な責務は，緊急事態から平常状態への移行を成し遂げることである。これは，人事上の問題と運営上の問題を含んでいる。緊急時に関係するすべての人員は，一定期間ストレスの状態で高ぶった感情のもとで働くことを余儀なくされる。人命についても最終的にはCMTの行動にかかってくるのである。

効果的な危機管理は，CMTによる万全の準備体制が要求され，緊急時対応計画および政府や企業の方策を実施するために多くの貴重な時間を費やすことになる。CMTは断固とした決断力と効果的な行動力が必要とされるのである。

要するに，効果的な危機管理は以下の機能を有するのである。

優れた計画	管理統括
○すべての可能性について考慮する。	○流れに対し常に先んじる。
○問題にのみ焦点を当てない。	○自分のペースで計画する。
○速やかな連絡網を確立する。	○真の問題を追求する。
優れたスタッフ	○創造的になる。
○経験と知識を追求する。	○広報についてはイニシアティブをとる。
○訓練し，テストし，評価する。	○仲間を頼りにする。
○スタッフを効率よく人間的に扱う。	○自分の計画に自信を持つ。
○ストレスをなくすよう組織編成する。	○記録を常にとる。
優れた調整	**平常への復帰**
○計画と要員をテストする。	○評価し書式化する。
○計画を評価し，改訂する。	○業績に対し報いる。
○常にオープン・マインドでいる。	○関連事項を分析する。

第6節　オペレーションセンターと事件現場における指揮活動

オペレーションセンターの神秘性とそのきらびやかさは，運営管理上の援助や意思決定を行なうという本来のセンターの目的をぼやかしてしまうことがしばしばある。緊急オペレーションセンター（Emergency Operation Center：EOC）は，管理者が事件においてその対応管理能力（指揮とコントロール）を高めるという役割を果たし，危機管理対応チーム（CMT）との効果的な内部および外部コミュニケーションを図らなければならない。

緊急時の対応を効果的で成功に導くにはさまざまな要因が考えられる。EOCのセンター長は事件において要求される業務が何であろうと，EOCを適切に調整する能力が必要である。そうした対応を容易にするためには，実際に緊急事態が発生する前に，事前計画が構築されて人員配備もされ，テストされていなければならない。これは，事件対応の方策および手順を促進するだけでは不十分である。EOCに適した場所および装備は，いかなるタイプの危機にもCMTが効果的で成功裡に対応できるようにしておかなければならない。

緊急オペレーションセンターは24時間体制をとり，会議室や事務所内を特別施設として速やかに維持していかなければならない。多くの政府機関，地方自治体，企業は，前に要請があった情報には耳も傾けようとはせず，最新の情報に頼ろうとするところがある。こうした場合，EOCは，一般的に二重構造的な体制を意図している。危機状態にない間は会議施設として用いられ，何か事件が発生した場合はEOCへ変えて使用する。

政府（地方自治体も含む）や企業の担当者は，何の警告もなしにテロ事件やその他の危機に直面することがある。危機管理が成功するかしないかは，いかに事前計画がきちんとなされ，組織を考察し，援助にどのような注意が払われるかによるところが大きい。事件に対応するための計画は事前に行なわれていなければならないが，こうした計画における原則のひとつとしては，ある事件現場における直接的なオペレーション対応を行なうための指揮系統を構造的に統合することである。

事件現場における指揮の統一化は，管理レベルにおける公共の方策を達成するための方法を効果的また成功裡にするためにもっとも有効であるといえる。資源の配分は最大限に行なうべきであり，無駄な努力や政府（地方自治体も含む）ならびに企業の危機管理計画を脅かす管轄権をめぐる争議などは避けなければならない。そこには，効果的な管理と多様な事件現場または状況における指揮の調整を必要とする。

重大事件では，多くの機関が対応することになる。統一化された指揮系統は，危機管理の隅々にわたって最良のチームアプローチのためのフレームワークをとることができる。事件の多くは，権限の境界が限定されていないため，そうした構造を確立することは非常に重要である。責任と権限の範囲でさえ単一なものとして統合され，事件の本質またはある種の情報の本質はひとつの組織が内包しているよりも，多くの要求に対応していくことが求められる。

事件現場における指揮の統一は統合された管理的指揮であり，主権や緊急事態の現場におけるコントロールを行なうことにある。そこには，そのコントロールに責任のある事件担当指揮者の指示および事件現場における管理対応の方向性を示すものがある。

1. 緊急オペレーションセンターの目的

EOC は CMT の中心に位置し，要請のあった危機管理業務を効果的に行なえるようサポートする。さらに，事件発生中において政府や外部組織の存在をもって，施設の調整を行なう。こうした中央組織には，①効果的な意思決定，②決定事項の実施，③オペレーションの調整，④オペレーションの継続，⑤適切な備品の供給，⑥最良の施設完備，⑦スタッフの援助，⑧情報管理，⑨適切なブリーフィングおよびデータ公開，⑩タイムリーな報告，⑪記録の保管，⑫調整などのような主要な目的がある。

① 効果的な意思決定

EOC は，意思決定者に対しタイムリーで完璧な情報の流れを確立する必要

があり，ある計画を考察する能力を高めたり，正確な対応ができる能力を促進したりする必要がある。

② 決定事項の実施

危機のプレッシャーにおいて，決定事項は適切な判断のもとに下されなければならない。EOC は，CMT がこうした決定事項の実施を監視できるような枠組みを作り，必要に応じて修正を加える。

③ オペレーションの調整

単一地域における CMT およびその援助スタッフの召集の調整は中央化される。優先権を明確にし，任務の割当を行ない，決定事項のフォローアップを行なうことによって，より安定を図る。こうした重要事項は，広報担当や復旧担当および報告要請を行なうような主要担当部門が監視を行ない，対応していかなければならない。

④ オペレーションの継続

CMT は，その行動を実行するにあたって，内部的にも注意をしなければならない。中央化された EOC は，通常の政府業務と緊急時対応要請との間に起こる障害を扱うことになる。CMT とそのスタッフを不必要な妨害から守り，的外れの圧力に対応していかなければならない。

⑤ 適切な備品の供給

良く装備された EOC は，CMT が必要としている備品を供給していかなければならない。装備は適切に配備され，CMT の要請に応じて対処していく。

⑥ 最良の施設完備

緊急事態の発生以前に，EOC が適切に構築されていれば，CMT としては大変好ましい職場環境を得ることができる。例えば，分割されたミーティングルームやブリーフィングルーム，休憩室，保健室，娯楽室などの施設を前もって完備しておくことが重要である。

⑦ スタッフの援助

EOC は，スタッフの業務シフトを効率的に組織化し，緊急事態に際し継続的

な運営が行なえるようにしなければならない。CMT および援助スタッフとの便宜調整を図る。

⑧ 情報管理

タイムリーな情報の獲得，その確認および分析能力は中央 EOC を通して高められていかなければならない。CMT が必要としている情報をより効率的に提供し，情報の流れをコントロールする必要がある。危機状況下において，必要とされる情報の入手が遅れたり，間違った情報や紛らわしい情報を入手してしまうことがしばしばある。EOC は，こうした状況を最小限に食い止め，組織がそうした行動に陥らないようにしなければならない。また，マスコミや政府機関へはこうした不適切で不正確な情報を発表してはならない。

⑨ 適切なブリーフィングおよびデータ公開

EOC は，安全保障および調整環境における上級管理者へプレゼンテーションおよび報告書を提出するための完璧な伝達手段が必要になる。ブリーフィングスケジュールをしっかりと立て報告書を提出する。CMT および EOC に属する援助スタッフとすべての要員は，上層部の意思決定者の要請および指針を受けていかなければならない。

⑩ タイムリーな報告

EOC は，危機管理マネージャーに対し，2 種類の報告書をタイムリーにかつ適切な形で提出させる必要がある。内部的には，EOC スタッフは，焦点となるポイントと政府各機関とのコミュニケーションが容易になるよう取成していかなければならない。

⑪ 広範囲にわたる記録管理とその維持

緊急時においては，記録の保持ということが見落とされがちになる。たとえ，CMT の活動，決定事項などを記した日誌やその他継続してつけられている記録があったとしても，緊急事態の余波によってこうした記録も不適切なものになってしまうことがある。危機終了後の復旧段階においても，法律やその他の規制によって記録の保持が不可能になる場合がある。EOC の機能の範囲で，こうした記録の制作と保管はシステム化されていなければならない。

⑫ 緊急時行動の調整

EOCは政府関係省庁およびCMTスタッフ，緊急事態に関わっているすべての外部機関および要員と連絡をとり続けられるようにしておかなければならない。さらには，CMTが事件現場，移動指令所，その他施設や調整センターと連絡をとり続けられるよう，EOCは組織化されシステム化される必要がある。

2. オペレーションセンターの概念

緊急オペレーションセンターとして稼働している施設の種類は国によって異なっている。こうしたセンターの目的も国家レベルのEOCではかなりまちまちである。多様化する事件や現場に急行できるような移動指令所を持っている国もある。いずれの緊急センターも，CMTおよび国家レベルの意思決定者に対し，危機発生中においては直接的にコントロールできるようにしておかなければならない。

(1) 緊急センターの種類

① 国家の緊急オペレーションセンター

これに関しては前にも述べたが，その目的は政府の上級担当者およびCMTに対し，事件の包括的な対応について直接的に進言できる能力を最大限に引き出すことにある。ここで注目すべき点は，国家の緊急オペレーションセンターは危機管理の形態に2つの側面を持っていることである。事件発生時にある権限を持った政府の上級担当者と地方自治体の担当者との間で継続的に接触を図るよう，常に準備しておかなければならない。事件現場との連絡はEOCの機能のひとつであり，とくに強調したいのは，広報担当やその他政府部署のように，事件の包括的対応を行なっているCMTおよび政府役人を援助することが非常に重要になってくるということである。同時に，地方自治体の役人を超えて要請されてくる情報への対応管理を監視していなければならない。要するに，EOCは戦略的な役割を果たすことになるのである。

② 地方自治体の緊急オペレーションセンター

地方自治体における緊急オペレーションセンターは，その地方自治体の首長に危機管理を直接的に調整するための情報を統合する役割がある。このタイプの緊急オペレーションセンターの目的は，事件現場へ必要とする情報をきちんと伝えることである。このセンターにも2つの管理管轄がある。この緊急オペレーションセンターは，あるレベルにおいては国家のEOCと同じような行動をとることがある。地方自治体の調整センターもまた戦略的役割を果たすが，国家のEOCに比べてその役割はより管理的になる。

③ 簡易緊急オペレーションセンター

小規模な緊急オペレーションセンターでも，それを設立することは価値のあることだと認識している国もある。とくに，核，化学薬品，武器を取り扱う施設で，製造中または輸送中，危険物取り扱い中に何らかのアクシデントが起こる可能性もあり，事は深刻である。そうした場合，緊急オペレーションセンターは施設の安全監視や中央監視室としての役割を果たし，いつでも対応できるよう要員を配置する。ほとんどの場合24時間体制をとるのが普通である。こうした緊急オペレーションセンターは，事件に際しての有効な手段をコントロールし，現場での手落ちがないようにして援助を行なう。こうした緊急オペレーションセンターの対応においては，高度な運営能力が必要とされる。

④ 移動指令室

事件が緊急オペレーションセンターからかなり遠い地域で発生した場合，この移動指令室が現場に向かい，運営とコントロールを行ない，緊急オペレーションセンターの役割を果たす。実際のユニットとしては，トレーラー，バン，その他車両などを用い，実際の緊急事態において，指令を下したりコントロールを行なうというような対応行動がとれるように，通信装置や兵站物資などが装備されていなければならない。さらに，現場での調整作業を行ない，移動指令室は，オペレーション要員，緊急オペレーションセンターと高レベルのつながりを持つようにしなければならない。また，政府や特殊機関の管理対応者に焦点となるべき事項を提出する。移動指令室といえども，完璧なオペレーショ

ンができなくてはならない。

　以上，4タイプの緊急オペレーションセンターをあげたが，いずれの緊急オペレーションセンターもそれぞれのつながりが非常に重要になってくる。総体的な方策，運営および広報活動は，国家レベルの政府担当者のプロバランスであり，EOCはそれらの行動を援助し，必要に応じて報告書を提出し，記録の保管を行なう。地方自治体政府レベルにおいては，調整センターはその運営および調整に対して同様の責任を持ち，事件現場の指揮者からの要請に応じて援助を行なう。簡易緊急オペレーションセンターは，事件に対処している現場担当者からの要請に応じて管理調整および運営を行なう。移動指令所は，現場担当者に対し特殊行動を示唆し，政府からの十分な援助を要請する。いずれのレベルにおいても，こうした組織は対応努力そのものを援助し強化する必要がある。

(2) EOCのスタッフ

　EOCを構築し，機能させるうえで有能な人員の配置が非常に重要になってくる。その規模と効率のバランスはしっかりとしていなければならない。一般職員のなかにはEOCに参画したがっている者も多くおり，過剰な人員配置は避けなければならない。実務要員（CMTスタッフおよび援助スタッフ）が業務を遂行しやすいようにしなければならない。適切にEOCを構築することによって，こうした問題を最小限に抑えることができる。

　CMTにおいて，EOCは事件対応の要請があった事務職員およびその他援助スタッフに対し便宜を図らなければならない。危機が長引いた場合，シフトの変更や来訪者（上級政府担当者を含む）はかなりの数に及ぶ。CMTメンバーおよび援助スタッフに欠員があったときは，①管理業務，②安全業務，③データ管理業務，④一般業務，⑤オーディオ＆ビジュアル業務などにある程度精通した人員をいれる必要がある。

　① 管理業務

　供給品の貯蔵と保管を行ない，コミュニケーション機器用電力，職場環境の

整備，清掃などの技術的援助を行なう。

② 安全業務

EOCとのアクセスコントロールを行なう。

③ データ管理業務

データのビジュアル表示，日誌，コンピューターおよびその他情報機器の管理を行なう。

④ 一般業務

秘書業務，コピー，メッセンジャー，受付，電話交換などの一般業務を行なう。

⑤ オーディオ＆ビジュアル業務

テレビ，ラジオ，ビデオなどの管理とメンテナンスを行なう。

EOCスタッフは，CMTによって特別に監督されている。しかしながら，こうしたスタッフの管理上の構造において，CMTはEOC自体の運営にあまり干渉しすぎないようにすることが必要である，EOCスタッフの責任については，前もってその内容を明確にしておく必要があり，EOCスタッフの責任者は，彼らが要請される緊急時以外にも管理されているということを認識しなければならない。危機発生中は，政府や企業の業務に支障をきたしてはならない。

CMTおよび援助スタッフを含むEOCスタッフは，業務の一環としてトレーニングを受けるべきである。どんなトレーニングにおいても，その本質的な要素は訓練と教訓であり，緊急時においてその対応および手順が自然にこなせるようにしておかなければならない。CMTスタッフ，援助スタッフおよびEOCスタッフ（政府および地方自治体または企業の意思決定者を含む）の通常訓練は効率よく行なうべきであり，管理，運営，責任，予測などにおいて，相互理解が必要となる。

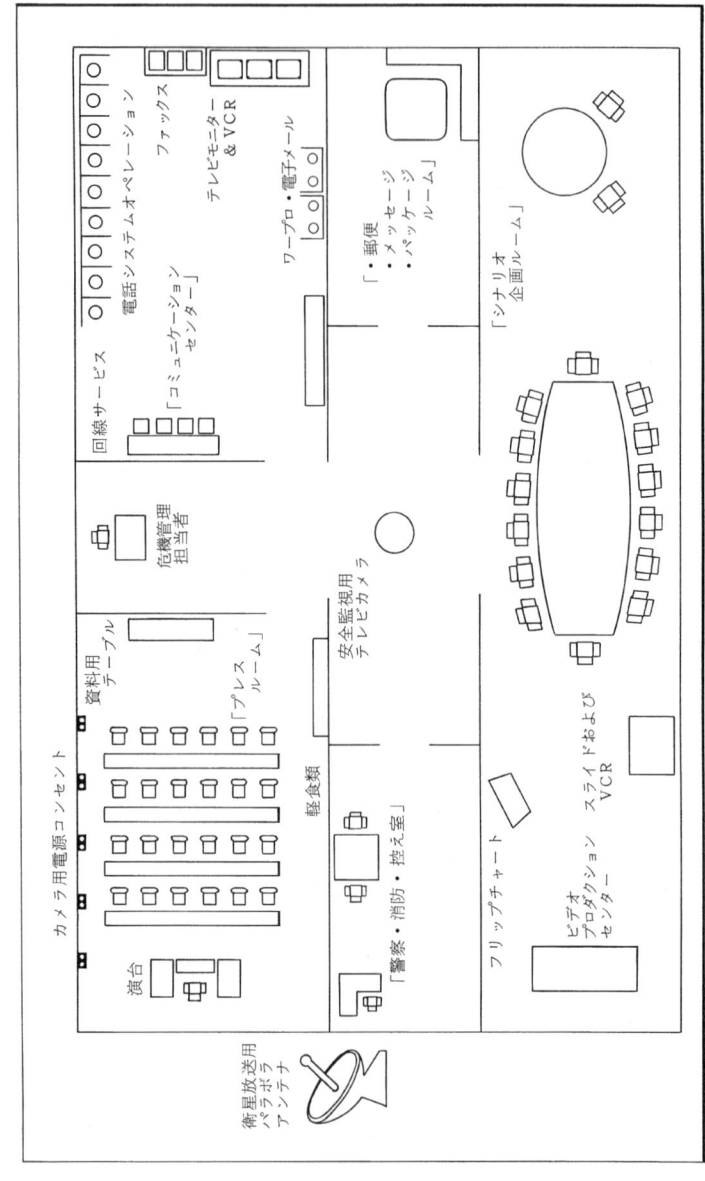

108　第2章　危機管理システムの基本概念

緊急オペレーションセンター（危機管理センター）モデル

図中ラベル：
- カメラ用電源コンセント
- 衛星放送用パラボラアンテナ
- 電話システムオペレーション「コミュニケーションセンター」
- ファックス
- テレビモニター＆VCR
- ワープロ・電子メール
- 回線サービス
- 危機管理担当者
- 資料用テーブル
- 「プレスルーム」
- 軽食類
- 「警察・消防・控え室」
- 安全監視用テレビカメラ
- ビデオプロダクションセンター
- スライドおよびVCR
- フリップチャート
- 「郵便・メッセージ・パッケージルーム」
- 「シナリオ企画ルーム」
- 溜合

＊自治体や大企業においては、専有のオペレーションセンター（危機管理センター）があることが望ましい。このモデルは多くの技術的・管理的アイテムを盛り込んだものである。
（出典）　Laurence Barton (1993), p.186. を参考に著者が作成。

3. 事件現場における指揮活動

(1) 事件現場における指揮の統一化

　事件現場における指揮の統一化に関するコンセプトは，簡単に言えば危機状況下において対応行動を行なっているすべての組織を1つのチームとみなし，事件に対応していこうとする業務を前もって決定することである。このコンセプトを構築する前に，各組織が主要な危機に対応していくにあたって，①共通組織の欠如，②コミュニケーション不足，③不適当な計画，④情報ギャップ，⑤不適切な運営（情報管理／運営能力），⑥運営能力の縮小などの弱点がある。

　① 共通組織の欠如

　多くの組織には普通危機管理対応部門があるが，専門用語，対応手順およびその他重要な運営方法などが複雑でわかりにくいことが多い。

　② 現場および各組織とのコミュニケーション不足

　コミュニケーション関連機器の能力と情報の取扱い方がそれぞれ異なっており，他組織との相互コミュニケーションを図るうえで障害となっている。この結果，調整および効果的な運営を行なうのが難しくなっている。

　③ 不適当な計画

　資源の割当および兵站業務の調整が，他の組織の活動状況や能力を考慮しないで行なわれていることがある。このため，運営能力は損なわれ，安全問題を引き起こし，非能率的な運営になっている。

　④ 情報ギャップ

　意思決定者にとって，情報収集およびその分析を行なうことで危険を察知することができるが，要請に対してそれがタイムリーでなく，不適切な情報であることがある。何の調整も行なわれず，業務と情報の構成内容さえも総括的にとらえられていない。

　⑤ 不適切な運営（情報管理／運営能力）

　物資が間違った場所へ運ばれたり，二重に運ばれることがある。責任が不明確で，はっきりとした要請もみられない。

⑥ 運営能力の縮小

テロ事件やその他の事件の管理運営には，影響力のある運営企画能力と，事件のイニシアティブをとる能力が必要とされる。前述した問題の累積は，こうした能力を縮小することになる。危険とリスクは拡大し，対応機会を逃してしまうのである。

(2) 統一指揮の構築

統一指揮の構築による管理能力および資源の標準化と近代化は，さまざまな権限を持つ組織において，共通性や両立性を高めることになる。前述した6つの問題を解決することによって，情報管理能力の向上，事件への単一運営アプローチ，方策の調整および責任の明確化，事件紛糾の減少，最適な資源運用，計画の結合および実施，二重対応の縮小，などの効果を得ることができるのである。

指揮の統一を行なうにはさまざまな形態が考えられる。そのひとつとして，多種多様にわたる権限のなかから主要な責任担当者を集めてチーム作りを行なう方法がある。または，単一権限を持つ組織から主要な責任担当者を集める方法もある。危機状況の範囲によっては，事件の担当責任者は統一化された組織から派遣されるかもしれないし，国家レベルの担当者が来るかもしれない。その他の監督者は，統一化された指揮形態を描くことができる。

(3) 計画の統合

どのような緊急事態対応にも計画が必要であることは承知しているが，運営の規模については見落とされがちである。統一化された事件の指揮形態は，緊急事態への準備という局面を結合することができる。緊急時対応メンバーすべての専門知識を利用しようとするための組織化および計画過程は，緊急時対応運営をより効果的なものにすることができる。そうした統合計画は，明確な方策・目的および優先権の設定，兵站業務および必要とする供給品の認識，単一組織形態の構築（統一指揮所の運営，兵站業務，コミュニケーションなどの準

備），柔軟性，明確な指揮系統，共同計画および訓練，というように性格づけられる。

(4) 指揮形態の適合性

発生した危機は，地方自治体（または企業）によって完全に調整されており，国家の援助を必要としないことがしばしばある。テロ事件などの場合は，自国政府の権限をはるかに超えた政治的交流が必要であり，そうした事件を国家的危機としてとらえることがある。

ここに3つの一般的な危機状況があるが，いずれも統一化された指揮形態によって効果が得られるものである。これらは相互に排他的ではない。実際には単一の危機はそれぞれのタイプの危機に局面を結合したものである。3つの危機状況は次のとおりである。

① 地理上の権限に影響を及ぼす事件

国際空港や飛行中の航空機に対するテロ事件などがこのタイプに該当する。政府のさまざまなレベル，例えば国家，自治体などがこれに関与する。

② 1つの機能に影響を及ぼす事件

前述のテロ事件は，国家の最高意思決定者ばかりなく，航空関係機関からオペレーションに関係する警察や情報機関などの機能組織にまで影響を及ぼすことになる。第2のタイプとしては，テロ攻撃による火災や施設破壊，警察隊とテロリストの衝突など単一組織への事件がこれにあたる。

③ 地理的および機能的な要素の両方に影響を及ぼす事件

大使館の占拠や航空機のハイジャックなどによる人質事件および占拠事件のようなテロ事件は，明らかに地理的，機能的要素が混在した事件であるといえる。こうした状況下では，国家間，国際間においてより緊密な協力体制が必要となる。

今日，公共とプライベートおよび危機とのつながりはより密接になっており，地方自治体，国家における国際問題に関しても，その区別は不明瞭になっている。危機への対応には効果的な危機管理技術とその形態が必要である。ある事

件において対応行動を調整するには，統一化された事件の指揮形態を用いて士気の高いチームワークが必要である。

(5) 統一システムの性格づけ

統一指揮システムのコンセプトは，緊急時対応計画およびその過程におけるすべての局面に貢献した関係組織すべてを意味するものである。それぞれの組織には，独自の法的および財政上の問題，機関の使命，そして内部組織手順の調整機能を持っている。総体的にみて，統一システムの過程にはあらゆるレベルにおける効果的な運営，さまざまな危機状況への適応性，最新技術への適応性，日常業務から緊急時対応オペレーションへのスムーズな移行，基本的な共通専門知識・組織および手続，組織内の日常的な手順の両立性，簡単で費用のかからない維持管理などのような組織的性格がみられる。

以上のような基本的な性格づけは，①組織的自治権，②各機関の保全，③機能の明確化，④効果的な調整範囲，⑤基本単位組織，⑥共通の専門組織，⑦コミュニケーションの統合，⑧包括的な資源運用のようなコンセプトと結合されることによって，全体を統一化することができる。

① 組織的自治権

関係機関および管轄区では，独自の内部運営調整機能を維持している。統一システムは，その活動による状態を明確にしている。

② 各機関の保全

同一機関および同様の機能を持ったところからの要員は一緒に業務するのが好ましい。ただし，訓練は別々に行なわれる。

③ 機能の明確化

それぞれの組織は本来の使命を果たさなければならない。

④ 効果的な調整範囲

命令とコントロールには，効果的な指揮，調整および関係組織の方向づけを行なうよう企画されるべきである。危機状況下において，効果的なリーダーシップがとれるようなシステムを構築しなければならない。

⑤ 基本単位組織

特別な物資および要員は，必要に応じて緊急時対応チームに加わる。初期対応を行なうことによってスムーズな組織運営が可能となる。

⑥ 共通の専門組織

機能的で組織的な地位や責任は明確にすべきであり，特別チームとして理解すべきである。物資，施設，場所は限定的な形態であり，ある定義が存在するということを認識する必要がある。混乱と誤解は最小限に食い止めなければならない。

⑦ コミュニケーションの統合

コミュニケーションは可能な限り統合されなければならない。緊急時対応オペレーションを行なっている際の無線周波数の分割，コールサイン，手順なども統合しなければならない。要員のすべては，あらゆるネットワークの使用法を身につけておかなければならない。

⑧ 包括的な資源運用

手続きの統一化を図ることによって，不十分な緊急物資および非効率的な物資の運用などの管理問題を解決することができる。

(6) **指令室のオペレーション**

危機管理対応チームは，緊急オペレーションセンターの行動を援助し，統一化された事件の指揮には緊急オペレーションセンターの中央指令室としての戦術指令センターが必要である。こうした指令室は，事件の早期段階において早急に設置されなければならず，事件現場にきわめて近いところに位置しなければならない。さらに，移動が可能で戦術的コントロールおよび援助部門としての機能を持ち合わせていなければならない。また，現場での指揮担当者の要請に応じて適切な人員と装備を配置しなければならない。指令室は，特殊装備車両に設置したり，前もって必要な装備をパックしておき，現場もしくは指令室が置かれている建物や戦術的な場所に直ちに急行できるようにしておかなければならない。

第7節　組織の危機事態における危機広報戦略

1. 危機広報戦略の基本的な心得

(1) 危機広報対策の基本姿勢

　危機広報とは，組織の不測事態に対し，広報活動を通して組織が状況によりコントロールされるのではなく，状況をコントロールできるようにすることである。つまり，危機発生時には組織がマスコミに対して主導権を握り，メッセージをコントロールできるようにすることである。そのためには，①ポジティブで開かれた態度で危機に対応することである。②危機に対して十分な事前準備を行うことである。③迅速に対応し，緊急事態を静めること，などが必要である。この危機広報を的確に行うことで，危機による組織イメージの低下を食い止めることができるのである。

　一方で完璧な危機管理，危機広報体制は組織のトップが良識に欠けると，事実の隠蔽に利用されかねない両刃の剣でもある。

　ところで，組織に危機事態が発生した場合，マスコミ機関に対する基本姿勢は次の通りである。

① 取材に対し，組織の方針に反した言動・対応は行わない。
② 取材に関するマスコミ機関各社に対しては，公正な対応をする。
③ 取材に対し，誠意を持って，迅速に対応する。とくに記事の締切時間に配慮した情報提供に留意する。
④ 記者会見に当たっては，文書によるコメントを必ず準備する。
⑤ 危機事態においても，組織の方針を伝えるという積極的な広報姿勢を堅持して，報道機関に応接する。
⑥ 危機発生時にはできるだけ早く，できるだけ多く事実を伝える。
⑦ 失敗は自主的に認めて謝罪し，二度と事件または事故を起こさないことを約束する。

(2) 危機広報の進め方

一般的に危機広報というと，危機発生時におけるマスコミ対応ばかりに目を奪われがちであるが，危機発生時において的確なコミュニケーションを行うためには，危機発生前に十分な準備を行うことが必要であり，危機終了後には危機発生時における対応を学習して教訓を得ることが必要である。このように危機広報は三つの段階に分けて考えることができるのである。

① 危機発生の事前対応段階

この段階においてはマスコミ機関との良好な関係を構築し，その関係を維持していく必要がある。もし，組織の危機がマスコミや関係者，あるいは一般大衆に知られなければ，それは組織にとって大きなダメージとはならない。しかし実際には，マスコミは事件や事故などを世間に知らせ，組織の責任を追及することを使命としているのである。世間はマスコミを通して，組織が危機をどのように認識しているか，あるいはどのように対応しているのかを知るのである。さらに，世間はマスコミ報道から得られた情報によって組織の危機対応能力および組織の態度を評価するのである。したがって，危機発生に伴い組織イメージの低下を防ぎ，世間との良い関係を維持するためには，危機発生前からマスコミとの良い関係を構築する必要がある。つまり，マスコミとの良い関係を構築することによって，否定的な報道や誤報を最小限に食い止めたり，あるいは報道の回数を減少させることが可能となるのである。

マスコミとの良い関係を構築するためには，定期的にマスコミ関係者との情報交換会を通して，マスコミ関係者に対し，例えば，廃棄物の処理方法や商品の安全管理などの工程を見学させることができる。この情報交換会では安全対策に焦点をあて，さらには危機対応の訓練状況を見せると効果的である。また広報担当者はマスコミ関係者がこれらの情報を理解しているかどうかを確認し，もし誤解があれば，その誤解を訂正する機会をもつことである。このような行動によって，危機発生前にマスコミとの良い関係を築くことができるのである。

これはマスコミの立場にたって考えると，その重要性がよりはっきりするの

である。危機発生時において，記者が初めてその組織へ取材に行き，スポークスマンに始めて会った場合，そのスポークスマンの発言を信じるのに幾分慎重にならざるを得ないのである。ところが，危機発生前にその組織や工場を案内され，事務所や工場の安全対策について基本的な理解を得ている場合，記者はスポークスマンの発言を信じ，理解するより良い立場に身を置くことができるのである。このように，危機発生前の段階においてマスコミ関係者に会い，彼らを教育することは危機広報において極めて重要な要素である。

そこで，組織は危機発生前の段階において，マスコミとどう付き合うかについての計画を立案すべきである。その上で，①情報と映像資料，②管理運営上の問題，③施設や調達の問題の三つの基本的分野について簡潔に考えをまとめておくことである。なお，計画は現実的で，危機広報に関わる全員の考えを反映したものでなければならないのである。

② 危機発生中の対応段階

危機を引き起こした場合にはスポークスマン或いは組織のトップは記者会見の場で謝罪表明を行うべきである。仮に法的な責任がない場合でも，取引先などの関係者に迷惑をかけたり，世間を騒がせたことに関して率直に陳謝した方が良いのである。これは組織の社会的責任でもある。謝罪表明を行わないと，記者会見の雰囲気が険悪になり，否定的な報道をされる可能性が高くなってしまうのである。

記者会見では事実関係の説明が主要なテーマとなる。これには(1)何が，何時，何処で，何故起ったか，(2)現在の状況はどうなっているのか，等について記者会見の段階で分かっている範囲の事実関係を説明するのである。

また，再発防止のために二度と同じような事態が起こらないようにすることを表明する必要がある。再発防止のためには原因究明がなされていなければならないが，現在原因を究明している最中であり，断定できない場合は，再発防止に取組むということだけでも表明すべきである。然るべき再発防止策を表明しない限り，マスコミからの攻撃や社会からの批判は収まらないのである。

さらに，責任表明を行わないと，世間はその組織が本当に事態を引き起こしたことを申し訳なく思っているかどうか疑問を持つのである。そのため，記者会見においてはどのように責任を取ろうとしているのか，その方向性を示すことが必要である。

危機事態発生時におけるマスコミ対応で重要な事項は次の通りである。

① マスコミから取材依頼があったら，電話ではなく直接面談して取材に応じるようにする。
② 報道機関に提供できる情報と提供できない情報を明確に区別して話をすること。嘘や誤魔化しは不信と批判を増幅させることになる。
③ 早い対応を心掛けることである。もたもたした対応は疑惑を抱かせることになる。
④ 誤解はその場で否定することである。報道された情報は独り歩きする。
⑤ 問題を常識的な判断で見ること。組織内の常識は社会の非常識の場合がある。
⑥ 法律的な見地からのコメントは避けることである。記者の視点はその問題についての社会的責任や道義的責任へのコメントである。
⑦ 駄目押し広報を忘れないことである。誤報を防止する上での最後の締め言葉である。
⑧ 緊急記者会見のタイミングを逃さないようにすることである。記者会見のタイミング次第で効用は左右されるのである。
⑨ ポジションペーパーを必ず渡すことである。活字情報は客観的で正確な情報を伝えるツールである。コメントも印刷物にして渡すことである。

③ **危機終了段階**

危機終了後に組織が注意しなければならないことは，事態が収拾した後もマスコミの関心が注がれているということである。そして一度マスコミに大々的に取り上げられた事件や事故，とくに繰り返し何度も報道された場合には，その後も多くの人々の記憶に留まるのである。そしてほかの組織が同様の危機に

直面した場合は過去のケースとして，いつまでも取り上げられてしまうのである。したがって，危機が解決した後も組織のイメージを回復させるための積極的な広報活動が必要となる。そのためには，まず第一に，消費者（組織），取引先，マスコミ等に挨拶をかねて報告を行うことである。次に，危機事態収拾の記録，或は再発防止の取組みの記録をまとめて，危機終了から一ヶ月後，半年後，一年後といった区切りのよい時に組織努力の成果を社会に対して公表することである。

　以上のように，組織内の深刻な危機が発生した場合，危機広報対応を誤ると，組織イメージの低下，生産性の低迷，業績の悪化などを招く恐れがある。組織にとってこうした消費者の信頼や組織のイメージを失うことは金銭的な損害を受けるよりははるかにダメージが大きいのである。つまり金銭的な損害は一時的なものであるが，信頼・イメージは一度失ってしまうと取り戻すことは極めて困難なのである。さらに危機広報の成功如何では，危機発生後の危機処理を組織が有利に行うことができるのである。

　いずれにせよ，危機広報を的確に行うためには，「危機広報」と「通常の広報」を分離し，危機発生初期段階におけるマスコミの質疑応答の訓練やスポークスマンの育成が必要となる。

　ところで，危機管理対応計画の立案において，メディアとの関係項目は非常に重要である。以下はその要点について述べたものである[4]。

(1) 危機管理対応計画には，危機が発生した場合，ニュースメディアはすぐに問い合わせをしてくることを記述しておくべきである。危機管理担当者はニュースメディアから頻繁に連絡を受けることになるが，担当責任者に相談したのち，優先責任に関して組織ができること，すべきことをまとめた声明を発表する。これを行なうのがスポークスマンの役割であるが，その役割はきわめて重要である。ニュースメディアに対する誤解や偽り，半信半疑な声明などは組織の評判を傷つけかねない。メディアは世間に誤った情報を流してしまい，新たな問題を引き起しかねないのである。スポークスマンはマスコミ側の質問に対して回答を拒むことができるが，難しい状況のもとでは，報道関係者に対し後日改

めて返答するとしておいたほうがよい。そしてスポークスマンはこの約束を必ず守らなければならない。スポークスマンがもっとも気をつけなければならないのが「ノー・コメント」という落とし穴である。つまり，ジャーナリストは答えとして「ノー・コメント」といわれるのを好まない。報道するものがまったく何もない状態になるからである。有能なスポークスマンは，発表することがほとんどない時でさえ，手近に用意され，有益なものを発表しようとする。メディアとのよい関係を築くことは長期的観点に立った業務のひとつ（結局そのような事件が将来もあり得る）である，というのが理由のひとつであり，もうひとつの理由は，プレス発表の際いつも決まって「ノー・コメント」という応答であると世間にも悪い印象を与えてしまうということである。例えば，仮にレポーターから「テロリストの攻撃を予測できる理由があったのに，何の事前予防策もとらなかったのは本当ですか」というような質問を受けた場合，それに対して「ノー・コメント」と答えればその事実を認めたことになるのである。

　スポークスマンは，慎重を要する事項についてはすぐに答えられない（後で答えるだろうという意味を含ませる）とか，いくつかの重要な情報が今の時点でもれている（間もなく入手できるという意味を含ませる）とか，を返答すればよいのである。

(2)　スポークスマンは，情報を常に二方向から入手するよう心掛ける必要がある。多くのケースの場合，報道関係者はすでに政府機関または地方自治体，競合企業，その他機関に接触を行なっていると考えたほうがよい。本来ならば，スポークスマンは報道関係者に対し，事件についてどこまで知っているのかを逆に尋ねたいところである。

(3)　推測は危機管理においては大敵である。報道関係者は危機を特別な問題として取り上げ，危機が，例えば，化学薬品の製造工程における過失とか，その他の原因で発生したと詰め寄ってくる。スポークスマンは，調整が完璧に済むまでは混乱をきたさないようにしなければならない。はじめのころは広報担当の専門家でも当惑することがあり，被害者や状況について早急な声明を発表

したり，数時間または数日たって新事実が判明し，前の声明を訂正したりしていると，スポークスマン個人だけでなく組織的なイメージダウンになりかねないのである。

(4) スポークスマンは，ニュースメディアに対しどのようにフォローアップを図るか，どのような質疑があるのか，またいかに情報の一部を公開し実行するかが非常に重要である。危機管理対応計画では，報道関係者からの問い合わせがすぐにあることを強調すべきである。

(5) 危機管理対応計画では，組織のポリシーが非公式コメントに対し賛成しているのか，または拒んでいるのかを認識する必要がある。声明が後になって用いられる恐れがあるので，大半の組織は担当者からの非公式発表を思いとどまらせることが多い。

(6) 危機管理対応計画では，危機発生中に所有している写真（複数をいくつか用意する）のうち，どれを許可なしに公表または使用してよいのかを検討しておく必要がある。また，危機が発生した後，組織にとって必要な写真を再検討する必要がある。

(7) 危機管理対応計画では，スポークスマンおよび担当者は記者会見において，いつでも明確な事実のみを強調すべきであるということを危機管理チームに再認識させる必要がある。

(8) 危機管理対応計画では，記者会見のリハーサルが必要であることを強調すべきである。スポークスマンは，こうしたリハーサルによってロールプレイングを行なうことができる。これは告発や推測，不当な怒りや非難に対して危機管理チームが正しい返答ができるよう援助するものでなくてはならない。記者会見において，組織の公式スポークスマン（一般的に広報担当責任者）が対応するよう指示しているところが多いが，危機においては裏で担当役員がうまく操作していると感じさせることがある。この理由としては，広報担当責任者がこうした状況に対処できないというのではなく，広報担当者のわりには「メディアの知識」がありすぎたり，質疑応答や組織の見通しについての見解を述べるにあたって，その内容があまりに巧妙でありすぎるため，そのように思わ

れるのである。誰がスポークスマンであれ，質疑応答に関しては注意深いリハーサルが必要である。正式な記者会見では，広報担当責任者は必要な説明または追加情報を提供するため，常に組織の側にいなければならない。

(9) 危機管理対応計画では，組織が記者会見で発表した内容について書かれた資料について検討する必要がある。これには，企業の年報，ファクト・シート，幹部の略歴，危機管理に関する決議書などの写しが含まれる。また，スポークスマンの名前や自宅，会社の電話番号およびファックス番号を明記したコンタクト・シートを用意しておかなければならない。

(10) 危機において，組織が受ける危機の可能性を確認している報道関係者からの質問については，組織の顧問弁護士に相談する必要がある。多くの場合，記者会見においてとくに微妙な問題が持ち上がった場合，これに対し顧問弁護士が助言を与える（ただし目立ってはいけない）。もし，弁護士が報道関係者によく知られた人物であったり，記者会見に深く関わっている人物である場合，ジャーナリストは，危機における組織の法的な局面に対して正当な報告を行なうであろう。顧問弁護士は，記者会見にも同席していなければならない。

(11) 危機管理対応計画では，最新のコミュニケーション・テクノロジーについて把握しておかなければならない。とくに最近注目されている衛星通信の利用は，ニュース関連組織との間での国際通信コストを削減しつつある。

(12) 危機管理対応計画では，効果評価に関する日常的なフォローアップは，危機発生後30日以内にとりかかれるようスポークスマンに再認識させておく必要がある。

教訓を学ぶことは，危機管理の見地からすると非常に意義深いことであり，将来の災難に備えることができるのである。

(13) マスコミ対応の基本的ルール[5]

Ⅰ　公式会見

公式会見は言ったことがそのまま報道され，関係者の実名と役職が使用される会見である。レポーターが関係者の実名と役職を使用したがるのは，情報源名を引用できれば，その話の信憑性が高くなるからである。そのような

談話は前もってクライシス・アクション・チームが承諾した声明に限られるべきである。

Ⅱ 非公式会見

非公式会見で伝えられる情報はニュースの一環として扱われるが，名前や肩書きは公表できない。「公的機関」，「経営者筋」，「会社幹部」などの形式で公表されるのが一般的である。そのような談話は厳密な公式会見より多少くだけたものになる。この会見では少し余分の情報がレポーターに提供できる。言うまでもないことだが，いつも過ちとなる空論にふけってはならない。

また，そのような談話はレポーターにとってもっとも有利であることを忘れてはならない。レポーターに手助けしたことで点数稼ぎができるかもしれないが（これは悪いことではないが），実際メリットがあるのは質問者だけである。

Ⅲ 過度の非公式会見

過度の非公式会見で与えられる情報は，いずれにしても会見者を公表できない。ニュースは，「〜ということだ」とか「情報筋によると〜」というような表現になる。この場合，話す側は気楽に会見に臨めるが，レポーターは発言者を明示できないので不利な立場に立たされる。このような方法で与えられる情報は，正確であるということがきわめて重要である。そうでなければレポーターを怒らせることになる。テロ事件のような深刻な事件の場合，非公式会見の形態であれば過度の情報を提供しないほうがよい。

⒁ 広報管理のガイドライン

○ 正確な情報を提供する。
○ うわさが広まらないようにする。
○ 尚早で不要な報道は避ける。
○ 危機が表面化したら，できるだけ広告宣伝はしない。
○ その状況に関わっている関係当局とクライシス・アクション・チームの関係者に信頼を示す。
○ 定期的に報道機関に簡単な報告をし，更新した情報を提供する。
○ 情報を伝えられる電話番号を設定する。

- ○ 記者会見に使用される場所を設定する。
- ○ 危機が長期に及んだ場合に備えて，代理人を設定する（継続性が失われたり，窓口がなくなると誤報によるダメージを受ける可能性が高くなる）。
- ○ 報道機関の信用性を確認する。
- ○ メディアが被害者の友人や家族，他の従業員に接触しないようにする。
- ○ クライシス・アクション・チームの仕事に悪影響を与えるような発言は避ける。
- ○ 扇動的な言葉は避ける。

注：
(1) Nudell Mayer and Antokol Norman, *The Handbook for Effective Emergency and Crisis Management*, Lexington Books, 1988, pp. 2-15.
(2) *Ibid*, pp. 17-53.
(3) 危機対応を①危機発生（事前段階）→②危機対応（危機段階）→③危機管理（危機発生後）の3段階に大きく分けて対応策を講じる場合もある。詳細については，大泉光一『海外ビジネスにおける危機管理のノウハウ』PHP研究所，1992年，21-30頁を参照乞う。
(4) Laurence Barton, *Crisis in Organizations : Managing and Communicating in Heat of Chaos*, College Division South-Western Publishing Co., 1992.
(5) 大泉光一『多国籍企業の危機管理』白桃書房，1990年，70-74頁。

参考文献：
1） 大泉光一「激動の時代における企業危機管理――海外企業の危機管理を中心として――」古河国際教養センター・第118回国際教養公開講座，1991年10月，2-4頁。
2） 大泉光一「激動の時代における企業危機管理［1］［2］」国際経済研究第121号および122号，国際経済研究センター，1991年5月，6月，20-23頁，17-20頁。
3） 大泉光一「企業経営と危機管理システム」関西経協，第45巻第7号，1991年7月，26-31頁。
4） 大泉光一『危機管理学研究』文眞堂，2001年。

第3章

企業の危機管理
――海外派遣幹部社員の誘拐対策を中心に――

　企業の国際経営における不測事態には，施設の爆破，派遣社員の誘拐，脅迫事件，戦争，革命，内乱等の緊急事態の発生等がある。本章では，主として海外派遣幹部社員の誘拐に対する安全対策について具体的に解説する。

はじめに

　企業のグローバル化が急速なペースで進み，多数の日本人ビジネスマンが海外へ派遣されている一方で，世界のビジネス環境は，先進国も含めて年を追うごとに悪化の一途をたどっており，危険の度をますます高めつつある。たしかに1986年11月の三井物産マニラ支店長誘拐事件以来，ラオスでの三井物産駐在事務所長誘拐事件，コロンビアでの東芝の技術者誘拐事件，パナマでのシチズン商事社員誘拐殺害事件，そしてメキシコでの三洋電機現地子会社社長誘拐事件等は，日本企業の海外安全対策がいかに手薄になっているかを明らかにした。
　世界でも稀な安全環境の中で成長をむさぼってきた日本の企業は，これまで経済的または政治的な混乱が発生している国や法の執行力が弱い国においてこのような危機(リスク)があふれていることに意外に無頓着だった。
　しかし，これからはそうはいかない。海外派遣幹部社員の生命の安全の保障

は，急速にグローバル化が進む日本企業にとって心がけるべき至上命題となっている。

わが国企業の海外派遣幹部社員の安全対策は欧米企業に比べて，極めて遅れているといえる。日本企業としては，この種の問題に企業としてどう取り組んだらいいのだろうか。どうやら既存の組織では対応できそうにないように思われる。

第1節　海外派遣幹部社員の誘拐防止対策

1.　誘拐犯人による標的選択の方法

誘拐犯人の標的選択の方法は系統だっており，標的の選択には綿密な調査を行なうのである。

誘拐犯人は組織化された手法で，感情に左右されることなく，個人的な私怨抜きで誘拐可能な人物の選択を行なう。

誘拐犯人の関心は，標的の及ぼす会社的影響力と標的の所属する会社から奪い取る身代金である。誘拐犯人にとっては自分達の要求が達成されれば標的は誰でもよいのである。例えば，ある国で誘拐犯人が日系自動車製造会社の幹部社員を誘拐しようとしたとする。その国に複数の日系自動車製造会社が進出している場合，誘拐犯人が標的として選択の対象とする幹部社員は一人ではない。こうして誘拐犯人は，慎重に標的を選択していくのである。したがって，誘拐犯人の標的選択の方法を知っていれば，安全対策プログラムを作成する際に役立つのである。

標的選択方法の第一段階では，誘拐犯人は標的としての条件を満たす幹部社員を選抜する。第二段階では，第一段階で選抜した標的の中から，それぞれの生活パターンや習慣などの情報を収集したうえで，作戦成功の可能性の低い者を取り除いていく。各標的について長期にわたって詳細な調査をする。ここで重要なのは，標的の日常行動を分析し行動表を作り上げることである。行動表

には出勤時間，車の形式，出勤ルート，昼食の時間と場所，休日の行動などが詳細に記録されている。誘拐犯人は標的の行動を逐一観察することで一定のパターンを分析するのである。

誘拐犯人は標的が自分達の要求を満たすか否か決定するまで調査を進める。誘拐犯人の目的が身代金であれば，慈善活動などへの寄付は，標的の資産や標的の勤務する会社が身代金を支払う余裕があると判断される場合がある。しかし，誘拐犯人の標的リストの条件を満たしていても，マスコミに登場したり目立つ行動をしなければ標的の選考の際に対象とはならない場合もある。

第三段階では各標的の個別のリスク分析を慎重に行ない，リスクの低い標的を選択するのである。

誘拐犯人は最終的に標的を決定した段階でも誘拐計画の立案を終了していないのである。誘拐犯人は，計画を成功させるには，標的に悟られずに奇襲攻撃をすることであると理解している。

ターゲットの行動は，写真を撮られたりするなどさらに深く分析される。奇襲攻撃の演習も行なわれる。

段四段階では，今までに分析した標的の行動パターンから最も成功の可能性の高い時間と場所を割り出し，決行の場所と時間を決定する。ルーチン化された行動パターンをとっている幹部社員は誘拐される可能性が高いのである。つまり毎日同じところを同じ時間に通るため誘拐犯人には待ち伏せしやすいのである。

誘拐犯人が最終的に標的として決定した者の行動パターンは，完全に誘拐犯人側に把握されていると考えてよいのである。

2. 誘拐犯人による監視への対策

誘拐犯人による監視行動への対策について訓練を受けている人は極めて少ない。一方，誘拐犯人側は監視行動には熟練している。訓練を受けた専門家でもテレビ映画のように簡単に監視を見破ることは困難である。幸い，誘拐犯人に

よる監視方法は諜報機関が行なう場合よりは人的, 物質的には複雑ではない。しかし, 誘拐犯人の監視を見抜くにはある程度は監視のテクニックを知っておかなければならない。

監視の目的は次の2点である。
① 標的の安全対策の確認
② 襲撃に適した, 時間, 場所, 方法の確認

監視は, 必要とする情報が得られるまで数日から数週間にかけて行なわれる。行動パターンがルーチン化し警戒対策を行なっていない者ほど時間がかからない。監視を行なう者は襲撃に参加せず, 監視が行なわれている間は標的を襲撃しない。

誘拐犯人は, 監視を始める前に標的に関するあらゆる情報を他の情報源から得る。例えば, 大使館, 警察, 政府機関にいるテロ組織のシンパから, 標的の家族の氏名, 住所, 車種, 免許証の番号, 写真などの標的に関する情報を入手する。

監視者は, 標的の自宅や職場の周りを偵察して, 監視中にその地域で不自然に見えないような場所, 車, 服装を研究する。

3. 誘拐犯の張り込みへの対応

張り込みは誘拐犯人が頻繁に用いる標的の監視方法である。前述した通り, 幹部社員に対する襲撃は, 代替ルートの選択が困難な自宅付近で発生している。朝の出勤時間は, 夕方の帰宅時間よりも予期しやすいため危険である。

誘拐犯人は, 発見されたり怪しまれたりすることなく標的の自宅や職場を監視できる場所を探す。しかし, 相手に気づかれずに見張れる場所だとしても, うまくその場所があいているとは限らないし, 後の捜査に手がかりを残すことにもなりかねないため, アパートでの監視は発見されにくい一方で簡単で安全な方法ではない。多くの場合, 監視はバンの中で行なわれる。バンには中から監視しやすいように脇や後部に窓がついている。バンには, 駐車していても怪

しまれないように商店の名前や道路公団のような公共設備会社の名前がついている。運転手はバンを歩道に駐車し，監視の任にある者を車内に残してその場から立ち去るのである。

　誘拐犯人は，気づかれることなく監視するために，監視する場所にいるもっともらしい理由を考える。口実を考え出すのは誘拐犯人の想像力しだいである。一般的に用いられる手法としては，エンジントラブルやタイヤのパンク，訪問販売，水道やガス管の工事，公園のアベック，犬の散歩，建設工事，喫茶店で座っている人を装うのである。怪しまれないように子連れの女性がしばしば用いられる。

　車内に人のいる駐車してある車，ミラーを沢山付けた車か普通より大きなミラーを付けた車，同じ場所で何度も見うける人，その場にふさわしくない格好をした人，何の作業をしているのかわからない労働者などに注意する。

　不審なバンを見かけたら，車体に書かれている社名や電話番号をメモしておくことである。電話帳でバンに書かれている社名の会社が実在するかどうか確認するか，あるいは電話をかけて確かめる。不審な車のナンバーを控え，安全対策担当者に確認させる。毎日，外出前には窓から家の周囲を見て変わったことがないか必ず確認するようにする。不審な人物や作業の様子を写真に撮るのもよい方法である。

　監視の発見には，不断の警戒が必要であり，無意識のうちにそうなるように気を付けなければならない。なにもパラノイア（被害妄想）になれというのではなく，ただ，その場の環境において，なにが普通で，なにが普通でないのか判断力を持つことが，他のどんな事前の安全対策より効果があるということである。誘拐の被害者は後に，自分の周囲で不審なことが起こっていたことを思い出している。不審な点について安全対策担当者や警察当局へ事前に報告すれば誘拐されることはないのである。

第2節　海外派遣幹部社員の誘拐事件の処理方法

ゲリラ・テロリスト・グループやプロの犯罪組織による海外派遣幹部社員の誘拐事件は企業にとって重大な問題である。

誘拐事件は簡単な問題ではなく，単純な解決法では決して解決されるものではない。

企業は，誘拐事件についてのアドバイスや実際の交渉を危機管理コンサルタント会社に依頼するのが一般的である。

図3-1は過去に発生した米国人ビジネスマンを巻き込んだ10件の誘拐事件の特徴を示したものである。

これによると，10件のうち1件を除いてラテンアメリカ地域で発生している。これらすべての事件で企業は誘拐犯と交渉しており，犯人は人質全員を無事に解放している。また誘拐犯の多くは身代金の支払いを要求し，企業側はそれを支払っている。さらに，これら10件の誘拐事件のうち2社が現地および海外の主要新聞にゲリラ，テロリストの声明文を掲載させられている。

図3-2は米国系多国籍企業が海外で巻き込まれた10件の誘拐事件の人質

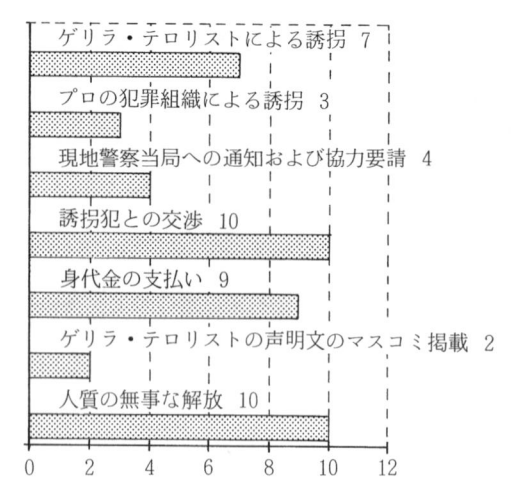

図3-1　米国多国籍企業10社の誘拐事件の特徴

- ゲリラ・テロリストによる誘拐　7
- プロの犯罪組織による誘拐　3
- 現地警察当局への通知および協力要請　4
- 誘拐犯との交渉　10
- 身代金の支払い　9
- ゲリラ・テロリストの声明文のマスコミ掲載　2
- 人質の無事な解放　10

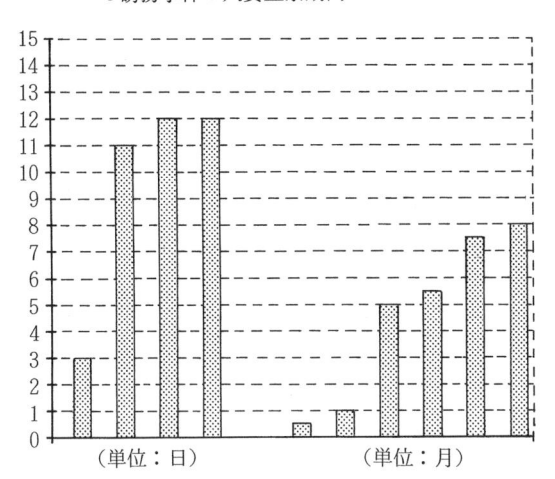

図 3−2 米国多国籍企業が海外で巻き込まれた 10 件
の誘拐事件の人質監禁期間

(単位：日)　　　(単位：月)

監禁期間（最低 3 日間, 最高 8 ヵ月間）を示したものである。これによると, 人質監禁期間が 3 日間と最も短かった事件は, 企業側の素早い反応と犯人側との積極的な交渉, そして身代金と人質の交換がスムーズに行なわれている。一方, 人質監禁期間が 8 カ月と長期間にわたった事件は, 企業側がまず誘拐犯と接触をし, 実現可能な譲歩を行ない, 最後に人質と身代金の交換をするといった企業側がより困難な交渉を体験したものであった。

1. ネゴシエーターの選択

　海外で派遣幹部社員が人質に取られたという知らせを本社が受けた場合, 社内の危機管理対応チームは対応計画の立案を早急に開始する。このようなチームが存在しない場合は, 幹部社員が対応を指揮し, 企業としてどこまで関わり, またどこまで責任を持つかを決定する。

　法廷に持ち込まれるケースの場合, 企業が法的責任を明確にし, 誘拐が起きた国の関連法規に関し法務当局のカウンセリングを受け, 同時に交渉に影響を

及ぼす保険の制約について見直しをしておくことが重要である。怠慢な行動をとらないように，企業はとるべき指導と対応について文書化しておく必要がある。

なお，過去に発生した事件の解決法は必ずしも次の事件に適用されるものではない。

一方，海外で誘拐事件に巻き込まれたことのある米系多国籍企業の大半は，言語や文化の違いによる誤解を回避するため，テロリストとの接触には危機管理コンサルタント会社を通して誘拐事件が起きた国の現地人（弁護士・宗教家等）をネゴシエーターとして活用してきている。本社が身代金の支払額やその他の譲歩に関してネゴシエーターの権限に制約を課しても，ネゴシエーターは自分で意思決定する裁量を持たなければならない。これは問題解決に期限があり，時間的余裕がない場合とか本社との確実な通信手段を設けるのに困難が生じたりするからである。ただ逆に，ネゴシエーターの権限の制約が効果的な場合もある。要するに，本社に意見を伺う一方で時間を稼ぐという戦略があり，これによって誘拐犯人を衰弱させ，譲歩をかち取ることができるのである。

2. マスコミ対策

企業は危機の初期段階において，広報担当者にマスコミ機関に対して報道範囲を最小限にとどめるよう指示するのが一般的である。その理由は，第1に，報道によって誘拐犯の識別が困難になり，誘拐事件が一般に知られてしまうと便乗犯が現れ，人質を監禁しているとして身代金を要求してくる場合がある。第2に，企業は社員が誘拐事件について知ることを好まない。こうした状況は社員の恐怖心を増加させ，士気の低下を招くことになる。第3に，企業は微妙な交渉に報道機関が干渉することを好まない。事件の解決に他国の法律が抵触する場合はとくにそうである。最後に，企業は報道を取引の譲歩手段として利用することを好まないのである。

3. 現地政府との関係

誘拐事件の危機に対応するため，企業は現地政府の協力を求めるのが一般的である。現地政府との接触は在外公館を通して行なわれ，身代金の持ち込みや航空機の着陸許可等のサービス・協力を受けることができる。

ただ，企業は次のような理由で現地の警察に連絡するのを躊躇することがある。

① 現地警察の愚行
② テロリストの内通者が警察内に存在している可能性がある。
③ 治安当局の時期尚早な攻撃が人質の生命を危険にすることがある。

4. 誘拐犯人との交渉

誘拐犯が企業との接触に失敗したり，連絡を絶ったケースもあるが，ゲリラやテロリストによる誘拐事件では，犯人が要求を企業に突きつけた後で人質返還の交渉をしている。いったん，犯人に連絡がついたら，交渉の場を現地事務所や被害者宅から別のところに移すべきである。企業は，誘拐犯を識別し，人質の無事を確認し，誘拐犯の目的，力量，および信憑性を評価する。また，ネゴシエーターは誘拐犯に対して人質だけが知っている情報について尋ねたり，あるいは人質に直接電話をかけさせたり，手紙を書かせたりすることを要求する。

適切な交渉戦略の展開には誘拐犯の犯行動機と目標を理解する必要がある。また犯人は政治的集団なのか，あるいはプロの犯罪者集団なのか，そしてどの程度まで自らの要求を満たすことに執着しているかを明確にする必要がある。プロの犯罪者集団は，政治的な誘拐犯人に比較して，要求が迅速に満たされない場合，人質を殺害する傾向が強い。一方，政治的誘拐犯人は，企業が返答に窮する要求を狂信的に掲げる。秘密裡に行動し，アジトを持つ政治的誘拐犯を相手にする場合，ネゴシエーターはより多くの時間を費やし，交渉に臨む必要

がある。

5. 身代金の要求

　誘拐犯人は多額の身代金を要求し，その要求に続く交渉において企業は金額の削減に努める。いくつかのケースで，誘拐犯人は企業の財務内容に精通していることを示し，貸借対照表が利益を示しているにも拘わらず，支払い不能というのは説得力がないとしている。事実，中南米では，企業の財務内容の情報だけを入手するために，犯人がその会社の経理担当社員を誘拐したという事件が起きている。

　身代金は，右から左に支払いができるものではない。場合によっては，法律違反になるし，支払いができないこともある。身代金の支払いや制限については，企業のトップ・レベルで策定され，少なくとも文書になったものが経営会議で承認されなければならない。身代金の要求に従う決定がなされたら，適切な単位貨幣の資金が調達ができるよう計画が策定されなければならない。身代金として使われる通貨は記録しておかなければならない。この作業はかなりの時間と労力がかかるので，支払いがなされるかなり前から準備しておく必要がある。

　次に多い要求は，国外でのゲリラやテロリストの声明文の新聞掲載である。エルサルバドルのあるオランダ系の企業が幹部の解放と引き換えに世界中の新聞広告代として200万ドル支払っている（日本においても1978（昭和53）年12月2日付日本経済新聞（夕刊）に2ページの全面広告が掲載された）。

　経験豊かなネゴシエーターがいるいないにかかわらず，強要の対応には時間がかかる。要求を満たすのに必要な時間を慎重に考慮し，この時間が倍かかることを想定すべきである。余分な時間が必要になることがあるかもしれない。強気の姿勢をとり，「我々は少なくとも○時間または○日間必要だ」ということを強調する。一般的に，考えている時間より長い時間がかかるものである。時間に余裕があると，危機管理対応チームや警察当局は誘拐や強要について次

のステップをとることができる。

　要求はすべて交渉可能であることを忘れてはならない。危機管理対応チームのリーダーやネゴシエーターは，犯人からの最初の要求に対し，時間的な問題や身代金積載容量の問題で実行不可能であるとか，高額な身代金のために要求に応ずることができないと指摘しなければならない。常に譲歩を求めるよう心がけ，組織的なグループと交渉する際は，同じことが二度と起こらないよう配慮する。

　危機管理対応チームは，人質が生存している証拠をつねに要求すべきである。もちろん，人質と直接コミュニケーションをとるのが最良の方法である。コミュニケーションがテープやそのほかの媒体に録音されているものであったり，手紙や書類などの場合，そこに記された日時が本当だという保証はない。したがって，正確な日時が証明できるよう，録音の時に新聞の見出し記事などを証拠として要求すべきである。

6. 身代金の引渡し

　状況が許し，警察当局の同意が得られれば，身代金の支払いは警察当局が実行すべきである。それができない場合は，冷静で専門知識を身につけた安全部門の役員を現金運搬人に選定すべきである。人質の親類や友人よりも効果的に対応できる。支払いにあたっては，立ち止まってしまうことやルート変更を余儀なくされることが何度もある。このような運搬については，人質の救出に際しても取り乱さないような資質を備えた人間に任せるのがもっとも好ましいのである。

　引渡しには，身代金の重量やサイズ，ルートの変更，ストレスなどといった問題があるため，運搬人は肉体的な強靱さと精神的な強さが求められる。搬送車には，信頼性のある目立たない自動車を使用すべきであり，ガソリンは満タンにしておく。電話用に十分な硬貨を用意しておく必要がある。可能であれば，電話するのにクレジット・カードを使用すべきである。こうすると記録がとら

れ，あとで証拠として使用することができる。支払いの際に犯人と交わす会話を録音するために，小型録音装置を隠し持つこともできる。

　誘拐防止の基本的責任と救出の成功は海外派遣社員の属する組織に委ねられているが，海外派遣社員自身には，誘拐が発生しないよう，家族に対する準備，自宅や生活様式に対する用意など，組織では対応できない責任がある。

第3節　海外危機管理計画立案の要点
──派遣幹部社員の誘拐事件及び脅迫事件の解決策──

1.　危機管理チームの役割

　危機管理チームは，チームの責任者のほか，危機管理（海外安全）対策担当役員，海外事業部部長，現地子会社の責任者，財務（経理）担当者，法務担当者，広報担当者，技術支援担当者などによって編成しなければならない。

　危機管理チームの責任者は，精神的重圧のもとで任務を遂行する能力を持ち，経営陣に信頼されている者でなければならない。これによって経営陣は十分な権限をチームの責任者に委譲でき，不必要に危機管理に関与しなくてもすむようになる。

　危機管理チームを構成するメンバーが，誘拐または脅迫の際に迅速に対応できる権限をもって活動できるように，事前に社内規定が整備されていて，役員会の決議が行われていなければならない。この決定には危機管理チームが危機発生中に活動できる権限，さらに必要に応じた身代金の支払いに対する権限，かかる資金調達権限の承認も必要である。

　もっとも効果的な危機管理チームは最小規模のものである。危機に効果的に対応するのに1個人では不可能であるが，非常事態が短期のもので，かつ適切なサポートサービスならびに施設がある場合は，最低4人いれば十分である。危機が長期に及んだ場合，これら4人に対し交替要員が必要となってくる。

　危機管理チームは必然的に次の4つの基本作業に取り組まなければならな

い。それらは，①メディアとの連絡，②外務省（大使館又は領事館）及び警察との連絡，③被害者側との連絡，④庶務，である。

 ところで，脅威に対して必要な行動を独自の判断でとることが危機管理チームの基本的な任務である。危機管理チームの役割には，脅威があることの検証，脅威の徹底分析，会社に代わって実施するあらゆる交渉，外部情報機関との連絡，危機への適切な対処のために必要な組織の提供，脅威に対処するために必要な決定が含まれるが，それだけに限らない。

 危機管理チームは，危機的な状況を悪化させ，拡大させる危機の発展性について予測する。例えば，海外派遣幹部社員が誘拐された場合，人質解放のための要求が提示される。テロリストからの要求に同意できず，あるいは交渉がなかなか進展しないようであれば，テロリストは圧力を強めるために別の行動をとるのが一般的である。その際にどこが狙われやすいのか，それに対してどのような対応策を取るべきかといったところまでは，少なくとも考えておかねばならない。

2. 方針決定

 危機が発生する前に，発生しうる危機に対応する方針のガイドラインが確立されていることが重要である。方針が詳細であればあるほど，より明確に非常事態を予測できるのである。危機発生中，方針決定は短い通知によって行われるべきであり，また危機状況下では，方針に対し疑問を持つべきではない。

 ここでいう方針決定は，事故保険のようなものである。すなわち，運がよければ方針決定は試されることはないが，運が悪く，危機に巻き込まれた際の安心の材料になる。

 方針がいったん決定されたら，その方針は組織の内外を問わず可能な限り伝達されなければならない。方針は（すべての社員が読んで理解できるように）簡潔でなければならず，定期的に確認され，説明がなされるべきである。

3. 計画設定及びテスト

　この過程における第1ステップは，企業方針をもとに，非常時に危機管理チーム並びに企業活動を方向づける一連の実施手順を設定することである。一つの手段としては，脅威や弱点の評価を行い，それを定期的に再評価することがあげられる。これらの評価を基本に，ほかの手順が新規に設定でき，非常事態が予測できるようになるのである。

　なお，脅威評価については第4章「国際テロリズムの脅威管理」で詳しく述べているのでここでは省略する。

　一方，弱点の分析は，企業を脅かしている危機と現在の防御計画の欠陥と，現実の出来事となりつつある危機の可能性が，組織にどのような影響を及ぼすかを明らかにすることである。

　しかしながら，単に計画ならびに一連の手順を策定するだけでは不十分であり，それらはテストされなければならない。それに加え，担当者は危機の際の責任について訓練を受けなければならない。これらテストおよび訓練には経営陣と上級管理者，危機管理チームが関与する必要がある。組織的に計画された練習，評価ならびに訓練計画を実践することによってのみ，計画と人員が危機に対し整備されていることになる。

4. 危機管理センター

　派遣幹部社員の誘拐事件や人質事件が発生した場合，ただちに，危機管理チームの全メンバーに連絡しなければならない。危機管理チームは危機管理センターを迅速に設置し，危機が終結するまでそこを活用しなければならない。

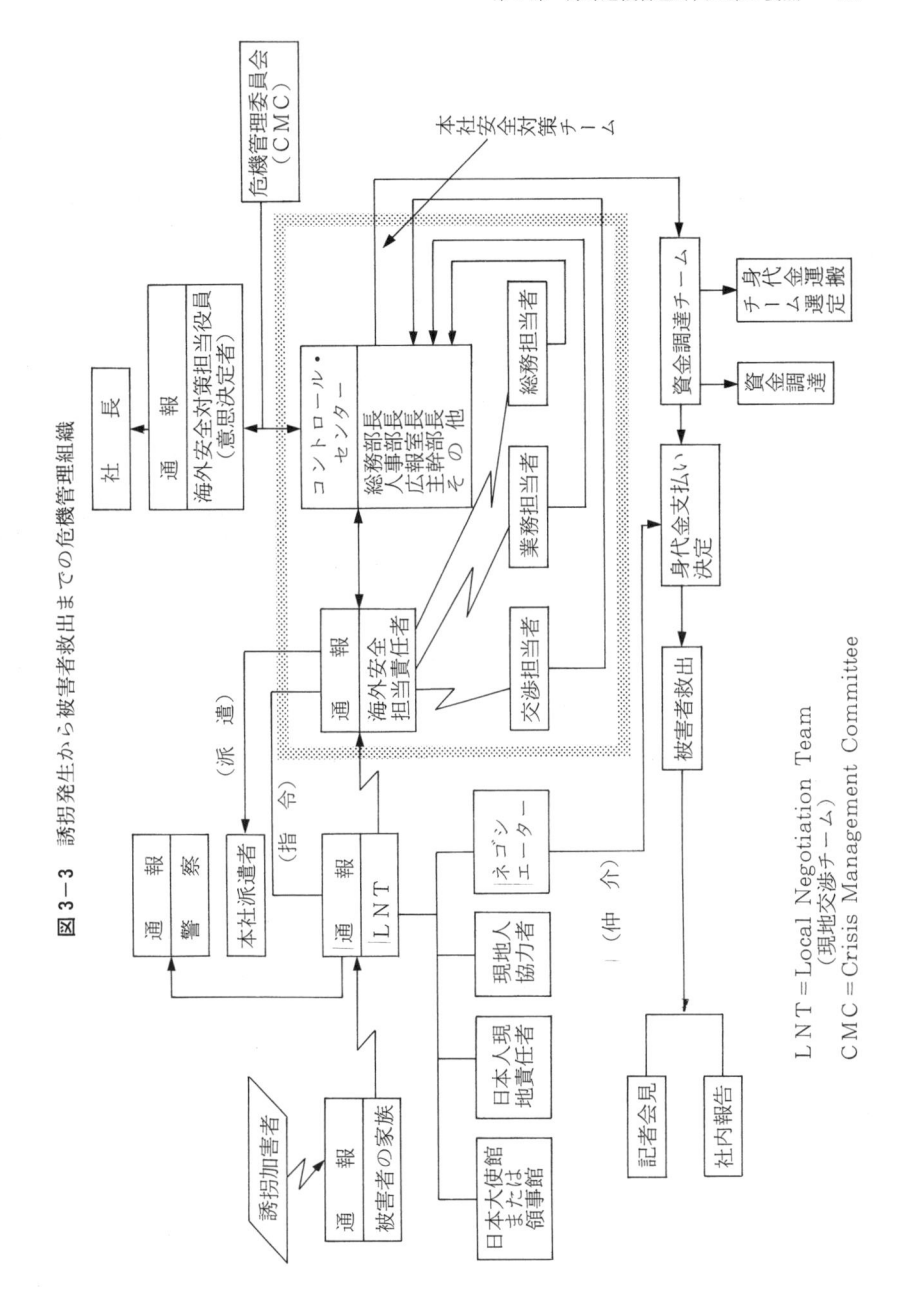

第3節　海外危機管理計画立案の要点　139

図3-3　誘拐発生から被害者救出までの危機管理組織

LNT = Local Negotiation Team（現地交渉チーム）
CMC = Crisis Management Committee

140　第3章　企業の危機管理

図3-4　誘拐事件対応チーム

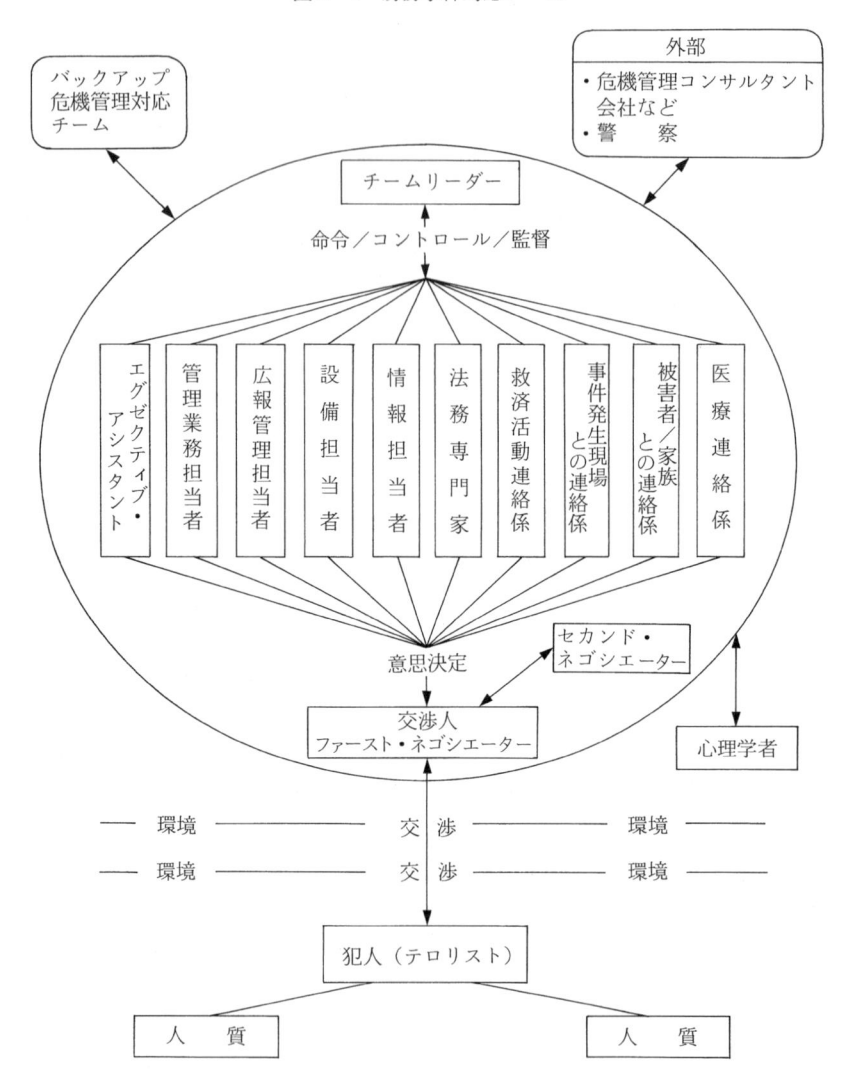

外部
・危機管理コンサルタント会社など
・警　察

バックアップ危機管理対応チーム

チームリーダー

命令／コントロール／監督

- エグゼクティブ・アシスタント
- 管理業務担当者
- 広報管理担当者
- 設備担当者
- 情報担当者
- 法務専門家
- 救済活動連絡係
- 事件発生現場との連絡係
- 被害者／家族との連絡係
- 医療連絡係

意思決定

セカンド・ネゴシエーター

交渉人
ファースト・ネゴシエーター

心理学者

―― 環境 ―――― 交　渉 ―――― 環境 ――
―― 環境 ―――― 交　渉 ―――― 環境 ――

犯人（テロリスト）

人　質　　　　　　人　質

第4節　企業の危機管理組織

　危機管理プログラムを策定して実施する場合，考慮すべき重要な項目は，①権限と責任の委譲，②組織，③要員および訓練，④計画，⑤関係，⑥管理，の六つがあげられる。もちろん，これら6項目を検討するに際しては，それより前に弱点の分析が終わっていなければならないのである。危険やリスクに対処する前にそれらが分析され，分類されていなければならないからである。

　危機管理プログラムは，社員の自由を制限し，社員になんらかの規制を強いるという理由で簡単に受け入れられない。また，多額の人件費をかけても直接企業利益には貢献しないのである。

　企業経営者は，危機管理プログラム作成に関心を持たなければならず，その成功には彼らの全面的な支援が不可欠である。経営トップは，自らがプログラムに積極的に関わり，計画はトップによって支持され，バックアップされていることをすべての社員に示さなければならない。そうでなければ，策定された危機管理プログラムが失敗する確率は高くなる。次に，すべての管理者はこのプログラムに何らかの形でかかわっていなければならない。あらゆるレベルの管理者層から承認がなければこのプログラムは成功しないからである。この承認を引き出すカギは理解と認識である。

1.　権限と責任の委譲

　危機管理プログラムの第一検討事項は，経営トップから危機管理組織を率いるエグゼクティブへの権限委譲である。危機管理組織が引き継ぐ責任は，海外派遣幹部社員の誘拐防止および企業施設の防御に対して会社の規定に明記されるべきである。危機管理プログラムを実施するために危機管理（安全）対策部門が設置されることが望ましい。

　さらに，会社の方針によって危機管理組織の責任範囲を定義づけることもできる。この定義は弱点の分析によって決定される。たとえば，危機管理組織は

海外派遣幹部社員およびその家族の安全，および海外進出企業の施設に対する爆弾テロや武装攻撃防止に責任があるのか，災害計画ならびに管理に責任があるのか，ということである。会社によっては一般的な海外安全活動だけでなく監視や保険管理など関連活動のすべてを含んだすべての防御活動が統合されている。この統合された活動こそがクライシス・マネジメント（Crisis Management）である。

　会社の方針によって達成されるのかどうかは別にして，経営トップならびに危機管理プログラムの関係者は責任の範囲を明確に定義して理解しなければならないのである。

2. 組　　織

　他の業務活動と同様に組織は効果的な危機管理プログラムを計画する基本となるだけではなくプログラムをうまく管理するのに不可欠なものとなる。つまり，危機管理組織の役割が決められたら，委譲された責任を配分する組織が構築されなければならない。

　海外派遣幹部社員の安全対策および企業施設を完全に防御する危機管理組織は様々な機能を果たさなければならない。たとえば，誘拐防止，爆弾テロ防止，緊急避難のほか，警備，書類や記録，設備の防御，スパイ行為の取締り，火災防止，災害防止等の防御管理，社員の安全教育等があげられる。完璧な防御を実施するにはこれらすべてのことが必要である。「セキュリティー・イン・デプス（Security in Depth）」とは，効果的な組織が一連の防御管理を実施している時に一般的に引用される言葉である。

　危機管理プログラムを立案する責任が委譲されたエグゼクティブには，安全組織を構築するにあたっての全責任を引き受ける能力がなければならない。最も留意すべき基本的な概念は，施設あるいは企業の特定ニーズに沿った組織を構築しなければならないということである。

　危機管理部門の設立が計画されるにあたっては，報告レベル，ラインとスタッ

フの関係および危険分野に対する防御ならびに組織内における責任と権限の委譲を目的とした組織構築といった事項が考慮される必要がある。ここでは，これらの事項について述べてみる。

(1) 報告レベル

一般的に言えば，危機管理プログラムの責任者は，企業の経営組織のなかで重要な役割が果たせる組織レベルの人物であるべきである。彼等は，全社的な経営計画に参画し，常に組織の目的や目標ならびに長短期計画を十分に理解していなければならない。ここでいう組織レベルの人物が人事，財務およびその他の経営責任を持ったエグゼクティブであった場合，危機管理担当役員は経営者の役割を演じることができるのである。

危機管理担当役員がトップ・レベルの計画に参画できる立場にいた場合は，企業損益には多大な貢献ができる。一方，もし危機管理担当役員が組織内に埋もれ，トップ・レベルの審議に加わらなければ，いくら権限や責任が委譲されていても効果的な役割を果たすことはできないのである。

海外で日本人が巻き込まれるケースが相次いでいることから，日本企業の危機管理体制の構築と合わせて，危機管理担当役員の役割も増大しているといえる。プログラム管理が行き届いた組織では，危機管理担当役員のトップ・マネジメントに対する報告は，最高経営責任者に到達するまで3段階以上のステップは踏まないのが一般的である。

(2) ラインとスタッフ

テロリストの爆弾テロによる海外進出企業の資産の防御に関しては，ライン組織とスタッフ組織の双方が利用されている。ここでいう「ライン」とは，たとえば現地工場の実務レベル，工場，事業部レベルでの防御単位のことである。ラインの防御担当責任者は，通常実務レベルで業務活動を担当するトップ・エグゼクティブに対し責任を有し，日常の安全業務を監督する。ラインのエグゼクティブは，その管理下に通常，警備員，情報収集・分析評価担当者，消防隊

などの作業スタッフを有する。「ライン」および「スタッフ」という用語には様々な意味がある。

　ラインとスタッフは軍事用語から引用されているが，スタッフは企業組織のなかに存在する役割であるという一面をとってみても混乱して使用されている。経営上の「スタッフ」の定義は曖昧で矛盾しており，正確性に欠けている。スタッフというポジションは今まで多く採用されたが，その都度スタッフの権限に関し議論がなされ，若くて能力のあるエグゼクティブには信用されない立場となっていた。経営上のコミュニケーションは，軍隊のコミュニケーションより正確に統制されていない。簡単に述べると，ビジネスでは軍隊からラインとスタッフという用語以外の何ものも採用していない，ということになる。

　スタッフのエグゼクティブとは，ラインの業務を推進し，あらゆる面で助言，情報を与え，その遂行状況を監督する人間である。一般的に次の三つのスタッフに分類される。①人事スタッフ，②専門スタッフ，③一般スタッフ。

　「スタッフ」という言葉には多くの解釈があるので，ここで規定したフレーム・ワークに注目し，まず専門スタッフについて考えてみる。

　専門スタッフとは，命令を下すラインの権限が与えられた者ではなく，考え方を提示する権限を持った者を指すのである。専門スタッフの職務は他の組織に助言を与えることであるが，以下に示す三つの職務のうちいずれか一つの職務だけを担当する。

　①　助言—スタッフが他の者を指導する。
　②　役務—スタッフが他の者のために役務を提供する。
　③　スタッフが他の者を調整し規制する。

　資産防御の分野におけるスタッフのエグゼクティブは，一例を示すと大企業の多くに見られるが，国内および海外工場，事業所，他の施設に対し責任を持ったセキュリティー・ディレクター（安全（危機）対策担当役員）である。企業内の各業務におけるセキュリティー・エグゼクティブは，この場合，ラインのエグゼクティブとして通常行動する。

　役員は通常，企業全体の危機管理プログラムに対し責任を負っており，企業

方針にラインのエグゼクティブ全員に対する企業プログラムの要件を明記している。方針にはどのようにするのかではなく，何をするかが明記される。企業指針を受けたら，実務レベルでのラインのセキュリティー代表者は，役員が規定した方針，手順，実践およびその他の方策を通して実施する。

　企業レベルのセキュリティー《安全対策（危機管理）》担当役員は，通常本社の経営トップ（副社長又は専務取締役）に報告し，ラインのエグゼクティブは，通常実務レベルのマネージャーに報告する。業務活動の責任者は危機管理プログラムに責任あるラインのエグゼクティブの日常業務を管理する。スタッフ役員は，実務担当のセキュリティー・エグゼクティブと組織上点線で結ばれる関係を持っている。スタッフ役員は，ラインのエグゼクティブを直接管理しないが，企業の最高責任者としてラインのセキュリティー組織が企業方針のフレーム・ワークの範囲内で機能しているのか，実務レベルの危機管理プログラムが効果的に実施されているのかを確認する責任を有している。

　役員が企業要件に合っていなかったり，ラインの活動がある面で非効率であったりすることに気づいたら，その旨をラインのセキュリティー・エグゼクティブに通知し，それを修正するよう提案する。これによって問題は解決される。しかし，それでも非効率が存在する場合，役員はラインのセキュリティー・エグゼクティブに問題を提起できる。もし実務レベルの責任者との交渉がうまくいかなかったら，スタッフの企業エグゼクティブは最終行動としてライン業務の責任を持った企業レベルのエグゼクティブから支援を得て，口頭または文書で必要な修正が実務レベルでなされるよう指導してもらうことができる。

　前述した簡単な議論で済むような状況では，企業の危機管理スタッフ・エグゼクティブは専門スタッフに責任ある助言，役務，管理の活動をすべて行わなければならない。

　企業の役員は通常，監督下に少数のスタッフの専門家しかかかえていないが，ラインのエグゼクティブは通常，危機管理プログラムを実施するため指令下に警備員およびガードマン，消防士，調査員（情報収集・分析評価担当者）等の部下を多数かかえている。通常，企業の規模が大きければ大きいほど，スタッ

フグループは大きくなる。小さな企業には、スタッフの機能がないかもしれない。しかし、方針の指導のようなスタッフ機能が必要ないということではない。それは、ライン業務や実務の一部として実施する必要があり、実際中小企業のエグゼクティブはラインだけでなくスタッフの役割も果たしている。

(3) 組 織 構 造

以下は組織構成と理論に関する基本的な問題である。

組織構成の設計は、古代から実施されていた。アリストテレス、マキャベリ、ベンサム、マジソンは効果的組織の構築にかなりの労力を投じた。近代では、アーウィック、テイラー、ムーニィ、ガリック、デイビスが複雑な組織システムを通じて人間との結び付きに関する問題に焦点を当てた。この過程で比較的明確な用語と組織設計に関するいくつかの原則が生まれた。組織構造はいくつかの単純で標準的なシンボルを使用することによって単純化された。組織構造を図式化するには、長方形（基本的組織―立場を示す）と直線（二つの立場の関係を示す）の二つのシンボルが必要なだけである。この関係は、「～に報告する」、「～に対し権限を持つ」、「～の上司である」、という表現で通常定義される。この二つのシンボルによって、なじみある組織表ができる。基本的な記号については、理論またはマトリックス操作に適した記号に変更することもできる。いずれにしても伝統的な組織設計に関する基本的論拠の多くには制約がある。

組織を構成するにあたっては、すべての危機に慎重な配慮がなされるよう弱点に対処できる機能が十分検討されなければならない。命令範囲を限定し、全組織を統括するエグゼクティブが、監督者である部下を通じて危機管理プログラムを効果的に管理できるよう関連する機能をグループ化するか、サブ組織を作らなければならない。狭い管理範囲に関する基本的理論は、イギリスの元帥イアン・ハミルトンの記述からも引用できる。彼は、「平均的人間が他を管理する場合は、3～6人が効果的な範囲である」と述べている。

この考え方を採用するにあたっては以下の事項に注意しなければならない。

この考え方は比率を示すのには有効だが，それが常に正しいことだと考えてはならない。1人の人間が効果的に管理できる部下の人数は多くの要因によって決定される。それらの要因は，マネージャー自身の能力や技量，部下の能力や技量，業務の安定度，他部門との関係，業務内容，地域活動に費やす時間などである。結局，5人から15人が一般的であるが，1人から100人またはそれ以上の部下を管理する場合などもあり，管理の範囲は状況によってさまざまである。

(4) 権限の委譲

組織が設定されたら，責任と権限が各サブユニットに委譲される必要がある。責任と権限の委譲は，第三者に義務，責任，権限を任命することである。この任命が受け入れられたら，任命を受けた個人は任命を与えたエグゼクティブの代表者となる。責任と権限の任命が受け入れられなければ，委譲は成立しない。エグゼクティブは委譲がうまくなされてはじめて，本人の個人的時間，エネルギー，知識の範囲外においてもその影響力を行使できる。危機管理担当・エグゼクティブによっては権限の委譲ができない者もいる。これは，防御の分野に特有な問題ではなく，一般ビジネスの分野においても適用されるが，権限の委譲ができないことが他の問題よりも多くマネージャーが失敗する原因となっている。何かを失ってしまうのではないか，立場を弱くしてしまわないだろうか，ということで心理的に権限の委譲ができないエグゼクティブもいれば，最終責任は自分にあるからといって，他人に仕事を任す自信のないエグゼクティブもいる。しかし，管理者は権限の委譲がなされてはじめて経営が成り立ち，権限の委譲がなされなければ誰も管理できないことを認識しなければならない。

危機管理組織は，1日24時間，週7日稼動しなければならず，これを効果的に運営するためには，権限の委譲が極めて重要となる。もちろん深刻な問題は昼夜をとわず発生する。トップ・エグゼクティブやその部下が権限の委譲を行わなければ，意思決定のために常時現場にいることができないので，それが重大な障害になる。仕事は，達成すべき業務内容によって権限の委譲がなされ

るのが一般に受け入れられる経営理論である。エグゼクティブや社員は遂行すべき業務によって雇用され訓練されるが，業務は通常，雇用された人に合わせて変更されない。

　危機管理組織で責任と権限の委譲が明確に定義されたら文章にして，組織のメンバーに配布する。資料は，内部指示書や手順書の形式とし，各セクションの社員が本人の責任や他セクションとの関係を明確に理解できるようにする。

3. 危機管理担当要員

　欧米企業では人的資源及び資産防御の必要性が生じた場合，過去にガードマンの経験がある人物を危機管理組織に配置することが一般的であった。そして，多くの企業は，それほど安全を重要責務とみなしていなかった。セキュリティーの管理が門番やガードマンを中心とした工場の防衛に限定されていたからである。

　危機管理プログラムの計画や管理が重要で専門的な経営分野であることが多くの企業で認識されるまでに長年にわたり改革がなされてきた。現在では工場の防御に限定されず，人的資源および企業施設の資産を適切に防御しようとした場合，様々な機能をもった活動を行わなければならない。警備活動はどのような安全組織においても重要な機能であるが，大半の企業の危機管理プログラムにおいては単なる一つの要素に過ぎない。工場防御活動のためにはある程度の警備経験は必要だが，現在の危機管理組織における管理の面を考慮にいれると，もはや第一要件ではない。

　政府の調査機関出身の調査官が企業の危機管理担当者として雇用されることもあるが，必ずしも効果的であるとはいえない。政府機関の調査官として業績をあげた人が危機管理担当管理者としてその人の経験が警備に限定されていたら成功するとは限らない。

　警備や調査の経験について述べてみたが，このような経験を持つ人を雇用してはいけないと言っているのではなく，警備や調査の経験だけでは，危機管理

担当の管理者の資格として不十分であるということである。

　危機管理プログラムを管理するためには，専門技術だけでなく他部門を管理するのに必要な専門知識が要求される。成功を収めるには，最新の経営科学の基礎となる方法や技法を危機管理担当役員が利用できなければならない。標準的な職務内容は今まで成文化されていない。このため危機管理分野で成功を収めたエグゼクティブは，もともとが専門技術者，弁護士，学識経験者，自衛隊や警察出身者などの経験を持った人である。繰り返し述べるが，危機管理に関する知識や経験は多少なりとも有効であるが，危機管理担当役員にとってより重要な資格は，いかに現代の基本経営技術を活用できるかである。

　人的資源及び資産防御の分野が発展し，より高度な管理機能が必要となってくると，教育や訓練に関する必要条件は一般の経営管理により近づいている。危機管理分野に携わる人間は一般的には大卒者である。トップの安全管理役員は基本的な教育を受けているのに加え，経営に関する数年間の経験や訓練を受けているのが一般的である。

4.　計　　画

　計画も危機管理プログラムを管理する重要な要素である。危機管理は，元来予防的手段であるから，将来のリスクや危険を可能な限り事前に予測することが必要である。予測できなければ，危機管理組織は継続的にその問題に対処せざるを得なくなる。

(1)　一般的な計画目標

　計画過程の第1ステップは，企業の将来に対する目標及び全体計画が理解され，それらが危機管理プログラムに関連されなければならない。危機管理組織の一般目標もまた，設定されなければならない。これらの目標は計画が立案される時に検討されるべきである。危機管理プログラムの計画は現実的でなければならず，企業計画の基本は損益であることを考慮に入れておかなければな

らない。したがって，危機管理計画立案にはこのことに十分注意を払う必要がある。すべての計画はコストに直接関連づけなければならない。

　計画にはどのくらいの時間をかけるべきか。危機管理プログラムはできるだけ事前に計画されるべきである。プロジェクトによっては，完成するまでに数年かかるものもある。例えば，電算処理やコンピューターを利用した自動書類管理システムは完全に稼動させるまでに数年かかるであろうし，システム・アプローチを利用した人事管理システムも完全に実行されるまでに数年間必要である。他にも災害に対処する不測事態対応計画は，それを開発し実施するまでに通常かなりの時間がかかる。したがって，5年の計画期間を計画の立案・運営にかけるとよいであろう。5年間で引き受けた計画は，各セグメントが各年ごとに完成されるよう分割できる。

(2)　各年ごとのプロジェクト計画

　計画立案の次の段階は，次年度の業務に対する詳細が定義できる十分な情報が通常わかっている。タイム・テーブルには全体のプロジェクトを示すだけでなく，その完成期日を記載することがよい。さらに，目標やプロジェクトは，セグメントや期間で分別でき，それぞれに完成期日を設定できる。基本的に物事は後回しにされる傾向がある。計画によって危機管理プログラムを管理する者は目標達成に向けて常に前を見るようにしなければならない。また，順調に進展しているかを定期的に確認すべきである。そうしないと目標と違っていたことが後になって初めてわかったり，ミーティングの機会を逸することになったりする。

　最後に，計画には費用および要員がどのくらい必要かを検討すべきである。計画が慎重に検討され，うまく実施されたり，計画が企業のニーズに直接関連していた場合，予算増加の必要性は計画に十分支えられるであろうし，経営トップの承認を得るのに論理的な説明ができる。

(3) 結果に対する評価

結果に対する定量化は，計画段階で設定できるもう一つの有効な手段である。危機管理プログラムを担当するエグゼクティブや部下は，各プロジェクトの現状について知っているであろうから，危機管理組織全体の進展について評価できる。同時に，下部門の監督者も評価できる。また，前に述べた責任の委譲がいかにうまく部下に引き受けられているかを評価できる。もし部下が結果を得ていなければ，彼に委譲したはずの責任が引き受けられていないことが明確になる。

「目標による管理」は，このような管理形態によく使われる用語である。トップ・エグゼクティブは，プロジェクト履行のためにまず権限と責任を委譲し，計画プロセスを通じてその結果を定期的にチェックする。したがって，責任は危機管理組織の各職務責任者にある。彼らが目標をコンスタントに達成しなければ，給与に影響することがわかるよう報酬は業績と連動させるべきである。

もちろん，最終期日は柔軟でなければならない。定期的計画評価過程の一環として，危機管理担当役員は状況を緩和するよう検討しなければならない。プログラムが頻繁に評価されれば，難しい問題は早期に発見でき，スケジュールは調整され，常に予期できない問題に対応できるよう変更することができる。

結論として，トップの危機管理担当役員と部下は相違点に常に注目することができ，他の活動に刺激を与えるか，必要に応じて変更することができる。すべての危機管理担当役員は，常に結果を評価しているので組織内で何が起きているのかわかるであろう。一般的な問題に対しては，通常業務で取り組まれているので，エグゼクティブは予期しない深刻な問題が発生したら，それに集中して対処できるよう準備しておくべきである。

5. 関　　　係

危機管理プログラムを成功させるのに重要な関係は次の二つに分類される。一つは，内部との関係であり，組織内の経営トップや社員との関係である。二

番目は外部との関係であり，それは他社の危機管理部門，政府（外務省，警察等）を含む公的機関および社会活動などが関係している。

(1) 内部との関係

「報告レベル」の項目で指摘したとおり，危機管理プログラムに責任あるエグゼクティブは，トップ経営者の計画および意思決定に参加できる組織レベルの者でなければならない。危機管理担当役員は，経営チームの一員としてすべての危機の責務に対し全責任がなければならない。つまり，予防的対策面で経営側の支援が得られるよう組織が直面している危機を経営トップに認識させなければならない。経営トップが採用した危機管理プログラムを認識するだけでなく，よく管理された危機管理プログラムは有益であることが理解できるよう危機管理担当役員は経営トップに十分説明しなければならない。

財務，生産技術，マーケティングなどすべての他部門との関係は危機管理プログラムを実施する上で重要である。横暴な意思決定や一方的な意思決定は，最終的に価値あるものであっても破壊的な結果をもたらすことにもなる。

関係を検討するに際しては，危機管理はその性格上人々の自由を束縛するものであったり，ある意味ではコントロールするものであるから，それを管理するのは困難であることを思い出すとよい。すでに記述したとおり危機管理は経営者や社員には容易に受け入れられず，多額の経費を必要とするが，企業利益に直接貢献しないものである。

このため他の部門との調整が重要となる。例えば，従業員に影響を与えるプログラムについては，広報や業界の考え方を把握しておく必要がある。資金の支出が提案される場合，その影響については財務部門の担当責任者と打ち合わせるべきである。企業内の他部門とも関係を持つべきであり，アイディアが経営トップに報告される前に他部門の支援や承認を得ておくべきである。例えば，プロジェクトに利用できる資産があるか問い合わせた時にコントローラーが否定的なレポートを経営トップに提出していたら，承認を得るためにアイディアを経営トップに説明にいっても何にもならない。したがって新しいアイディア

や計画については徹底的に調査，検討がなされなければならない。それから他部門の理解，賛同およびサポートが得られるよう，それらの計画については企業内の関係部門やグループと非公式に打ち合わせしなければならない。それが終わって初めてアイディアや計画を企業の経営トップにプレゼンテーションする準備ができる。プレゼンテーションには，背景，新しいプログラムの導入理由，コスト分析，関係部門からの批判および提案，アイディアに対する明確な行動プログラムを含めるべきである。

　いくら良いアイディアやプログラムであってもそれらを承認する経営トップに理解されなければ，決して実施されない。経営トップに対するアイディアやプログラムのプレゼンテーションでは，様々な角度から問題と解決策を提示すべきである。プレゼンテーションは，それが実施されるときの企業状況に応じてなされるべきである。もし，経費節減が経営者の最大の懸案事項であったら，プレゼンテーションでは経費節減を強調すべきである。もし企業の拡大が現行計画の関心事項であったら，プレゼンテーションでは提案が拡大プログラムにいかに適合し，いかにそのプログラムを促進するものであるかを強調すべきである。

　経営者の関心事項を無視すれば，アイディアは即座に拒否される。もしプログラムが経営者の関心事項に歩調を合わすことができないものであったら，好機の到来を待って数か月棚上げするか，経営者の関心事項にあった計画を再検討すべきである。

　即効的な発表は，良いアイディアを台無しにすることがある。そのため，プログラムを提案するときには慎重な配慮がなされなければならない。プレゼンテーションには可能な限りチャートを用いる。チャートはいろいろな方法で作成できるが，あまり手の込んだものは必要ない。フェルト・ペンを使った手書きのものでもよいし，折れ線グラフを使用してもよい。いずれの形式をとろうとも，プレゼンテーションがわかりやすく，受け入れやすいように，チャートは事実や数値を単純にグラフ化したものがよい。

　いかに素晴らしいプレゼンテーションを行っても期待すべき結果にならない

ことがある。しかし，プログラムが一時的に却下されても二つの効果を得ることができる。そのうちの一つは，スタッフ業務が完全に実施され，問題が解決方法とともに客観的かつ実務的見地から提示されたことを多忙な経営トップが認識することである。経営トップは，提案されたプログラムが関係部門とすでに討議され，反対意見にうまく対応し協力を取り付けたことを評価するであろう。第二の効果は，経営トップがそのプログラムに対しどのような反対意見を持ったかを認識できることである。反対意見はコストの問題だけなのか，コストの問題に加えモラルの影響など他の要因があるのか。プログラムの却下から学んだことによってエグゼクティブは，反対意見の立場からプログラムを再考でき，次回のプレゼンテーションに備え反対意見に対応できる変更や事実を収集できる。

　危機管理を経営者にアピールするという問題については，今まで多くのことが言われたり書かれたりしてきた。既に指摘したとおり，危機管理は人々の自由を規制し，多大な人件費もかかるので管理は難しい。経営トップに定期的にアピールしても，危機管理担当役員が経営チームの一員でなかったり，ここに記した経営技法を活用していなかったりすれば承認は得られないのである。経営者に単にアピールするだけでは効果的な危機管理プログラムは実施できない。エグゼクティブや組織の行動は，経営トップの最終分析に委ねられるのである。

(2) **外部との関係**

　外部との良好な業務関係は，内部の関係と同様に重要である。ここでいう外部機関とは，同業他社ならびに政府機関である。危機管理の問題は外部機関との関連が生じるので，この問題が発生する前に良好な関係を構築することが重要である。

　外部機関との良好な関係を構築するために特定の問題に効果的に対処できる人物を事前に知っておくことが重要である。危機管理組織の日常業務の一環として良好な関係を築いていれば，多大の時間と労力が節減できる。

　どのようにすれば良好な関係が築けるのであろうか。最善の方法は，ミーティ

ング，昼食会などを通常実施している専門機関に積極的に参加することである。このようなミーティングに出席すれば，危機管理担当役員は良好な関係を作ることもできるし，危機管理問題に関する支援や情報を提供してくれる人とも知り合いになれる。

　トップ・エグゼクティブは，すべての危機管理機関に対し関係を築くことはできない。しかし，もし危機管理組織の監督者すべてに彼らの業務に関連する機関との関係を築く責任が与えられたら，どのような危機管理の問題が発生してもそれに対する支援が得られる程の十分な外部関係が構築できるのである。

6. 管　　理

　ここでいう「管理」とは，設定された手順が危機管理部門だけでなく企業全体にうまく活用されているかを確認する経営テクニックである。また，危機管理要員がプログラムを適切に実施しているかを確認するために危機管理組織内で使用されているテクニックである。

　検査や監査システムは，危機管理プログラムが組織全体にうまく機能しているかを判断する手段となる。このシステムを運営するのに専属の監査員や検査官を配置する必要は必ずしもない。危機管理組織内のスタッフすべてに通常業務の一環としてこの業務を割り当てればよい。また，企業の経営者が参加できるようなシステムになっていれば彼らの支援も得られる。例えば，監督者が部門や部下の危機管理業務をチェックすることで危機管理プログラムに支援ができるような定期的な自己検査システムがあれば有益な手段となる。

　定期的な評価診断会議は，様々なレベルの監督者を集めて計画でき，そこでは組織の危機管理業務について議論できる。これは監督者に危機管理プログラムに対する関心を持たせるだけでなく，そのプログラムを運営している一員であることを認識させるのに有効である。結果としては監督者はプログラムの実施に関し，危機管理担当役員を支援することができるようになる。

　危機管理プログラムは常時，危機管理担当管理者によって評価されなければ

ならず，変更や改訂は必要に応じてなされなければならない。そうでないと管理はできなくなる。企業設備や生産ラインの変更や改訂があると，防御プログラムの変更が必要な弱点が生じるかもしれない。

　危機管理部門内部では，各サブ・ユニットの進歩状況を評価したり，問題を討議する目的で監督者と会議を日常業務ベースで計画することができる。また，各監督者の報告を聞くためにすべての監督者を集めたグループ会議も計画できる。計画が立案されたら，前述したとおり，プロジェクトとその期限が監督者とのミーティングやグループ会議の基礎となる。

　レポートは統計的なものと記述的なものの双方が危機管理担当役員から要求されることがある。しかし，このレポートは日常の事実や統計を繰り返しているだけの意味がないものになってしまうという危険性はある。レポートを意味のあるものにしたいのであれば，事実や統計を解釈し，企業の人的資源および資産防御の状態に合わせ，意味のある情報にしなければならないのである。

第5節　企業の危機管理の進め方
――基本マニュアルの例――

　　　　　　　　　　　　　　　　　　　　　　　　　　　　| 社外秘 |

　企業は常にリスクを背負いながら経営活動を展開しており，言葉をかえれば「経営活動とはリスク・テイキングの過程である。」と言っても過言ではない。
　そのリスクが，具体的危機として現実化した場合には，その処置如何により企業経営の根幹に影響を及ぼす事態に発展しかねない。その観点より危機の発生を未然に防止し，万一危機事態が発生した場合にはその拡大を最小化することが極めて重要な経営問題であることは，当社の過去の事例・他社の事例からも明らかなところである。
　かかる危機管理の重要性に鑑み，ここに当社危機管理の規範を「　　　　　　　　」（以下「基本方針」という）として定め，全社の各組織とその構成員がこの「基本方針」に従い，危機管理の徹底に万全を期することとする。
　尚，関係会社の危機管理に関しては，この「基本方針」に則り関係会社の要請に応じて必要な支援を行う。

Ⅰ，危機管理の基本姿勢
　　1，危機管理の目標
　　　　当社の危機管理の基本目標は，
　　　　　　危機事態への発展を未然に防止するよう関係諸規定等に従い，普段の対策に万全を期すとともに，万一危機事態発生の際は，公正な手段により人的な安全確保と経済的損失の最小化を図ることに置く。
　　2，危機事態に対処する基本姿勢
　　　　【危機予防の基本】

① 経営環境の変化に応じ危機事態を予測し，その発生予防施策を普段の経営活動に反映させる不断の努力をする。
② 危機事態を出来る限り早期に予測し，事態発展に備えた体制の整備・強化に取り組む。

【行動の規範】
① 人命の確保を対策の第一義とする。
② 当社に対する有形の損失は勿論，無形の損失も公正な手段により最小化する。
③ 事態処理の過程で，組織の凝集力を維持・向上させる。

【対応手段の基本】
　事態処理に当たっては，如何なる状況においても，違法又は公序良俗に反する手段を用いない。

【危機情報の取扱いの基本】
① 危機事態に関する情報の収集・伝達は，客観的事実に基づいて行う。
　その処置・対策に当たっても，あくまで客観的事実を基本として判断・行動する。
② 危機事態への対応は，最高責任者の所管事項である。従って危機事態に関連する情報は，可及的速やかに最高経営責任者に伝達する。

【危機対応組織の基本】
① 危機事態が発生した場合，当社の関連部署は，予め定められた役割に応じ速やかに初動体制をとり，他の業務に先立ち最優先で事態処理に当たる。
② 対策に当たる組織の各機関の責任者を明確にし，組織の一体性を保持して機動的に事態処理に当たる。
　但し，上司の命令を受ける余裕のない場合は，各責任者は躊躇することなく行動し，的確・迅速・果敢に事態処理に当たる。

【対外広報の基本】

関係諸官庁，報道機関等への対外広報に当たっては，それぞれ対応窓口を明確にし，統一された見解のもとに誠実な対応を行う。

II，当社における危機事態の定義

当社が対象とする危機事態は，別表「○○化学工業における対象とすべき危機事態」に定める。

但し，本事態以外であっても，危機事態に発展すると予測される場合は，この「基本方針」に従い事態処理に当たる。

III，危機事態レベルの基準

1，レベルIV

対応組織の基準：発生事業所を超えて対応体制を必要とし，全社的対策本部の設置を要すると予想される事態

影響度の基準　：広範なマスコミ報道が予想される等，企業イメージへの影響が大きく，又その経済的損失が甚大に及ぶと判断される事態

2，レベルIII

レベルIVの各規準の何れか1つの状況に至ると判断される事態

3，レベルII

対応組織の基準：発生事業所内の複数の部にまたがって対応体制を必要とする事態。全社的には通常組織で関連部署に情報連絡・協力を得ることで対応可能な事態（連携対処組織と云う。）

影響度の基準　：単発で簡単なマスコミ報道が予想されるとか，その経済的損失が相当に及ぶと判断される事態

4，レベルI

レベルIIに至らない軽微な危機レベルで，当該担当部において事態処理が可能な事態

5, レベルの判定は事態の進展状況に応じ，適確に処理する。

Ⅳ，危機対策に臨む基本的組織体制
　1，危機事態発生時の連絡体制
　　　　危機事態発生の情報を得，又は予兆を感知した場合は，速やかに定められた危機事態連絡体制にもとづき情報連絡を行う。
　2，危機対応組織の起動
　　　① 危機事態が発生，乃至発生が予想される場合には，事態発生部門の部室長はその事態のレベルを判断し，可及的速やかに危機対応組織の発足の要否を含めその情報を，組織の長（担当役付取締役，事業所長等）に連絡上申する。
　　　② 上申を受け，または危機事態発生の情報を得た組織の長（担当役付取締役，事業所長等）は，レベルの判定基準をもとに事態を総合判断の上，その対応組織を発足させる。
　3，危機事態に対応する組織体制
　　　　予想される危機事態のレベルを判定し，そのレベルに合わせ以下の組織体制を発足させる。
　　　1）レベルⅣ
　　　　① 本社対策本部の設置
　　　　　　本社対策本部の役割及び組織構成はⅣ－4－1）による。
　　　　② 発生事業所に現地対策本部を設置
　　　　　　現地対策本部の役割及び組織構成はⅣ－4－2）による。
　　　2）レベルⅢ
　　　　① 発生事業所に現地対策本部を設置する。
　　　　　　現地対策本部の役割及び組織構成はⅣ－4－2）による。
　　　　② 本社対策本部を設置するか，関連する本社の部室の連携・協力（連携対処組織）で対応するかは担当役付取締役が決定する。
　　　　　　本社対策本部を設置した場合の役割及び組織構成はⅣ－4－1）

による。
　3）レベルⅡ
　　①　現地対策本部
　　　　現地対策本部を設置するか，関連する部室の連携・協力（現地連携対処組織）で対応するかは事業所長が決定する。
　　　　現地対策本部を設置する場合は，本部長は原則として発生事業所長が就き，その役割及び組織構成は，Ⅳ−4−2）による。
　　　　本社は，担当役付取締役の指示するところにより，関連する部室が現地の支援を行う。
　4）レベルⅠ
　　　　原則として，現地対策本部は設置せず，現地連携対処組織により事態処理に当たる。
4，対策本部の役割と組織構成
　1）本社対策本部
　　①　役　　　割
　　　　事態処理に当たる最高意思決定を行うとともに，必要に応じ現地対策本部にその権限の委譲を行う。
　　　　事態処理に当たる現地対策本部の諸活動の支援及び調整に当たる。
　　②　本社対策本部には，本部長及び副本部長を置き，本部長は役付取締役（状況により社長）が就く。
　　③　本部長のもとに，状況に応じ次の機能を分担する組織を置く。
　　　　広報・情報，官庁連絡折衝，法務支援，総務支援，人事，現地対策支援
　2）現地対策本部
　　①　役　　　割
　　　　特別に付与された権限により，迅速且つ的確に事態の解決・収拾にあたる。
　　　　本社（本社対策本部）及び関係先に対する情報連絡・調整を行う。

① 現地対策本部には，本部長及び副本部長を置き，本部長は原則として発生事業所長が就く。

事態が複数の事業所にわたる場合は，関係する事業所長が速やかに協議し，現地対策本部長を決定する。

② 現地対策本部長のもとに，状況に応じ次の機能を分担する組織を置く。

広報・情報，諸官庁対応，総務支援，人事，現地処理，警備，情報連絡，対境対策，その他事態処理に必要な特別な組織

5, 危機事態処理に当たる指揮者等（対策本部長等）の権限

1) 特別権限の付与

危機事態処理に当たる指揮者等には，事態解決を目標に向け実行・収束させるため，緊張度に応じ特別の権限が付与される。

2) 対策本部が設置されない状況での権限

指揮者等に付与される特別な権限とは，その事態を的確・迅速に解決・収拾するために必要なすべての権限を言う。

但し，事後必ず，上位経営幹部に報告を行う。

3) 対策本部長の権限

① 対策本部が設置された場合は，各対策本部長に，その事態を的確・迅速に解決・収拾するために必要な全ての権限が付与される。

② 本社，現地の双方に対策本部が設置される事態の場合には，本社対策本部長は現地の事態処理に必要な権限を，迅速に現地対策本部長に委譲する。

③ 権限を受けた本部長は，その状況を適宜その上位経営幹部に報告する。

6, 指揮者等（対策本部長等）からの権限委譲の限界

危機事態発生の際，指揮者等（対策本部長等）に事情があり，その指揮が取れない場合は，予め定められた次席者（対策副本部長等）がその指揮に当たる。

初動体制時期を除き，それ以下の者への指揮権限委譲は行わない。

V，危機関連情報の収集と伝達の基本
 1，危機事態発生前・予兆段階
  1) 事態発展を早期に予測するため，組織・社員の情報感度の向上に努める。
  2) 感知した情報は，内容の如何にかかわらず上位職位者に伝達する。
  3) 伝達された情報は，客観的事実をもとに分析し，状況判断の上，以降の行動を決定する。
 2，危機事態発生後・処置段階
  1) 昼間・夜間・休日にわたる危機関連情報の連絡ルートを，予め明確に定める。その連絡ルートは経営幹部，関連部門全体にわたるものであること。
  2) 危機事態に関連する情報は，特に事実に基づいた連絡が出来るよう工夫し，推測・噂の情報が排除されるよう特に注意する。
  3) 伝達の過程で情報の変質が起きないよう，確実な伝達方法を取る。その情報の記録を確実に行う。
 3，危機関連情報の守秘体制
  1) 当社の従業員，役員は，みだりに社内外に，その危機事態に関連する情報を漏らしてはならない。
  2) 危機事態に関連する対外的な情報開示は，広報担当に一元化する。

VI，危機事態における広報対策の基本姿勢
 1，報道機関に対する基本姿勢
  1) 取材に対し，会社・事業所の方針に反した言動・対応は行わない。
  2) 取材に関係する報道機関各社に対しては，公平な対応を取る。
  3) 取材に対し，誠意を持って，迅速に対応する。特に記事締切時間に配慮した情報提供に留意する。
  4) 記者会見等に当たっては，文章によるコメントを必ず準備する。
  5) 危機事態においても，会社の経営方針を伝えるという「積極的広報」

姿勢を堅持して，報道機関に応接する。
  2，その他社外への通報・広報体制
    1）法令・協定・社内規程等で定められた事態発生時の関係諸官庁等への通報は，定められた通報体制に従い一元的・適正に行う。
    2）危機事態が発生し，対策本部が設置された場合は，納入先・仕入先・協力企業・地域住民，及び従業員家族等への事態に関する広報・連絡は，原則として対策本部の支持する内容により，指示された担当部門が一元的に行う。

Ⅶ，危機事態対策に当たる指揮者等の基本的心構え
  1，通常時における準備
    1）危機事態に指揮の任に当たると予想される管理者等は，通常時からこの「基本方針」・「基本マニュアル」等の理解・習熟に努める。
    2）危機事態における指揮者の責任と影響の大きさに鑑み，通常時から指揮者に求められる行動・態度の習得に努める。
  2，危機事態解決に当たる指揮者等の心構え
    1）「基本方針」に則り，的確に事態処理・解決の指揮をとる。
    2）指揮者の最大の役割は，事態に臨んで的確な内容で的確な時期に決断を下すことにある。
      時間的に余裕のない状況や連絡手段がない状況等においては，上位経営幹部への報告・相談・指示等を得ることなく敢えて決断する。
    3）的確な判断を下すため，事実に基づいた情報収集に努め，事態を客観的に観察し，組織配下のスタッフを縦横に活用することに努める。
    4）決断に迷うことがあっても，組織構成員に与える指揮者の影響の大きいことに鑑み，特に冷静・沈着な態度に徹する。

Ⅷ，危機予防体制の基本
  1，発生防止施策の実施

危機管理は，その発生原因を事前に取り除くことが重要であり，そのため普段の経営活動において，その発生防止の施策の実施に万全を期する。

2, 危機管理体制の維持・強化

危機事態を可能な限り早期に予測し，その予防体制を整備する努力を行う。その発生が予測不可能な事態の多いことに鑑み，平常時に危機管理体制の維持・強化に不断の努力を怠らない。

3, 予兆に関する情報の取扱い

予兆に関する情報は，可及的速やかに上位者に伝達し，その指示するところにより予防対策に万全を期する。

4, 諸官庁・報道機関に対する事前対応

諸官庁，報道機関に対して，通常時において当社の経営姿勢等が正しく認識されるよう情報交換に努める。

5, 危機に対処する教育訓練

1) 教育訓練の目的

「経営者・社員の危機管理マインドの高揚」，「危機対応組織の円滑運用」及び「危機管理に当たる指揮者等の心構えの習得」を目的に，特別な教育訓練を行う。

2) 教育訓練の方法等

危機管理に対処する教育訓練は，その効果を上げるため，効率的な方法・階層分けに従い実施する。

6, 危機管理体制の見直し

1) 危機管理体制は，当社の置かれた経営環境，及社内状況の変化にあわせ定期的に必要な見直しを行う。

2) 対策本部を設置した危機事態が発生した場合は，その事態が収束した段階で，必ずその事態の経過，原因，及び反省事項等を，対策本部において文書に取りまとめる。

その結果，「基本方針」，「基本マニュアル」，及び「緊急事態措置マ

ニュアル」等の改定を要すると認められる場合には，可及的速やかにその改定を行う。

IX, 危機管理の規定体系と所管部署

当社における危機管理を定める規定類の体系は，次による。

1, 「○○化学工業危機管理基本方針」

当社の危機管理の基本方針を定める最上位の規定とし，国内・国外にわたる事態処理，予防体制等の危機管理の規範とする。

「基本方針」の所管は，本店総務部とする。

2, 「○○化学工業危機管理基本マニュアル」（以下「基本マニュアル」という。）

危機事態が発生した際，本社対策本部の事態処理の具体的組織・手順・方法・内容等を定め，全社的基準となるマニュアルとする。

この「基本マニュアル」は，特に定める基準を除き，本社の具体的危機管理マニュアルを兼ねる。「基本マニュアル」の所管は，本店総務部とする。

3, 事象別・事業所別「○○緊急事態措置マニュアル」（以下「措置マニュアル」という。）

「基本方針」，「基本マニュアル」に従い，これらと整合性をもって，事象別・事業所別に危機事態が発生した場合，その対応・処置の具体的組織・手順・手法・内容等を定めた実戦的マニュアルとする。

このマニュアルに定めのない事象・事態が発生した場合には，「基本方針」，「基本マニュアル」の定めに従い，臨機に事態処理に当たるものとする。

「措置マニュアル」の所管は，それぞれの「措置マニュアル」に定める。

以上

危機管理基本方針　別表

○○化学工業における対象とすべき危機事態

1, 事故災害
   1) 地震，風水害などの自然災害により，当社の業務に重大な影響が及ぶ事態
   2) 当社設備等の爆発・火災で，当社の業務に重大な影響が及ぶ事態
   3) 製品の輸送途上，又は客先で事故を発生させ，重大な影響が及ぶ事態
   4) 当社情報システムの損傷・作動不能により，当社の業務に重大な影響が及ぶ事態

2, 製品の欠陥，公害
   1) 当社の現在，及び過去の生産活動により重大な公害・環境汚染を発生させる事態
   2) 当社の製品により人命にかかわる重大欠陥が発見された事態
   3) 汚染された当社製品が広範囲に出回った事態

3, 信用の失墜
   1) 当社の過失で重大な法規違反を犯し，当社の社会的信用を著しく損なう事態
   2) 当社の役員・社員の重大な非行・不祥事等により，当社の社会的信用を著しく損なう事態
   3) 当社の重要な機密が外部に漏洩し，当社に著しい信用失墜・経営的損失を与える事態
   4) 人権に係わる問題が発生し，当社の社会的信用を著しく損なう事態

4, 会社に対する犯罪
   1) 当社の財産及び業務に重大な損害を及ぼし、或はそのおそれのある爆破、放火占拠、破壊、恐喝、脅迫、製品への毒物混入等の犯罪が発生した事態

5, 当社の役員、社員に対する犯罪・事故
   1) 当社の役員・社員・それらの家族の生命・身体に危害が及び、或はその恐れのあるテロ、誘拐、恐喝、脅迫等の犯罪が発生した事態
   2) 当社の役員・社員が、重大な事故により死亡、或は負傷し、社会的な問題になる事態

以上

Ⅰ. 基本マニュアルの意義
1. この「○○化学工業危機管理基本マニュアル」(以下「基本マニュアル」という) は、「○○化学工業危機管理基本方針」に基づき、企業経営に関わる危機の発生が予想される場合または危機自体が発生した場合に、迅速かつ的確な対応が出来るよう、その対応組織、要領及び手順等を定めたものである。
2. 別に定める「緊急事態措置マニュアル」(以下「措置マニュアル」という) に規定する特定緊急事態の他は、この「基本マニュアル」に従い危機事態に対処する。
3. 危機事態が発生した際、「本社対策本部」の組織、活動要領等はこの「基本マニュアル」に従い対応する。
4. 関係会社の危機事態発生の場合についても、関係会社の要請に応じて、本「基本マニュアル」に基づき必要な人員、機材、及びその他の支援を行う。

Ⅱ．危機事態の定義とレベル基準
1. 本「基本マニュアル」が対照とする危機事項
1) 事故災害
    ① 地震，風水害などの自然災害により，当社の業務に重大な影響が及ぶ事態
    ② 当社設備等の爆発・火災で，当社の業務に重大な影響が及ぶ事態
    ③ 製品の輸送途上，または客先で事故を発生させ，重大な影響が及ぶ事態
    ④ 当社情報システムの損傷・作動不能により，当社の業務に重大な影響が及ぶ事態
2) 製品の欠陥，公害
    ① 当社の現在，及び過去の生産活動により重大な公害・環境汚染を発生させる事態
    ② 当社の製品により，人命に関わる重大欠陥が発見された事態
    ③ 汚染された当社製品が広範囲に出回った事態
3) 信用の失墜
    ① 当社の過失で重大な法規違反を犯し，当社の社会的信用を著しく損なう事態
    ② 当社の役員・社員の重大な非行・不祥事等により，当社の社会的信用を著しく損なう事態
    ③ 当社の重要な機密が外部に漏洩し，当社に著しい信用失墜・経済的損失を与える事態
    ④ 人権に関わる問題が発生し，当社の社会的信用を著しく損なう事態
4) 会社に対する犯罪
    当社の財産及び業務に重大な損害を及ぼし，あるいはその恐れのある爆破，放火，占拠，破壊，恐喝，脅迫等の犯罪が発生した事態
5) 当社の役員，社員に対する犯罪，事故
    ① 当社の役員・社員・それらの家族の生命・身体に危害が及び，あるい

はその恐れのあるテロ，誘拐，恐喝等の犯罪が発生した事態
② 当社の役員・社員が，重大な事故により死亡あるいは負傷し，社会的に問題になる事態
6) その他
上記以外の事態発生に伴い，当社の業務に重大な影響が及ぶ事態

2. 危機事態レベルの基準
1) レベルⅣ
　　対応組織の基準：発生事業所を超えて対応体制を必要とし，全社的対策本部（現地及本社対策本部）の設置を要すると予想される事態
　　影響度の基準　：広範なマスコミ報道が予測される等，企業イメージへの影響が大きくまた，その経済的損失が甚大に及ぶと判断される事態
2) レベルⅢ
　　レベルⅣの各規準の何れか一つの状況に至ると判断される事態
3) レベルⅡ
　　対応組織の基準：発生事業所内の複数の部にまたがって危機対応体制（現地対策本部或は現地連携対処組織）を必要とする事態
　　　　　　　　　全社的（本社）には連携対処組織で対応可能な事態
　　　　　　　　　注）「連携対処組織」とは通常組織体制のもとで，担当役付役員（事業所においては事業所長）の指示により関係部門が特別な情報連絡と連携により事態処理に当たる発生事業所内の，又は全社的組織体制を云う。
　　影響度の基準　：単発で簡単なマスコミ報道が予想されるとか，その経済的損失が相当に及ぶと判断される事態
4) レベルⅠ

レベルⅡに至らない軽微な危機事態レベルで，当該担当部において事態処理が可能な事態

Ⅲ. 危機事態発生時の情報連絡と初動措置
1. 危機事態発生時の社内連絡体制
1) 勤務中に発生・認知した時の措置と連絡体制
   ＜発生事業所＞
   ① 事態発生を認知した社員は直ちに所属長に報告
   ② 報告を受けた所属長は事態を所管する担当部室長に報告
   ③ 事態を所管する担当部室長はそのレベルを判断し，危機対応組織の発足の要否を含め，その情報を事業所長に上申し，所定の事業所内関係部室長に連絡する
   ④ 事業所総務担当部長は，その情報を速やかに本店当該事態所管部長に連絡する。
   ＜本店＞
   ① 発生事業所の総務担当部長から連絡を受けた本店当該事態所管部長は，その情報及びその事態に対応する本社危機対応組織の要否を含め，担当役付取締役に速やかに連絡する。
   ② 本店当該事態所管部長は，所定の本社関係部長に事態発生の情報を連絡する。具体的連絡先は，別紙連絡ルートによる。
   ③ 発生事業所が本店の場合も，上記の措置及び連絡体制を準用する。
※ 本店部署別緊急連絡網＜勤務時間内＞（別紙1-1）（別紙1-1A）
※ 各事業所部署別緊急連絡網＜勤務時間内＞（別紙2-1）
2) 勤務時間外における連絡体制
   勤務中に準じ，別紙連絡網による。
※ 本店部署別緊急連絡網＜休日・夜間＞（別紙1-2）（別紙1-2A）
※ 各事業所部署別緊急連絡網＜休日・夜間＞（別紙2-2）

2. 報告要領
1) 各部室長からの第1報は，次の事項のうち判明している事項を報告する。報告者，受領者ともに完璧を求めない。分かっている事項を取り敢えず緊急報告し，それ以外は第2報以下で補う。

　　a．危機事態の種別（何が起きたか）
　　b．発生の時期（いつ起きたか）
　　c．発生場所（どこで起きたか）
　　d．現在の状況（事案の概要，被害の程度など）
　　e．現在までにとった措置
　　f．今後の見通し

2) 緊急事態発生に関する情報連絡に当たっては，「緊急事態連絡表」を活用する。

　　※緊急事態連絡表（別紙3）

3) 緊急報告における留意点は以下のとおり
　　a．速やかにトップに伝えること（途中で滞留させない）
　　b．正確に伝えること（途中で事実を歪めない，必要な事実を隠さない）

　これらに不備があった場合，いずれも事態への適切な対応を困難にする恐れがあり，場合によっては経営者の立場を苦境に陥れる危険がある。

3. 危機事態レベルの決定
1) レベルの決定は危機事態の種類に応じて，それを所管する担当役付取締役がレベル及び対応組織を決定する。

　　但し，危機事態が二つの所管にまたがる場合は，社長が決定するものとする。

2) 現地におけるレベル決定は事業所長が行う。

　　レベルIからレベルIVへ危機事態がだんだんと悪化していく場合は，当該危機事態を所管する部室長は本店所管部長へ，その都度連絡するものとする。

3) レベルの変更

　　事態変化の状況に応じ，決定権者はそのレベルの変更を的確に実施する。

4. 初動措置

　　危機事態を所管する当該部室長等は，対応組織の決定以前であっても，事態を沈静化するため必要な初動措置を速やかに実施するものとする。

Ⅴ．危機対応の組織
1. 本社対策本部または本社連携対処組織設置基準

　　本社対策本部または本社連携対処組織は，危機事態が発生し，事態所管の部室長の上申を受けた当該危機事態所管の担当役付取締役が，レベル決定のうえ設置する。

2. 本社対策本部長等の任命基準

本社対策本部長の任命基準を次のとおりとし，原則として社長が任命する。
　①　原則として事態所管部門担当役付取締役が，本社対策本部長に就く。
　②　事態の規模，状況により本社対策本部長が前項に依らない場合は，社長が決定する。

　　尚，本社連携対処組織の統括者は，当該危機事態所管の担当役付取締役，又はその任命する者とする。

3. 本社対策本部の構成と各班の任務
1) 構成

```
本社　対策本部長 ──┬── 統括班
      │           ├── 総務班
      └── 副本部長 ├── 官庁班
                   ├── 人事班
                   └──（現地対策本部）
```

2) 任務

対策本部長：事態処理に必要な権限を付与され，これに伴い通常の指揮命令系統を超えて次の任務により事態処理に当たることができる。

　　全社的対処方針の指示と実態解決に関する意思決定
　　対策本部の統括
　　関係諸官庁上層部との連絡
　　マスコミ担当スポークスマンの決定
　　現地対策本部の指揮
　　社長への報告

副本部長　：対策本部長の補佐（冷静沈着に参謀としての機能を発揮）
　　本部長不在時の本部長代行

統括班　　：情報の収集，集約，分析
　　対処方針，戦術の検討，本部長の意思決定の補佐
　　情報管理
　　現地対策本部との連絡
　　必要に応じ現地へ派遣する統括，広報要員の人選
　　取引先等への連絡指示業務
　　記録の作成
　　その他対策本部長が命ずる事項

総務班　　：マスコミ動向に関する情報の収集，集約，分析
　　記者会見室及び控室の設営準備
　　広報文書の作成
　　社外文書の作成（マスコミ対策）
　　社内広報の実施
　　対策本部の設営
　　資器材（救援物資を含む）の調達，管理
　　通信回線の確保

　　　　　　　対策本部の庶務，経理，補給

　　　　　　　訴訟対策

　　　　　　　法制調査

　　　　　　　他班業務への法的側面からの支援

　　　　　　　その他対策本部長が命ずる事項

　　　官庁班　：関係諸官庁への連絡方針及び連絡内容の検討

　　　　　　　関係諸官庁との事務レベル連絡

　　　　　　　対策本部長が行う関係諸官庁連絡の補佐

　　　　　　　その他対策本部長が命ずる事項

　　　人事班　：社員の安全確認統括

　　　　　　　家族対策方針の検討

　　　　　　　家族対策の実施

　　　　　　　現地応援要員の人選

　　　　　　　救援物資の配給，運搬，管理

　　　　　　　その他対策本部長が命ずる事項

　（注）上記の他，対策本部長は事項の状況によって必要な対策班を追加あるいは統合・削減して編成し，又各班の任務分担を変更することができる。

3）具体的な要員・編成は※別紙4-1「本社対策本部編成表（事故・災害・公害・欠陥商品の場合）」，別紙4-2「本社対策本部編成表（信用失墜・会社に対する犯罪の場合）」に基づき組織する。

　　編成表に定めない事態の際は，別表4に準じて本社対策本部長が本社対策本部を編成組織する。

　　本社対策本部長は事態の状況に応じ，その編成・組織を追加・統合・削減することができる。

Ⅳ．現地対策本部または現地連携対処組織の設置

1）現地対策本部または現地連携対処組織は，危機事態が発生し，事態所管

の部室長の上申を受けた事業所長がレベル決定のうえ設置する。
2) 現地対策本部の構成は，本部長，副本部長のもと広報情報班，官庁班，総務支援班，人事班，現場処置班，警備班，情報連絡班，対境対策班，その他事態処理に必要な特別班とする。現地対策本部長は危機事態の状況によって，必要な対策班を追加あるいは削減して編成するものとする。但し，「措置マニュアル」等に定めるものについてはこれに従うものとする。
3) 現地対策本部長又は現地連携対処組織の統括者は，原則として事態発生の事業所長がつく。
　事態が複数の事業所にまたがって発生したり，その事態処理が複数の事業所での対応を要する場合は，関係する事業所長が速やかに協議の上決定する。

Ⅴ. 本社対策本部各班の措置要領
　※「本社対策本部各班措置要領」（別紙5）に従い事態措置に当たる。具体的には本社対策本部長の指示するところにより対策本部各班が一体となって，事態の収拾に努める。

Ⅵ. 現地対策本部各班の措置要領
1) 現地の実情を加味し，本社対策本部各班の措置要領に準じて措置するものとする。
2) 各事業所において「事態措置マニュアル」に定められたものについてはそれに従うものとする。

Ⅶ. 危機事態措置の修了
1) 対策本部及び対応組織の解散
　① 危機事態措置が完了したと本社対策本部長が判断した場合は，本社対策本部を解散する。
　② 現地対策本部の解散は，前項に準じ現地対策本部長が決定する。

③　本社連携対処組織及び現地連携対処組織の解散は，第①項に準じて各組織の統括者が決定する。
④　対策本部長及び連携対処組織の統括者は，危機対応組織の解散を社内の関係部門及び必要な社外の部署に連絡する。
2)　事態処理結果のまとめ
　　①　処理の経過，要領，結果について統括班長もしくは当該危機事態を所管する部室長は，最終的に報告書としてまとめ，対策本部長もしくは担当役付取締役に報告するものとする。
　　②　報告を受けた本部長もしくは担当取締役は，その報告書の保管，管理を総務担当部長に命ずるものとする。

第6節　ケース・スタディ
――某化学工業会社の基本マニュアル――

　1992年1月17日，午前6時50分頃，米国系多国籍企業「フィリピン・ディオ・マサール社」の副社長でフィリピン米国商工会議所副会頭のマイケル・J・バーンズ氏（当時41歳）が左翼ゲリラ組織「新人民軍」（NPA）の過激部隊「RSG」のメンバーによって誘拐された。
　バーンズ氏が乗ったメルセデス・ベンツが，マカティ・メトロ駐車場の前で，四輪駆動車のパジェロに乗り，拳銃やUZI機関銃で武装した「RSG」の4人組に道をふさがれ，パジェロで連れ去られたのである。誘拐されたのはバーンズ氏だけであり，同氏の運転手と車両はその場に残された。そして，当日の午後，NPAから2,000万ドルの身代金支払いの要求があった。
　バーンズ氏は92年3月18日，フィリピン警察の特殊部隊によって61日ぶりに無事救出されたが，NPA側に身代金を支払ったかどうかは一切明らかにされていない。
　この事件の犯行の目的およびバーンズ氏が営利誘拐の標的にされた理由として考えられることは，まず同氏の所属企業の，フィリピン・ディオ・マサール

図3-5 バーンズ氏誘拐事件の発生要因と対策

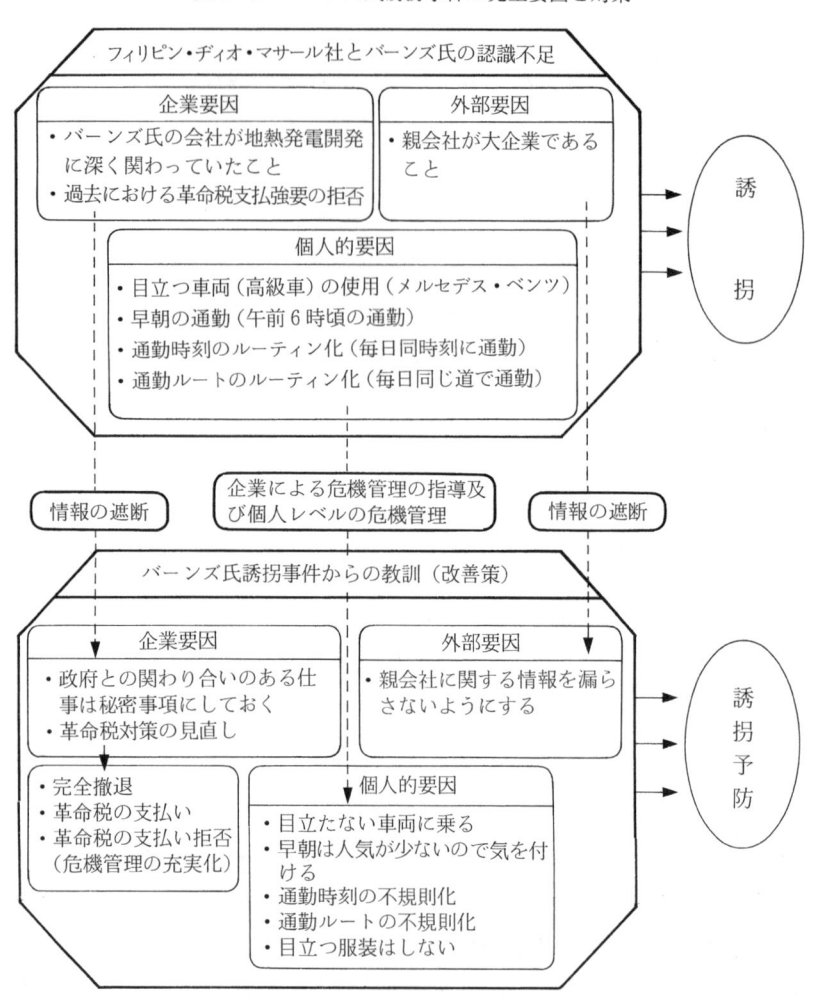

フィリピン・ディオ・マサール社とバーンズ氏の認識不足

企業要因
- バーンズ氏の会社が地熱発電開発に深く関わっていたこと
- 過去における革命税支払強要の拒否

外部要因
- 親会社が大企業であること

個人的要因
- 目立つ車両（高級車）の使用（メルセデス・ベンツ）
- 早朝の通勤（午前6時頃の通勤）
- 通勤時刻のルーティン化（毎日同時刻に通勤）
- 通勤ルートのルーティン化（毎日同じ道で通勤）

→ 誘拐

情報の遮断　企業による危機管理の指導及び個人レベルの危機管理　情報の遮断

バーンズ氏誘拐事件からの教訓（改善策）

企業要因
- 政府との関わり合いのある仕事は秘密事項にしておく
- 革命税対策の見直し

外部要因
- 親会社に関する情報を漏らさないようにする

- 完全撤退
- 革命税の支払い
- 革命税の支払い拒否（危機管理の充実化）

個人的要因
- 目立たない車両に乗る
- 早朝は人気が少ないので気を付ける
- 通勤時刻の不規則化
- 通勤ルートの不規則化
- 目立つ服装はしない

→ 誘拐予防

（大泉光一　作）

社がフィリピンの地熱発電開発に深く関わっていたことがあげられる。NPA側は，地熱発電事業を遅らせることによって，同国内の電力不足を助長させて政治不安を引き起こさせることを目的としていた。また，フィリピン・ディオ・マサール社の親会社であるユニコオル社は国際的に知られた米国の多国籍企業であることから，NPAは活動資金を獲得する目的でバーンズ氏を誘拐したと考えられる。

　なお，バーンズ氏は1991年8月に，ケソン州に拠点を持つNPAから，当時勤務していたラグナ州プラントに革命税の支払いを強要されたが，その支払いを拒否し，これを契機にバーンズ氏はマカティー本社に勤務地を移した経緯があった。この誘拐事件は革命税の支払い拒否に対する仕返しに標的にされた可能性も考えられる。

　この事件は企業レベルおよび個人レベルの危機管理の不備と革命税支払いの強要を拒否した後の対応方法の誤りが表面化した事例といえる。図3−5は，この誘拐事件における発生要因と教訓を図式化したものである。これによるとバーンズ氏の誘拐防止対策で欠けていた点として，まず第1に本人が几帳面なために，フォルペスパークの自宅から，毎日同じルートで通勤していたこと。第2に，毎日同じ時間に自宅を出て，ほとんど同じ時間に毎日出社していたこと。また，通勤時間が早朝のために交通量も少なく，人気もなかったことである。第3に，過去の革命税の支払い強要を断り，危険を感じて勤務地を変えたにも関わらず，無警戒または非武装であったこと等が指摘される。

　テロやゲリラが活動している国または治安の悪い国へ進出する企業およびビジネスマンは，企業レベルおよび個人レベルの危機管理が重要となる。

　個人レベルの危機管理および企業が派遣社員に最低指導すべき点は，通勤時はバーンズ氏のように，同じルートを通勤するのではなく，3種類くらいの通勤ルートを不規則に使うようにすることがあげられる。誘拐犯人は誘拐を実行する前に事前に下見をして十分な計画を立てるので，通勤ルートを不規則にし，なるべく大通りを通るように心がけ，人気の少ない早朝の出勤は避けるようにする。また，バーンズ氏が乗っていたような高級車で通勤するのではなく，

現地で一般的に使用されている車両を使うことで目立たなくする。

通勤時間に関しては，通勤ルートと同様に不規則にすることで把握されにくくする。

バーンズ氏の最大のミスは過去に NPA から革命税の支払い要求を受け，これを断ったにも関わらず，勤務地を変えただけで，前述したように無警戒であったことが指摘される。

参考文献：
1） Richard J. Healy & Dr. Timothy J. Walsh, *Principles of Security Management*, Professional Publications, 1985, p. 25-49.
2） Norman R. Bottom, Jr. & John L. Kostanski, *Introduction to Security and Loss Control*, 1990.
3） "Security: The Essential Corporate Asset", *The Wall Street Journal*, August 10, 1978. Special Supplement on Security.
4） "Corporate Security: Top Management Mandate", *Dun's Review*, January 1980, p. 94.
5） "Security: A Concept and a Management Technique", *Fortune*, September 1974, p. 47.
6） "American Society For Industrial Security", *Security Management*, January 1980, p. 43.

第4章

国際テロリズムの脅威管理
――脅威評価の方法論――

第1節 脅威と脅威評価

　脅威とは，危機の発生を暗示するメッセージであり，潜在的な可能性を警告する環境である。脅威は，人為的なものであり，概して自然災害や労働争議などとは無関係であるが，それは，環境の悪化が目に見えない形として現れる一つの形態であるといえる。脅威は潜在する危機の前兆であり，日常生活の中では，それは気付かれないことが多い。例えば，テロリストが海外で日本のNGO関係者を標的に選定したとする。このことは日本のNGO関係者の側にとってはまったく知る余地がない。しかし，テロリストがその人物を標的にした時点から，それはその人物にとっての脅威となるのである。誘拐・拉致事件において，それが突然発生する予測できないものであると，考えられているのはこのためである。しかし，先に述べたように，脅威は環境の変化として現れるものである。例えば，テロリストがNGO関係者などを誘拐・拉致する際には，必ず綿密な情報活動を行うのである。その内容は，標的にした人物のパターン化した日常生活，ルーチン化した通勤ルートおよび通勤手段，スケジュール，それらの状況などを調べて，より確実な方法で目的を達成するための準備なのである。そうした兆候を的確に察知することによって回避をはかり，対応策を練ることが可能となるのである。また，危機の発生には，必ず原因と結果が伴

い，その原因が危機を誘発するものである。そうした要因も一つの脅威の形態としてとらえることができるのである。したがって，そうした脅威を排除することが，重要となってくるのである。

　また，脅威とは可能性である。先に述べたように，テロリストがたとえ標的を選定しても，それが実行に結びつくとは必ずしも断言できない。日本人のNGO関係者やテロリスト側の状況の変化によって，危機として発生するかどうかは変わってくるのである。このことは危機管理によっては，その回避が可能であることを示すものである。テロリズムとは，弱者の手段であり，彼らは基本的に楽な標的を（soft-targets）を偏好する。したがって，テロリストは危機管理体制を十分に整えている組織や人物を，標的リストから除外するのである。それゆえに，組織に対しても，個人に対しても危機管理の充実が求められるのである。いずれにせよ，危機は，企業や個人の側の要因によって発生することが多いのである。

　以上の点を考えると，脅威は，弱点（Vulnerability）＋リスク（Risk）で表わされる。すなわち，さまざまな弱点およびリスクを放置しておけば，それが危機に発展する必然性が生じるということである。ここでいう弱点とは，法の執行状況，警察や軍の能力および状態，外部援助の有無，本質的な標的の可能性，危機管理体制の不整備・不拡充，などが含まれる。また，リスクは，自然および人間が引き起こす可能性のあるものを含むが，テロリズムによって引き起こされたものは，人的リスクといえる。こうした弱点およびリスクはそれ自体が危機を発生させる要因となる。したがって，それらを認識し，本質的な脅威を見出す必要があるのである。このリスクと弱点の分析こそが，まさに危機管理計画の立案の開始を可能にするのである。言い換えるならば，脅威というものを正確に認識することによってはじめて，そのレベルを順序立てて見ることができ，その成果および脅威に対応するために必要な情報の割り当てを行うことができるのである。そうした分析結果に乗っ取って，予測される事態のために計画された対応策を本来あるべき状態に保ち，不足している情報や人材を順序立てて組み合わせることによって，いかに脅威を排除するかを認識する

ことができるのである。つまり、脅威評価を行うことは、効果的な危機管理活動を実施する前提であるといえるのである。

第2節　脅威評価の方法論

　危機管理を行ううえで、最も重要な不可欠要素として、危険評価（Risk Assessment）と脅威評価（Threat Assessment）がある。

　まず、危険評価（リスク・アセスメント）とは、出張や中・長期滞在する国における犯罪率、テロ組織の活動状況、犯罪の特徴などを把握し、分析・評価して対応策を導き出す作業である。

　次に、脅威評価（スレット・アセスメント）とは、テロ、革命、戦争、内乱というような誰の目にも明らかな危機状況を分析するのではなく、日常の生活環境の中で、それが目に見えない形でいかに劣化しているかを分析し、それが何時、どこで、どのようにして本格的な危機的状況に発展するのか、その可能性を分析し、察知する作業である。したがって、脅威評価とは、環境・脅威・友好状態および標的への衝撃を分析し、脅威の予防あるいはその対応のために方向付けられた計画行動であるといえる。

　脅威評価の方法論は、未だに確立されていない。その理由は、基本的にこの問題に対する関心の薄さであるといえる。リスク・マネジメントは大恐慌からの教訓であり、クライシス・マネジメントがキューバ危機に端を発しているならば、脅威評価の必要性を真剣に考えるようになったのは、一九七八年のイラン革命からである。当時、米国は事前にイスラム教シーア派指導者ホメイニ師によって革命が起きることを予知できず、在イラン米国大使館員ら百人以上が人質に捕られるという苦い経験をした。

　脅威評価は、最も困難な課題の一つであり、日本政府も企業も最も不得意とする分野である。しかしながら、この脅威評価を怠った危機管理は、万一、事件や事故が発生した時には、常に後手に回って問題に対処せざるを得なくなり、時にそれは政府や企業にとって手に負えないような事態にまで発展することが

ある。したがって，日本は欧米諸国のように効果的なインテリジェンス（諜報）機関を持たないという特殊事情もあるが，2001年9月11日の米国における同時多発テロ事件を契機に今後，日本政府や企業は早急に何らかの対策を講じなければならないのである。

完璧な脅威評価分析には，脅威評価の公式《（脅威＝リスク＋弱点＋ニーズ）の評価・分析》》を認識しなければならない。ここでいうニーズには，使命と必要条件が含まれ，環境および関連する要件，標的の形態を総括的にみる，なども含まれている。脅威評価の方法は多種多様であるが，代表的な手法は次の通りである。

(1) **定量分析**

公開されている一般情報の統計的処理による指標を用いて脅威を分析・評価する。カントリーリスク分析によく使用されるが，債務問題と異なり，単に経済的指標だけでなく，社会・政治的要素を評価する必要があり，現実には極めて困難である。

(2) **現地社会に影響力のある人物を通しての情報の入手。**

(3) **リコネッサンス（reconnaissance：探索（活動））**

本国からテロ対策の専門家を派遣し，脅威の現状を専門家の眼と肌を通して評価する。

(4) **シナリオを描き，シュミレーション化する。**

知見をもとに，考えられる全ての脅威の可能性およびその発展傾向のシナリオを検討する。

(5) **現地専門家の様々な情報を集積して分析・評価する。**

(6) **周辺国情報分析**

当該国の実情を把握できない場合，国境を出入りする商人や難民からの情報を分析して脅威を評価する。

(7) **危険要素のチェック・リスト分析，などがある。**

外交官などの特定の個人または企業（施設等も含む）に対する脅威評価は，前記の方法などを用いて，その地域で活動しているテロリストやマフィアたち

の立場に立って実施しなければならない。つまり，彼らがその目的を達成する上で，何が標的として最も有効的か，そしてそれを成功させるための最善の攻撃方法はどのようなものか，革命税や戦争税の支払い強要，爆破，脅迫，エグゼクティブの誘拐，暗殺，製品汚染，その他のいずれかを分析しなければならない。また，彼らの過去の攻撃パターンはどうであったか。身代金の要求金額および解決額はどうか，誘拐された被害者の解放率と殺害率，あるいはグループ同士の協力または敵対関係はどうか，反政府組織，学生組織，労働組合，ジャーナリズム，国家権力との関係はどうか，などについて慎重に検討しなければならないのである。

　図4－1はテロリズムの脅威評価方法を示したものである。これによると，一般的に脅威評価は，①使命分析，②対象国の政治・経済・社会環境の分析，③リスク（危険）の認識，④友好的状態の分析，⑤標的の分析の五つに分類されるが，これらの中で⑤の標的の分析が最も重要となる。なお，標的の分析は，歴史，能力，弱点，価値，成功の可能性の評価を正確に行わなければならない。

　まず歴史は，過去にテログループが標的とした人物や施設，その戦術およびそのテロ行為が（テロリスト側と標的にされた側）成功したかどうかを調査することであり，そうすることによって，特に標的にされそうな人物や施設の優先順位を知ることができる。

　能力は，知ることができる範囲で，テロ組織の人材（経歴，性格，カリスマ性，特技など），軍事訓練，所持している武器（銃器の種類，NBC（核・生物・化学）兵器の種類および弾薬（プラスチック爆薬，セムテックス爆薬，化学物資（農薬，ニトログリセリンなど）の種類，国内外のテロ・ゲリラ組織およびマフィア組織との提携および支援状況，活動資金源などに関して綿密に調査して認識することである。

　弱点については，再度標的の弱点を十分に認識しなければならない。既成概念にとらわれた見解や固有の弱点ばかりではなく，状況的および業務的弱点も知る必要がある。また，標的への興味，目に見えるものおよび接近などの問題も認識することが重要である。

図4-1 テロリズムの脅威評価方法

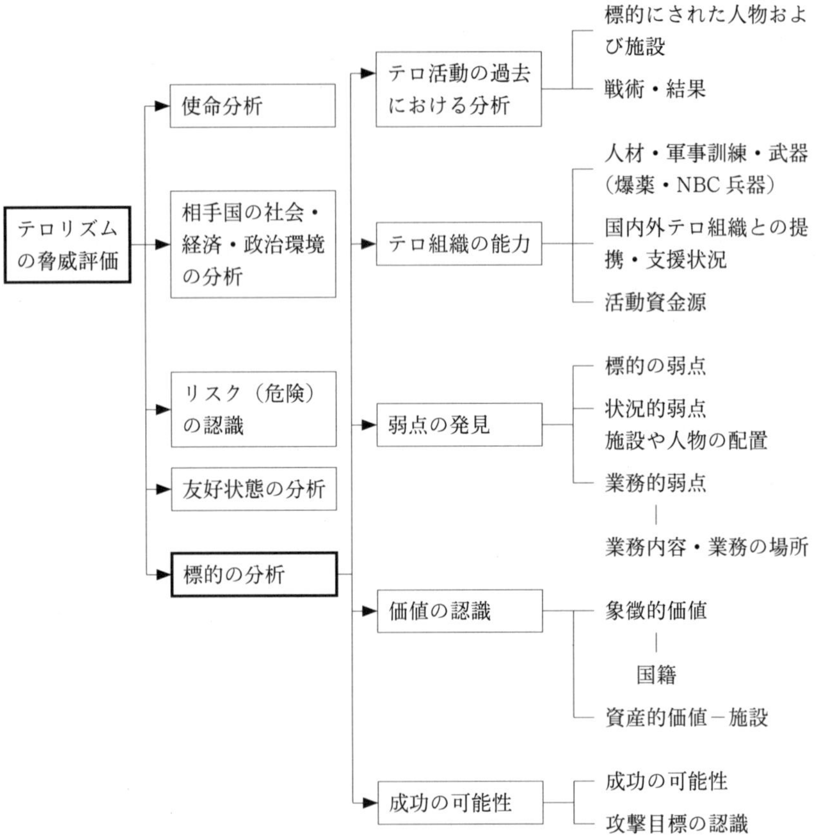

```
テロリズム      使命分析           テロ活動の過去      標的にされた人物およ
の脅威評価                        における分析       び施設
                                                  戦術・結果
               相手国の社会・
               経済・政治環境                       人材・軍事訓練・武器
               の分析              テロ組織の能力     （爆薬・NBC兵器）
                                                  国内外テロ組織との提
                                                  携・支援状況
                                                  活動資金源

               リスク（危険）                       標的の弱点
               の認識              弱点の発見        状況的弱点
                                                  施設や人物の配置
               友好状態の分析                       業務的弱点
                                                    │
               標的の分析                          業務内容・業務の場所

                                 価値の認識        象徴的価値
                                                    │
                                                   国籍
                                                  資産的価値－施設

                                 成功の可能性      成功の可能性
                                                  攻撃目標の認識
```

（大泉光一 作）

　価値は，象徴的価値と資産的価値の評価である。象徴的価値とは，例えば，日本と関連のある標的の破壊であり，こうした標的の多くは，単に日本と関係があったという理由で狙われたりする。資産的価値とは，組織にとって本質的に重要なものであり，それ自体に価値があるものである。

　最後の成功の可能性であるが，これは特別な標的への攻撃の成功の可能性を見極めることである。テログループは我々が考えるよりも，成功の機会を高く

見込むという本質的な見解がある。この成功の可能性の検討は，テロリストの攻撃目標を確認するということと関連する。しかしながら，テロの手段がどのようなものであれ，脅威評価の要点はありふれた情報から危険要素（indication）を見出し，その発展パターンを読んで，危険要素を出す専門家の能力次第である。したがって，脅威評価を行う上で，方法論が確立されていて，さらに脅威評価を継続して行う公的機関や組織が存在することが必要不可欠である。そして何よりも日常における何気ない変化をも敏感に嗅ぎとることのできる研究者や調査員が確保されていなければならないのである。ただ，専門家の人材育成には5〜10年と極めて長期の訓練を必要とするため，人材不足は致命的となっている。それ故に，人材育成または確保は急務とされなければならない。とくに日本の場合，内閣情報官，外務省の国際情報収集関連部署および在外公館警備室，法務省公安調査庁，警視庁国際テロ対策室などの公的機関に入所して「危機管理」や「国際テロ組織」の脅威評価分析を担当する専門家になるためには，まず原則として各種公務員試験に合格しなければならない。つまり，入所してから各機関の研修所で初めて専門教育を行うのであり，そのため理想的な人材が育たない極めて深刻な問題がある。こうした問題を解消するためには，人事院が大学または大学院で「危機管理学」や「国際テロリズム研究」を専攻し，十分な語学力と専門的な知識を持っている即戦力のある人材を一般公務員とは別枠で採用する方法を真剣に検討すべきである。

　なぜならば，大学および大学院における公務員試験のための勉学と「危機管理学」や「国際テロリズムのマクロおよびミクロ研究」の専門的な勉学と同時に両立させることは困難なのである。

　以上，脅威の意義と脅威評価の方法論について検討してみたが，まず何よりも危機管理を行う上で，脅威評価はなくてはならないものであるということが理解される。そしてそれは，日常的および最新のものでなければならない。正確に指導された脅威評価は，それぞれの計画の主要な構成要素や危機管理計画となる。脅威が正確に理解されれば，適切な対応策や手続きを確立することが出来，要求される情報や援助組織を振り分けることが可能となり，必要な人材

をも確保・訓練・準備することができるのである。このような認識なしに予防策や対応策を考えることはできないのである。

第3節　脅威評価のための情報収集活動

定期的に脅威評価（Threat Assessment）[1]の管理を行なうことは，危機管理チームの最重要責任のひとつに数えられる。脅威評価は，脅威を設備，組織，地理的環境，スタッフなどに要約した特定のステートメントを開発する際に使われる[2]。

脅威評価の開発に必要となる情報はたいてい新聞，雑誌，書籍，特別リポートのような公開情報源のなかから収集することが可能である。事件発生は常にメディアによって報道され，全世界のさまざまなテログループの活動やテロリズムの形態は新聞や雑誌によって報道されている。また，テロ研究の専門家や政府機関（外務省，公安調査庁等）によって，世界中のテロ組織，テロ活動などに関する論文や報告書も発表されている。

危機管理チームのメンバーは全員，新聞，雑誌の講読，脅威評価に貢献しうる情報の要約，危機管理チームのミーティングにおける要約の報告に関して責任を持たなければならない。特別な出版物についても重複を避けながら各メンバーに振り分けられる。同様にして，出版されているテロリズムに関する書籍や報告書にもこのアプローチが適用される。

一般情報の収集に関していえば，その責任はグループのメンバーに分担されている。このなかでインテリジェンス機能に責任があるメンバーは，テロ事件のデータバンクの開発と維持を行なうことが組織の規律や法律に違反しないかぎり，この任務を果たさなければならない。つまり，多くの政府や法執行機関は，彼らが収集・維持する情報に関して明確な制限をしているのである。データバンクの構築は，データをファイルカードかデータベースを管理するコンピューターのソフトウェア・システムに導入することで容易に実現できる。脅威度の高い標的もしくは施設に関して責任を負う危機管理チームは，他のチャンネル

を通して効果的な情報が入手できない場合において，（新聞・雑誌の）切り抜きサービスか特定の脅威評価の情報提供サービス会社（米国のクロール・アソシエイツ社や英国のコントロール・リスク・インフォーメーションサービス社等）との講読予約によって入手することになる。

脅威評価の開発に使用される情報は，諜報機関によって収集されたインテリジェンスと，法執行機関によって作成される刑事情報がある。これは通常，企業など民間部門には提供されず，必要な場合にかぎり諜報および法執行機関だけに公開される。危機管理チームにとってこの情報を入手する最良の方法は，適切な機関との連絡網を構築することである。こうした機関が所持している情報すべてが供給されるわけではないが，それでもスレット・ステートメントに関連するデータの入手は可能となる。データの入手が認可されていない情報についてはもちろん供給を受けることはできない。また，入手可能な情報の供給は合法的に，かつそれぞれの機関の手続き処理上のガイドラインにのっとった方法で行なわれる。

このようにして情報は入手できるものの，問題はこれをどうするかである。情報そのものは把握できるが，脅威評価とスレット・ステートメントは有効となる全情報の統合の結果導き出されるものである。

情報の評価とスレット・ステートメントの開発において考慮すべき事項は以下のとおりである。

(1) テロリストの活動範囲に自分の地理的領域が含まれているか。
(2) テロリストは，私たちが護衛している人物と同等の人物を標的として攻撃しているか。
(3) テロリストはどんな戦術を使っているか。
(4) 私たちの領域において，テロリストに関するインテリジェンス収集活動の示唆があったか。
(5) テロリズムに結びつく破壊活動分子の動きは同領域内で発生しているか。

スレット・ステートメントは，テロリストによってもたらされる潜在的な脅威に大いに関係してくる。脅威に対する弱点の評価（Vulnerability

Assessment)⁽³⁾と，この弱点を迎え撃つための対策については，スレット・ステートメントの一部分とはならないため，後で説明する。スレット・ステートメントは，インテリジェンス機能に責任を負う人物によって準備され，危機管理チームによる承認と少なくとも3ケ月ごとの再考が必要となる。もし，紛争地域のような脅威度の高い地域で護衛活動を行なう場合は，ステートメントの見直しを少なくとも1ケ月ごとに実施しなければならない。

第4節　弱点の評価

スレット・ステートメントの開発は危機管理チームの第1の任務である。第2に弱点の評価が行なわれる。危機管理チームのメンバー全員が参加する弱点の評価には，次の4つの分野がある。

(1)　操業上の安全管理（Operations Security）
(2)　施設の安全管理（Physical Security）
(3)　人的安全管理（Personnel Security）
(4)　コミュニケーション上の安全管理（Communications Security）

テログループが企業活動に対して攻撃を仕掛けるためには，彼らが企業の開発したテロ対策と，これを含めた操業上の安全管理について評価する能力を持たなければならない。テログループはこの操業形態を認識し予想するために，事務所，工場，その他の施設の近くにテロリストを数日間見張らせる場合がある。彼らはすべての人の出入りを記録し，出荷手順，警備員のスケジュール，駐車場，ドアやゲートの開閉時間，その他の操業形態のパターンを徹底的に調査する。また，これら操業活動の様子を写真に撮り，施設に出入りする業者の名前も記録する。

ここでテログループは，潜在的に標的となりうる人物に関する情報収集も怠らない。彼らは，直接の目的を達成するために計画的なテロ事件を実行するにあたり，最大限の情報を提供してくれる標的を選定するのである。こうした情報収集を困難にさせることが可能になれば，テログループは別の標的を選定せ

ざるを得なくなるのである。

　爆弾は依然としてテロリストの主なテロ手段となっている。そのためテログループは企業に爆弾脅迫の電話をかけ，ビルからの避難の実施などその対応を評価する。企業側が避難計画を発動した場合は，テログループ内の監視チームがこれをチェック，避難先まで確認している。これら一連の実態を認識することで，テロリストは事態を最大限効果的にするのである。彼らは爆弾脅迫の電話をかけ，避難を待ち，そしてその避難場所で実際に爆弾テロを行なう場合がある。

　施設の安全管理は，企業の弱点を評価するうえで重要となるもうひとつの点である。防御すべき施設へのアクセスは（権限委譲または他の方法によって）どの程度容易に実行できるのか，フェンスもしくは防御網は維持されているのか，ドアや窓の安全対策はとられているのか，各領域へのアクセス・キーは誰がもっているのかなどはその例である。

　法執行機関の多くは犯罪防御プログラムを持ち，施設の安全管理調査チェックリストを提供している。こうしたチェックリストはまた安全管理関係の出版物，書籍，マニュアルなどで利用できる。危機管理チームによるチェックリストは，とくに企業活動と設備のチェックリスト開発が基礎となっている。これはいくつかの実行可能な調査形態からなり，必要性に応じてこれらを統合・修正する。危機管理チームで検討された後，最終的なフォーマットが開発される。このフォーマットは危機管理チームによって毎年あるいは主要施設の変化があればいつでも再検討される。さらに重要な点として，物質的弱点の評価・確認についても（少なくとも年1回）検討すべきである。

　もし大規模な施設（例えば公共・軍事施設・工場プラント）があれば，毎月一施設ずつでも調査は実施すべきである。脅威度の高い地域に施設があれば，3ケ月ないし6ケ月ごとの調査が必要である。

　調査実施に関わる責任はチームのメンバーでローテーションを組み，各調査に1〜2人のメンバーを携わらせなければならない。こうして活動の日常化を防ぎ，それぞれの「調査員」がそれぞれの見地から任務を遂行する状況をもた

らすことになる。こうした責任のローテーション化によって，1メンバーが見落とした弱点を他のメンバーが確認し，すべての基礎がカバーされることが立証されるのである。

　人的安全管理分野の弱点評価はそれほど難しくはないが，この領域の脅威に直面することは，対テロ行動においてもっとも挑戦的な責任のひとつとして数えられるのである。この脅威は2つの見地から評価できる。

　まず第1に，もっともテロリストの標的にされそうな人物は誰で，それがなぜかという点である。ほとんどのテロ事件の目的は宣伝活動にあり，著名な人物が危険にさらされている。パブロ・ピカソは多くのテロリストの攻撃リストに載っていたと考えられている。政治家でもないのに標的とされていたのは，彼を狙うことによって世界的な宣伝効果が保証されていたからである。

　人的安全管理の弱点を判断する材料として考慮すべき二つ目の点は，誰が何にアクセスできるのかという点である。つまり，誰がどんな情報にアクセスできるかを，安全対策に対する態度とともに把握しなければならないのである。

　テロリストは，彼らが標的とする施設で働く従業員から貴重な情報を収集することができる。例えば，ある従業員はバーで知り合った見知らぬ人に対して会社の内部のことについて話をするかもしれない。また，破壊活動分子の思想に同情的で，彼らから要求される情報すべてをテログループに流すかもしれない。そうすると，テロリストあるいは支援メンバーによって施設や組織への潜入が実施されることになるのである。

　こうした脅威に効果的に対処するためには，まず従業員に対してこうした脅威が存在することを認識させ，管理に協力するように要請することである。しかしながら，不幸にもいくつかのケースでは，テロ活動の主要ターゲットとして狙われている人物が脅威の現実を拒否し，対策支援を受け入れないことがある。例えば，NATO（北大西洋条約機構）のドジアー米軍准将が誘拐の標的となる可能性は事前に知らされていた。しかしながら，彼は脅威はおろか，安全管理体制を確立するようにという勧告をも無視，安全対策を施した住居での生活を受け入れなかったのである。その後も彼は一般人と同じ環境下に住み続

け，配管工に変装したイタリアの左翼過激派組織赤い旅団（BR）のメンバーに誘拐され，数ヶ月間人質生活を送ることを余儀なくされたのである[4]。この事例は，住居内の技術的な面の安全対策だけでなく，人間的な面での管理も重要であることを示唆している。

多くのケースにおいていえることであるが，ハイリスクをかかえる標的全員に24時間ボディガードを派遣するほどの余裕はない。したがって一度標的とされれば，セルフ・ディフェンスに関する主要責任は個々が受け入れなければならないのである。例えば，事務所や自宅周辺の不審な人物や活動に対する警戒，居住地の安全性確保に始まり，ドアの外側の人物を確認せずにドアを開けないこと，家族や従業員は，不審な人物や出来事に関する連絡をしかるべきところにすることを確実にしなければならないのである。

主要人物がハイリスク下にある場合は，ボディガードもしくはパーソナル・セキュリティの派遣が不可欠である。その際，ボディガードとして起用する人物について，その資格，適性，個人のバック・グラウンドを含めた人物把握が必要である。同時にガードされる人物は，ボディガードの義務について，その義務の実行にあたり必要とされる協力の方法に理解を示さなければならない。

ハイリスクを負った人物に対して，このリスクを理解し受け入れてもらうのは非常に難しいことであるが，人的安全管理を提供するうえで従業員にその役割を理解してもらうことはさらに困難である。海外子会社では工場施設や事務所といったリスクの高いところでは，従業員全員を雇用，各部署への配置以前にふるいにかけるべきである。それぞれの従業員のバック・グラウンドをチェックし，もっとも基本的な職務にもふれておく必要がある。例えば，清掃作業員が買収され，役員会の会議室から出たゴミをテロリストのインテリジェンス・ユニットに渡すことを頼まれる可能性がある。これが，テロ攻撃の計画に必要な情報としてテロ組織に提供されるということである。

しかし，従業員を雇用の時点で調査することは，脅威に対処する第一ステップにすぎない。情報と安全管理に対する認識と態度についても評価を実施しなければならない。脅威の現実を決して受け入れない人物もいるが，こうした人

物には基本的な作戦計画も他の情報も一切提供する必要はない。いずれ知らない素振りで情報に歩み寄ってくるはずである。

人的安全管理の弱点を判定する際の質問事項は下記のとおりである。

(1) 本活動に携わっている者のなかで，ハイリスクを負っているのは誰か。
(2) これらの人物は，個人の安全に対する主要責任を負うことを受け入れるか。
(3) このリスクは，ボディガードの雇用やパーソナル・セキュリティの派遣によってリスクを回避することができるか。
(4) 提供される基礎的な情報と作戦計画に関して全従業員に制限しているか。
(5) 作戦計画ならびにその他の機密情報にアクセスできる全従業員のバック・グラウンド（身辺）調査もしくはその他の方法による検査を必要とするか。
(6) 安全管理に関する従業員の認識と態度は。
(7) これらの態度を基準に基づいて（例えば年に一度）再評価しているか。
(8) 企業施設に関する情報を入手することができる業者や関係者の身辺や行動・態度は評価したか。
(9) 施設と活動に関して，業者や関係者が入手できる情報を制限することができる対策をしているか。

危機管理チームが評価，モニターすべき弱点の最後の分野はコミュニケーション上の安全管理である。近代技術は電話回線の傍受と盗聴器の使用を簡単に行なうことを可能にした。事務所の会話をモニターするために必要な装置は数千円である。一方で，これらを発見するための装置は数十万円もするのである。たとえこれが発見されても，誰が仕組んだものなのかを証明したり，あるいは盗聴器が発見されるまでにどの情報がどの程度損なわれたのかを見抜くことは恐らく不可能なのである。電話回線がオフィスの外から傍受され，何も発見することができないことさえある。特定の地域的領域内にある何千本もの電話回線をモニターし，事前に選定した何本かの回線だけを録音することができるのである。

ハイリスク状況においては，精巧な監視装置を購入し，これを使用する安全

管理担当員を訓練する必要がある。あるいは警備会社と契約を交わし，これらの活動を管理する必要もある。そして実際に監視活動に関して契約を結ぶのであれば，誰を雇うのか確認することである。照会先を調べ，法執行機関と彼らの適性について検討することである。事務所の補修工事のために契約した会社が盗聴器を仕掛けないとも限らないからである。

　盗聴防止用の周波数帯変換器もまた有効である。この器具を使用することで，盗聴器による傍受は困難となる。ただし，通話をしている部屋に盗聴器がセットされているのであれば，変換器の効力はほとんどないのである。

　近い将来，テロリストは情報収集のためにコンピューター施設を標的にする可能性がある。すでにコンピューター・センターが標的として攻撃されたケースもあり，今後テログループがデータ処理装置に侵入する可能性がある。

　弱点の評価は動的な活動であり，決して途中で中止してはいけない。危機管理チームではミーティングにおいて前に確認された弱点を評価し，それの弱点に焦点をあてた適切な対策を検討しなければならない。と同時に，危機管理チームは次のミーティングに先がけて実施される別の弱点評価と施設の安全管理調査に関して，その責任を適切なメンバーに委託しなければならない。これらの評価と調査の結果は次のミーティングで報告されるのである。

第5節　外部組織との連絡

　外部組織との連絡網を構築・維持することは危機管理チームのもうひとつの責任である。これらの連絡網に含まれる組織形態は，企業に向けられる脅威，企業活動の種類，特別な支援機関の利用などに依存している。

　法執行機関は，リストのなかでも上位に位置づけられなければならない。企業は法執行機関とも連絡網を構築する必要がある。

　スレット・ステートメントが爆弾に関する事項を含んでいるのであれば，医療施設と警察の爆弾処理班との連絡もまた不可欠である。これらを組織内部で構築できない場合は外部に委ねることができる。緊急事態対応計画の立案にあ

たり，適切な医療施設が近くに存在しない場合，被害者の輸送を想定して航空機関との連絡が必要となる。

想定することができる最悪のシナリオの発生に備え，スレット・ステートメントの再検討と必須事項の決定が求められる。これを要約し，必要とされる法執行機関（例えば警察）と連絡をとることによって連絡網を構築し，活動範囲の拡張に努めなければならないのである。

第6節　緊急事態対応計画と訓練

この時点で危機管理チームは脅威と弱点について確認し，チームの展開へと駒を進めることになる。

危機管理チームは，緊急事態対応計画立案の必要性について詳細にわたり討議しなければならない。スレット・ステートメントの使用にあたり，直面する可能性のあるシナリオならびにここで使用されると思われるステレオタイプの対応策のリストアップを行なうことである。次に，それぞれのシナリオに応じて必要となる異種の緊急事態対応計画をリストアップする。これによって，対応計画のドラフト準備において個々のメンバーに責任を配分することになる。

最初のドラフトと最終的な計画は，できるかぎり簡素化するよう努めるべきである。個々に通達される命令のリストアップや緊急時に連絡をとる組織の決定などがここで行なわれる。個々のメンバーによって計画のドラフトが準備されれば，それは危機管理チームによって見直され，最終的に完成させるのである。

戦術ユニットおよび連絡網による関係組織が含まれた訓練実習は，毎年あるいはそれに近い形で計画・実施されなければならない。この分野の訓練実習を実際に実施するためには，スレット・ステートメントに盛り込まれているとおりの他の戦術チームに攻撃者としての役割を引き受けてもらい，テロリスト役に徹してもらうことである。

訓練実習は少なくとも毎日3～4時間を3～4日間続けるべきであるが，丸

一日かけた実習はそれ以上に有効である。(ほとんどの組織はこうした集中訓練に傾倒しないが) 訓練については，即座に情報収集を実施，訓練実習中のメンバーの行動をもらさず報告しなければならない。これは再検討と評価の意味から文書化される。

テロリストのインテリジェンス・ユニットは，こうした訓練の観察，写真を欲しがっていることに留意すべきである。彼らは対テロリズム (Counter Terrorism＝CT) 要員を確認，CTの能力を評価し，弱点をチェックすることができる。したがって，実習にはセキュリティが必須である。

注：
 (1) 脅威評価 (脅威＝ニーズ＋リスク＋弱点) とは，平常な状態においての環境・脅威・友好状態がいつどのような状態で本格的な危機に変化するか調査するものである。脅威評価には，①使命分析，②進出地域の分析，③リスクの認識，④友好的状態の分析，⑤ターゲットの分析の5つの種類がある (大泉光一「クライシス・マネジメントの具体的方法——脅威評価と情報の役割が重要——」『エコノミスト』毎日新聞社，1992年4月21日号，52-59頁および大泉光一『多国籍企業の危機管理』白桃書房，1990年，16-17頁)。
 (2) Karl A. Seger, *The Anti-Terrorism Handbook*, Presidio, 1990, pp. 58-60.
 (3) *Ibid*, pp. 60-65.
 (4) 大泉光一『テロリズムと企業危機管理』日刊工業新聞社，18頁。

参考文献：
 1) Robert Kupperman and Darrell Trent, "Terrorism: Threat, Reality", Response, Stanford, Calif.: Hoover Institution Press, 1979.
 2) Eric Morris and Alan Hoe (with John Potter), *Terrorism; Threat and Response*, New York: St. Martins's Press, 1988.
 3) Richard H. Shultz, Jr. and Stephen Sloan, eds, *Responding to the Terrorist Threat; Security and Crisis Management*, Elmsford, N.Y.: Pergamon Press, 1980.
 4) J. D. Simon, "Misperceiving the Terrorist Threat", Santa Monica, Calif. Rand Corporation, *Rand Report* R-3423-RC, June 1987.
 5) 大泉光一「21世紀における国際テロリズムの脅威管理——脅威評価の方法論について——」『国際経済研究』通巻第238号，2001年12月・2002年1月，51〜55頁。

第 5 章

テロリズム対策と情報管理システム
―― テロリズム対応理論と情報活動 ――

第 1 節　テロリズム対応理論と危機管理計画

1.　テロリストによる破壊活動の実態

　近年，テロリストによる暴力（エグゼクティブの誘拐，企業施設の破壊など）が国際経営リスクとしてとらえられるようになり，意思決定者の効果的な対応能力が要求されるようになってきている。テロ活動において，破壊活動が起こる見込みは非常に少ないにもかかわらず，大規模な破壊と多数の犠牲者を生む可能性を強く示唆している。言い換えれば，テロ行為による破壊活動およびその結果生ずる影響に対する危機管理はもっとも重要な事柄なのである。現在まで破壊活動は広く相対的にとらえられ，さほど強烈なものとしてはとらえられていない。大規模な破壊と多数の犠牲者を生む戦争の例をのぞいて，それほど多くの破壊活動のケースは見られない。大規模なテロ行為に対する対応策の必要性は明らかである。コミュニケーション，輸送手段およびエネルギー・ネットワークは慎重に構築されなければならない。水の供給，発電施設，コミュニケーション施設，輸送施設などは集約的に設置される傾向にある。要約すれば，大規模な破壊活動は，もし戦術的な指揮活動が行なわれた場合，比較的小規模な破壊活動が原因で発生することがある。最新兵器や技術が最近になってよく

用いられるようになった。破壊的なテロ行為はこうした可能性の範囲内にある。非常に傷つきやすい現代社会のなかで，ハイテク戦争は大規模，小規模な違いはあれ，テロリズムはより派手な戦術をとるようになる。テロリズムは破壊活動に焦点がおかれ，最大限の効果を引き起こそうとしているのである。

2. テロリズムの定義[1]

米国連邦警察局（U.S. FBI）によると，テロリズムとは，政治的または社会的な目的を促進するために，政府，国民あるいは他の構成部分を脅かし，強要すべく，人または財産に対して向けられた不法な武力または暴力の行使であると定義している。また，テロ事件とは，政治的，社会的反論で政府，一般市民，集団に脅威を与え米国や他の国での不法犯罪の暴力による行為およびそれに伴う危険な行為と定義している。

一方，米国国務省によると，テロリズムとは，政治的，宗教的あるいはイデオロギー上の目的を達成するために，政府あるいは社会を脅かし，強要すべく人または財産に対し向けられた不法な武力または暴力の行使である。

3. テロリズム対応理論

テロ組織を抱えている国家は，彼らによる暴力行為を殲滅させるために次のような手段を検討すべきである。
〔1〕 暴力の基本要因を排除する。
〔2〕 テロリズムに要するコストを増大させる。
〔3〕 テロリストが捜し求めている利益を与えないようにテロリスト自体を殲滅する。

まず第1に，暴力行為を行使するテロリストを拒絶することである。テロリストの暴力からすべてのターゲットを保護することはできる。第2の目的は，より危険な暴力行為によって物的および人的被害を与えようとするテロリ

ズムのコストの増大を図ることである。安全管理の増大は危険行動をも増大させることになる。例えば爆弾テロのように，暴力形態の縮小を図ることさえ難しくなってくる。さらに安全管理には，テロ行為を実行するために必要な，自動小銃，拳銃，爆薬などの所持を厳重に規制する必要がある。また，テロリストの移動を監視しなければならない。

　国際会議などにおいては，ターゲットになる可能性のある人物の保護は比較的容易である。テロリズムへの対応コストの増大における第3の目的は，処罰の保証をすることである。法の執行は，テロ組織における活動家の減少速度を早めることになる。テロリズムに対する強力な国際的コンセンサスの欠如により暴力が国際的になり，その識別をどのようにするのか，さらにテロリストに対して多国間での対応を支援するための効果的なメカニズムが不足している場合，処罰は重要な問題となる。国際間における逃亡犯人の身柄の引渡しに関してヨーロッパおよび南アメリカ各国は，政治亡命者の受け入れを行なうという古い伝統があり，犯罪を犯した「テロリスト」が亡命してきた場合，その引渡し要求に関して争いが起こりかねないのである。

　テロリストの処罰を保証するための国際的協調は，テロリズムがどのように定義づけされているかという差異を明確にするものではない。

　第3の検討事項は，テロリズムの利益否定である。アメリカとイスラエルでは「交渉も妥協もしない」という政策が基本となっているが，とくにアメリカでは妥協がよく行なわれている。暴力的行為や利益活動とは分けて考えられ，何の報道もなしに妥協が行なわれるのである。

　利益の否定は，恐らく国際テロへの対応と深い関わり合いがあると思われる。これは，その大部分が国際的事件における分析のレベルによるところが大きいといえる。テロリズムの国際紛争型の議論においていわれていることは，ある状況が何らかの原因で引き起こされた暴力に立ち向かおうとする時，交渉における人件費を意識することは少ない。

　利益の否定はまたテロ組織の目的を認識できると仮定することができる。戦術的な目的の否定は，通常，金の要求，政治犯釈放，宣伝活動または安全輸送，

亡命などの組織運営能力を縮小することができる。戦術目的（宣伝，処罰，組織命令，挑発，分裂，利益手段）の否定は組織効果を減少させることができる。さらに，テロリストのイデオロギー的または究極的な目的の否定は，最近の管理体制または命令の保持には欠くことのできないものがある。

　テロリズム対応理論は，ここで指摘しているものよりもさらに複雑であり，それぞれに関連した方策の選択が多くある。しかし，政府が，暴力やテロリズムの使用によるコストの増大，彼らが求めているテロリストの利益の否定などの原因を取り除くようなテロリズム過程において，どのように介入できたかを理解するための背景を表わした簡単な記述がある。ここで指摘しているように，いくつかのアプローチはテロリズムへの効果的な対応策を得るのに必要である。

4. テロ事件への対応およびテロへの挑戦

　テロリズムを扱うのはたやすいことではないし，事件発生に対処するのも容易なことではない。前にも述べたように，テロリズム過程において国家が関与していようとなかろうと，また少なくともこうした干渉が用意されていれば，干渉を行なう機会は非常に多くなる。テロリズムのモデルに関する議論は，その問題点の認識，つまりテロの脅威または本質は危機管理努力を効果的に行なうことが非常に重要であるということを立証しようとしているのである。その見通しは，すでに認識されている方策の選択に影響を及ぼすのは明らかである。

　災害が発生する可能性のように，テロリズムによるリスクは重くのしかかってくる。研究者は普通，災害発生の可能性およびその強さなどのリスク評価から始める。政治が暴力を援助するような状況にある時，またテロ行為が行なわれた時，地理学的な場所でテロリストのターゲットとして危険にさらされる重要な地点があり，テロリズムを扱う政治的，行政的メカニズムが効果的でない時，事件（災害）発生の可能性は増大する。ここでいいたいのは，テロリズムは，とくに社会に対し重大な危機をもたらすが，効果的な危機管理行動はこうした危険を阻止することができるということである。

第2節　テロリズム情報の役割と運用方法

　テロリズムとの闘争において，もっとも有効な手段のひとつに情報の活用がある。私たちはテロ組織，構成員および組織の意図について多く知ることによってより強靱な準備体制を整えることができる。

　情報は，収集・分析・製作という3要素で構成されている。まず第1に，情報収集とは事実・記録・噂・会話のほか，テログループそのものやその活動について扱う情報の蓄積・編集のことである。

　収集しなければならない情報の種類には，①軍事学（兵力・武器・施設・組織・士気・戦略・統制・策略・兵站部に関する情報の収集），②生物学（構成員・統制・心理評価に関する情報収集），③経済学（資源・補給状況・技術開発力・潜在的脆弱性に関する情報の収集），④地理学（立地条件・アクセビリティ・地形・勢力範囲に関する情報の収集），⑤政治学（統制能力・意思決定の手順・権限の範囲・内部関係に関する情報の収集），⑥科学・工学（装備・輸送・通信・セキュリティ・資源確保に関する情報の収集），⑦社会学（人種・民族・文化・教育・宗教・組織・政治的暴力に対する態度・世論に関する情報の収集）などがある[2]。

　次に，情報分析[3]は収集された膨大な量のデータを要約して，重要な方針のみを抜粋することにある。なお情報分析には，評価（Evaluation）と解釈（Interpretation）の2つの主要段階がある。

　評価とは，いくつかの基本的な質疑応答のキャッチボールにほかならない。証拠文書として立証する価値のある報告書はどれか，正確度を別の情報でチェックできるのか，情報源は電信，人伝て，文書のいずれであるのか，またそれは信頼できるのか，その情報源を過去に使用したことがあるか，精度はどうか，採用，更正，廃棄する報告書（情報）の区分けをどうするか。

　また解釈は，分析作業を助長する。報告書をどのように結びつけ，また結論をどうするか。ここでは科学的根拠以上に芸術的センスに依存するところも多く，論理的なつなぎの構成や推測の描写は分析者の能力次第である。

最後に情報の製作であるが，一度報告書が分析されれば，そのなかから最終意思決定上重要となる方針だけを限定しなければならない。ここで必要となるのは適切な分析のみならず，簡潔な論評がタイミングよく出てくることである。見事な分析が後から出てきても無意味である。ここで危惧することは，方針策定者が既成概念に基づいた分析を（無意識にあるいは別の理由で）進めてしまうことである。情報とは，意思決定者の先入観や予想にかかわらず，常にもっとも客観的な解釈を反映させなければならないのである。

1. 洗練された情報とは[4]

テロの防止には効果的な情報の活用が望まれる。セルフ・ディフェンス，危機管理，交渉手腕，救援方法などはいうまでもなくすべて重要であるが，何よりもまず，テロリストは誰で，彼らはどこにいるのか，彼らの活動力はどの程度なのか，何を意図しているのか，などについて知ることが先決である。

適切かつタイムリーな情報の代用となるものは何もない。ましてや，情報なしでは，他のどの要素も必要でなくなってしまうのである。逆に，効果的な情報の活用は，脅威を未然に防ぎ，事後の人質交渉や救援活動を不必要なものにしてしまうのである。

加工されていない情報は，どのように収集されようと未評価状態の情報である。これには，新聞記事，雑誌の評論，書籍，参考図書，在外公館からの情報，その他すべての情報機関から収集したすべての情報が含まれる。その他の情報機関には，電信の傍受，報酬目当ての情報提供者の利用，衛星写真，盗聴器，その他の機器すべてが含まれる。

膨大な量にのぼる素材は要約され，洗練された情報とならなければならない。方針策定に携わる人びとにとってすべての素材に目を通すことはほとんど不可能だからである。したがって，すべての収集された情報が妥当な結論を描き，何か重要性を帯びたものに変わるプロセスが必要となる。これがつまり素材があらゆる角度から評価されなければならないゆえんである。

洗練された情報とは，的確度，信頼度，重要度，有効度の４点から成っている。

① 的確度＝与えられた情報の信憑性について公算があるのかどうか。これは情報の評価において必須条件となる。正しくない「事実」は誤解を招くという点で無価値以下の扱いを受けるべきである。

② 信頼度＝情報には正しいものもあれば間違ったものもある。要は，ある人物が語ったと報告されているということを情報筋が実際に伝えたかどうかではなく，ある人物がそれを知る立場にあったかどうかということである。わずかではあるが正確に伝えられる情報もあるが，残念ながら誤解のほうが圧倒的に多いのである。信頼度の保持には，明らかになっている他のデータとの調整を図ることが必要である。

③ 内容の重要度＝明らかに重要でないと判断される情報は使用する必要もなければすべきでもない。難しいのは，どれが重要であり，またどの程度の重要度があるのかということである。もし，重要度の低い情報が洗練された情報のなかに大量に含まれていたとしたら，全体の評価価値が下がってしまうおそれがある。一方で，情報の評価上もっとも一般的な過失として取り上げられるのが「手抜き」である。これは，手抜きされた情報の重要度が事件発生後にしか明らかにならないケースである。

④ データの収集＝全情報の整合性を高めることは重要である。もし特定部分が残りの不明瞭な部分と整合されない場合には多くの注意を払う必要がある。これが，情報評価を非常に慎重なものにさせているゆえんである。

2. 情報の根源

情報には，①活動の相互依存性，②使用性，③タイムリー，④フレキシビリティ，⑤セキュリティ，⑥普及度の６つの基本的な原則・特徴が備わっており，１つでも欠如していれば情報としての価値を失うことになる。各々解説していこう。

① 活動の相互依存性＝情報とは，それ自体を目的と定めるのではなく，作戦や戦略を考慮したものでなければならない。したがって，その収集には意図された最終目的による方向づけが必要である。

② 使用性＝情報は，学術的効力であってはならない。また，情報の最終製品は利用効果に優れていなければならない。したがって，情報を利用できない場合にあっては，たとえその理由が情報源とその入手方法の保護という限定されたものであれ，使用性をめぐって価値のない議論を巻き起こすのである。

③ タイムリー＝情報は，解釈上のギャップを埋め合わせるという意味で，事件発生後に非常に有効に作用する。また，準備とともに予防を可能にするという意味では，事件発生前にももちろん効果的である。

④ フレキシビリティ＝情報は，必要条件の変化に対し早急に対処するという見地からフレキシブルであることが望まれる。必要以上に厳正な情報収集システムは，一方で（事態の変化に対して）反生産的になる。

⑤ セキュリティ＝情報は，効果的であるために安全性を確保しなければならない。不必要にアクセスを制限することはないにしろ，閲覧に関するコントロールは必要である。

⑥ 普及度＝しかし逆に，情報はその効果を高めるため利用者に流されなければならない。

3. 情報分析から方針策定へ

情報は，有効であるすべての情報のなかから収集・裏付け・評価・調査された後に，方針策定者によって利用されやすいようにいくつかの形態が付与される。この分析のプロセスには不測の困難が待ち受けている。さまざまな理由から，分析者とその分析結果の消費者（利用者）双方に影響を及ぼし，ときには効果的な情報から非効果的な決定を導くことがあるのである。こうした情報の分析上の問題には，①ノイズ（Noise），②バイアス（先入観／Bias），③選択（Preferences），④不確実性（Uncertainly）がある。

① ノイズの問題＝ここで類推するのは，的確なメッセージの受信を困難にする背景の問題である。膨大な量の素材が継続的に情報収集者によって引き出される。そのなかの一部は決定的な意味を持ち，また一部は不十分もしくは不適であり，また一部は明らかに間違いである。

分析上大切なのは，大量の籾殻のなかから少量の小麦を区分けすることである。例えば，いうまでもなく多くのテロの脅威がほとんど毎日報告されてくるのは紛れもない事実である。そしてそれらは，大抵の場合身近な問題とはならない。しかし，そのなかの1～2件は深刻で切迫した脅威となり得るのである。果たしてこうした脅威に対して分析者は，即行動に移す必要があるものとして識別できるのであろうか。

分析者とその上層部は，ここで非常に困難な立場に立たされることを付け加えておく必要がある。なぜならば，テロ攻撃が発生し，あるいは爆弾攻撃によって多くの犠牲者が出る事件では，事前にある種の示唆がもたらされることがある。これに対しメディアや犠牲者の家族・友人からの非難の声としてあがるのは，政府がこれらの行為が起こるべくして起きたことを知っていたにもかかわらず，何もしなかったということになるからである。つまり裏返せば，一般にはテロ行為にまで及ばなかった数多くの情報の存在についてはほとんど注意が払われていないということである。

このように情報は，一般には事後対策として評価されるが，分析者にとっては，それは分析作業そのものの評価ではなく，あくまでも結果としての意味しか持ち得ないのである。

② バイアス（先入観）の問題＝情報の収集と分析および方針の策定には，客観性に依存すべきところが多い。情報分析者は，どの情報が妥当かつ適切であるかを決定しなければならないのである。その際，この問題への個人的な関心の判断材料にしてはならない。方針策定者にも同様のことがいえる。しかしながら彼らは，政策立案上のプロセスにあまりにも密接に関わりすぎているため，本当の分析には他の外的要因も考慮されるであろうという希望的観測に感化されがちである。

③ 最適な情報の選択＝これはおそらく，先入観に関するサブ・カテゴリーに属するものである。方針策定において，担当者たちが一度その主題について一貫した見解を維持すれば，彼らは心理的にその見解に合う情報をより多く吸収・消化することになる。彼らはまた，これを意思決定プロセスにどのように役立てるのかを心得ている。同時に，不適当な情報は材料となる価値がまったく欠如しているため容易に除外できるのである。

④ 最新情報の選択＝効果的な情報のポイントは，広範・長期に及ぶ評価にある。最新の情報や特ダネは非常に魅力的ではあるが，取り立てて特別な部分を占めたり展望が鮮明になるわけではない。方針策定者も含めて私たちの大半は，現存の情報よりもさらに最新のものを好む傾向にある。しかし，これは全体的な概要を見落とすことになりかねない。

もちろん，彼らが最新情報について興味を示してはいけないといっているわけではない。しかし，計画と行動について考えた場合に必要以上に時間を要してしまうのである。もし最新情報の流れを情報の総計として，もしくはもっとも重要な部分として据えるのであれば，長期的なアセスメントを行なううえで非常に厳格で価値のある側面を見落とすことになる。これはバイアス問題とともに取り上げられる際，とくに顕著となる。なぜならば，方針策定者は時折，最新情報に集中しすぎることで長期的にはトラブルの暗示となる過去の情報を見落としてしまうからである。

⑤ 不確実性の問題＝方針策定者は，できるだけ輪郭のはっきりした明瞭な体形を情報に求めている。

しかし，誤りを避けたいという気持ちは，情報を利用する際に非常に不明瞭かつ限定的な使用方法にしてしまう。性質がはっきりと見えてこない変化体形を予想するのに比べ，現状維持を予想するのは決まって容易である。例えば，自殺行為的な車爆弾が日系進出企業に対してセットされるという情報を入手した場合，分析者と方針策定者はこれにどれだけの信頼をおくべきかを判断・決定しなければならない。その際に，もし，いまだかつてこうした事件が発生していないのであれば，起こり得ない，あるいは状況に変化はないと仮定するこ

第2節 テロリズム情報の役割と運用方法　209

図5-1　テロリズム情報管理システム

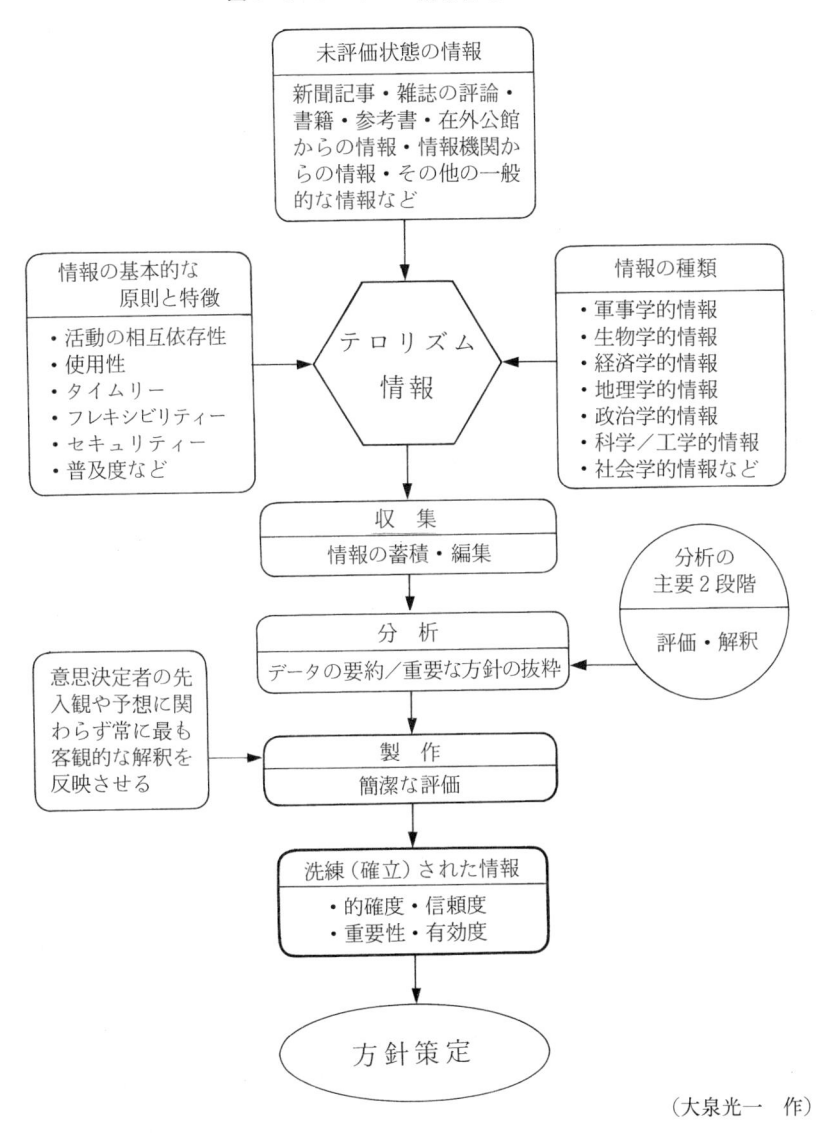

```
                    ┌─────────────────┐
                    │ 未評価状態の情報 │
                    │ 新聞記事・雑誌の評論・│
                    │ 書籍・参考書・在外公館│
                    │ からの情報・情報機関か│
                    │ らの情報・その他の一般│
                    │ 的な情報など     │
                    └────────┬────────┘
                             │
  ┌──────────────┐           ▼            ┌──────────────┐
  │ 情報の基本的な│     ┌─────────┐       │ 情報の種類   │
  │ 原則と特徴   │     │         │       │ ・軍事学的情報│
  │ ・活動の相互依存性│──▶│テロリズム│◀──│ ・生物学的情報│
  │ ・使用性     │     │  情 報  │       │ ・経済学的情報│
  │ ・タイムリー │     │         │       │ ・地理学的情報│
  │ ・フレキシビリティー│ └────┬────┘       │ ・政治学的情報│
  │ ・セキュリティー│         │            │ ・科学／工学的情報│
  │ ・普及度など │           ▼            │ ・社会学的情報など│
  └──────────────┘   ┌─────────────┐    └──────────────┘
                    │   収　集    │
                    │情報の蓄積・編集│
                    └──────┬──────┘
                           ▼                ┌──────────┐
                    ┌─────────────┐         │ 分析の    │
                    │   分　析    │         │ 主要2段階 │
                    │データの要約／重要な方針の抜粋│◀─│ 評価・解釈│
                    └──────┬──────┘         └──────────┘
  ┌──────────────┐         │
  │意思決定者の先│         ▼
  │入観や予想に関│   ┌─────────────┐
  │わらず常に最も│──▶│   製　作    │
  │客観的な解釈を│   │ 簡潔な評価  │
  │反映させる   │   └──────┬──────┘
  └──────────────┘         │
                           ▼
                    ┌─────────────────┐
                    │ 洗練（確立）された情報│
                    │ ・的確度・信頼度│
                    │ ・重要性・有効度│
                    └────────┬────────┘
                             ▼
                       ╭───────────╮
                       │ 方針策定  │
                       ╰───────────╯
```

（大泉光一　作）

とが容易にできるのである。

　この種の考え方を持ち続けている潜在的な危険性は，ほとんどの場合において，それが正しいと信じられていることにある。現状維持体制とは，これが変化する時よりも多くを主張しているからこそ現状を維持しているのである。しかし，車爆弾の爆発のように変化が起これば，結果は壊滅的である。

第3節　情報とテロリズム

　次に，テロリズム情報の運用法と，そこで生じるさまざまな問題に携わる一般的な必要条件について検討してみたい。テロリズムの目的は，その特定されたテーマに関していえば，狭義には定められており，また特定のケースに限定されている。以下に対テロリズム抗争における情報の使用法について検討してみる。

1.　諜報活動

(1)　イデオロギー

　テログループの標榜するイデオロギーがどんなに嫌悪感を抱かせるものであれ，詳細に探求することが不可欠である。イデオロギーを理解することは，それが宗教的・政治的・社会的目的のいずれに基づいていても，彼らの組織を把握するうえできわめて重要となるのである。例えば，パレスチナの急進派テログループについて理解しようとする際，パレスチナ問題，イスラエル国家，西岸地区に関する彼らの見解を無視しようものなら，それはまったく無意味なものになってしまうのである。深い認識と細かな研究が必要となるテーマは次に示すとおりである。

　① イデオロギー的，政治的ヒエラルキーの指導部……通常イデオロギー的なリーダーシップは公然と実行されるため行動分子よりも近づきやすいが，一方で，イデオロギー的リーダーシップと作戦行動上の指令部の区別は困

難である。
② 組織……論法，創設者等。
③ イデオロギーが伝えられ，新メンバーの動員によって形勢強化が行なわれる場……誰を，どこから，どの社会階層から動員するのか。また，ミーティングはどこで行なわれ，誰が参加し，何が語られているのか。
④ 組織の目的を反映あるいは支援する公的な抗議運動……メディア内の支持グループ，学術団体，その他潜在的同調者・社会分子。
⑤ 国内外の他組織・運動との協力関係……いずれも性質上イデオロギー的で，連携活動が可能である。

(2) 組織のインフラストラクチャー
インフラストラクチャーは，テログループの暴力的活動を助長しうるものである。作戦行動がシステマティックに非常に細分化され，不透明な部分が多い。組織上のシステムもまた活動に密接に連動しており，多面的な分析が必要である。
① 人員の動員方法……これもまたイデオロギーに関係してくるが，ここでの焦点は組織にある。候補者はどこでどのような方法によって動員されるのか。特別な技術，コネクション，背景（バック・グラウンド）の必要性はあるのか，また報酬はどのくらいか。
② 財政……組織の活動資金源は何で，どこから獲得するのか。グループの予算とその枠組みは。
③ 訓練と指導……どこで行なわれ，何が含まれているのか。誰が受け，誰が指導するのか。また，どこの国で行なうのか。それはすべての人間が同じ訓練を受けるものか。
④ 兵器と特別装備の開発と製造……兵器の保管施設。弾薬倉庫。
⑤ ロジスティカル・インフラストラクチャー……コミュニケーション・ネットワーク，医療サービス，印刷所，避難地，医療援助，宣伝活動に必要な設備一式。

(3) 作 戦 活 動

　この領域で多くの問題が発生しうる。テロ活動の予知およびその予防策の出来・不出来は，われわれが対象とするテログループの活動に関する情報の質次第であるが，これは収集活動におけるもっとも難しい側面でもある。

　① 実際のテロ活動に従事する実行部隊（コマンド）は細部にわたって区分されており，計画に関与するメンバーはグループ中のごく少数である。諜報機関の見地からでさえこうした細分化されたコマンド部隊の実態はまったく不透明である。

　② テロ活動に関してより詳細な計画を立案する場合，これは組織の指導部に委ねられるのではなく，その思慮分別の大部分が作戦活動班（ユニット）の裁量によるものとなる。作戦活動班による計画実行は，作戦の直前まで決定が下されないことが多い。彼らの標的は非常に概括的な言葉によってのみ設定されており，その場の環境に応じた特定の作戦であることが認識されている。つまり，彼らの目的自体がもっとも概括的な言葉によってのみ表わされ，作戦班がそのつど可能性に応じて時期，場所，標的，手段を決定するということである。このことは，少なくとも情報の収集と予知を非常に困難にする一要因となっている。

　③ テロ活動の性質は，こうして標的が選定されたとしても，その計画をみるかぎり逸脱・偏向が激しい。土壇場で標的の変更があったり，作戦の変更さえ頻繁に行なわれる。例えば，ヨルダン，ドーソンズフィールドでのハイジャック事件では，テログループが標的としていた航空機の離陸に失敗しているが，別の場所で別の航空機のハイジャックを容易に実行している。テロリストの目的は，標的の変更において土壇場でさえ相当寛容な態度をとれることから順調に達成されているといえよう。もし彼らの狙いが無作為に選定された被害者に対する暴力的攻勢にあるのなら，標的の変更が計画全般の影響を及ぼすことはないのである。

　例えば，1970年代に，急進派パレスチナ・グループはテルアビブ南部のホテルに拘束されている多数の人質の解放のため南レバノンの某拠点から出発，

幾多の技術的困難を克服し50マイル北の目的地へ到着した。しかし，彼らの組織編成をすぐに行なったがために停泊先の目途がたたず，ハイファからテルアビブまでバスを占拠したが，結局は乗客，テロリストとも銃撃戦でほとんどが死亡するという惨事を招いている。この事件では，イスラエル当局がたとえホテルへの襲撃に気づいていたとしても，50マイルも遠路での出来事にはとうてい対応できないことを物語っている。

④　テロリスト分子の作戦行動を把握するにあたり，私たちは分子そのものについて把握しなければならない。しかしながら，これらには倫理上の（あるいは法律上の）疑問点を想起せずにはおられないのである。例えば，財産と生命を失わせる作戦行動に参加する工作員の存在の有無，いない場合のグループの把握手段，いる場合の意思決定ならびに管理統制部隊などである。

(4) 支援基盤

ほとんどのテログループは地域協力者（Local Supporters）のネットワークに依存している。彼らはイデオロギー的な賛同者であるか，もしくは同調しないがために招く最悪の事態を恐れるあまり，テログループに支援の手を差し出しているのである。この支援システムは一般に，高度に分類された作戦行動班（Operational Unit）に比べて把握が容易である。また，①作戦行動班の把握につながる，②少なくとも作戦行動に関する情報の入手につながる，③支援システムの弱体化に向けた行動がとれる，といった作戦行動上のグループ能力の低下を促すことができる。

この支援基盤には大きく2種類がある。(a)イデオロギー的な支援者，グループと親密な関係にあり，彼らの狙いについても信頼をおいているが，どういうわけか年齢，健康状態，航空機恐怖症などのためグループには属しておらず，また，作戦行動班への参加も希望していない。(b)新メンバーの動員活動，裁判所における告訴されたテロリストの代弁，医療支援の極秘施行，情報や隠れ家の提供など，支援がより活動的な性質を帯びているプロの支援者。通常こうした支援者は諜報機関にとって格好の標的となる。

(5) テロ組織間の国際連携

大半のテロ組織は，多くの地域において軍事訓練，情報交換，武器購入，活動資金などの相互援助を通した国際連携をしている。

① 宣伝活動の支援とイデオロギー的な支援。

② 隠れ家，避難所。テロ事件後，とくに多くのメディアと警察に追われているテロリストはしばらくの間水面下に潜んでいなければならない。普通，他国の友好的な組織が隠れ場所を提供してくれる。

③ 武器，弾薬その他の装備の獲得。

④ 情報提供と訓練の実施という，実際のテロ活動に関係してくる作戦上の援助。

2. 情報源の確保

① マスコミ報道や治安当局の公開資料などの一般情報（Open‐Source Information）

② 衛星画像による偵察写真情報（Photographic Intelligence Collection (Photint)）は，比較的大きな作戦行動をともなったテロ組織に対してのみ有効である。これは，彼らの訓練施設や武器庫，その他の施設の位置確認や，逮捕されたテロリストの尋問の際に役立つ。

③ 技術的情報（Technical Intelligence Collection）とは非常に重要な部分，とくにテログループの武器に関する知識，偽装，カモフラージュの手法，その作戦行動の手口となりうる。こうした情報は，事前対策としてセキュリティの準備や計画を進めるうえで重要な要素となる。

④ 電話や無線を傍受・盗聴して情報を入手する通信情報（Commint）及び信号・電波などをとらえて分析して相手の能力や特性などを調べる電子情報（E. Lint）はテロ対策上非常に有効である。この種の収集活動によって，テロリストの秘密組織は体系化された戦略上の通信ネットワークを絶たれてしまう。

⑤ 人的情報（Human Intelligence Collection（Humint））は，たとえそ

れが先端技術を駆使した収集活動に比べて非魅力的であったとしても，テログループに関するインテリジェンスの収集法としてはもっとも効果的である。この手法は3つの要素から構成される。

　(a)　作戦行動班や支援グループに在籍するテロ組織のメンバーの「抽出（リクルート）」……多くのテロリストはイデオロギー的に洗脳されており，したがって作業は困難を要するが，実施が切に望まれる。

　(b)　テロ組織へのエージェントの「入植」……組織が小規模で，メンバーが一般に外的要素に対して敏感である場合，これもまた困難な手法である。しかしながら，一度潜伏に成功すれば膨大な利益配当を勝ちとることになる。なぜならば，入植したエージェントによって取扱いに注意を要する情報へのアクセスが容易になり，体制の早期立て直しが可能になるからである。

　(c)　逮捕したテロリストへの体系的な尋問……これは非常に経済的かつもっとも本質的な方法であり大いに期待がもてるのであるが，テロ組織の対抗策によって情報に価値がなくなってしまう前に早急に実施しなければならない。この理由から，テロリストが逮捕された際には可能なかぎり迅速な尋問を行なわなければならないのである。加えて，逮捕に関わる情報の口外はできるかぎり遅らせるべきである。

3.　秘 密 活 動

　いままでは情報の収集と分析についてのみ解説してきたが，それはとくに，これらがテロ活動に密接に絡んでいるからである。しかしながら諜報活動にはもうひとつの側面があり，つまりそれが秘密活動ということである。エージェントの役割は情報の収集に限らず，闘争中のテログループにダメージを与えるであろう活動に積極的に着手することも含まれる。テロ組織は非道極まりなく危険ではあるが，一方で固有の脆弱性も鮮明に見てとれる。

(1) 規模の小さい作戦行動班

　秘密活動的テロ組織とその限られたイデオロギー基準は，それ自体が小規模な指令部隊とさほど大きくない社会基盤とを示すものである。したがって兵器および爆発物その他作戦行動に必要な装備についての交渉相手は比較的少数のスペシャリストに限られる。これらの交渉はまた規模の小さい下層部で推進することが難しく，結果的に通常の軍隊とは異なりグループの主要メンバーが欠けた場合の代替がきわめて困難である。少なくともこうした損失が作戦行動の遅延を招き，組織を存亡の危機にさらすことは免れない。

(2) 少数の指導者に対する熱烈なる従属

　前述したことは事実であるが，それ以上に指導者の損失は，イデオロギー的な統一に尽力していることもありグループに致命的な結果をもたらす。

(3) メンバーの頽廃性

　結果がどうであれ，彼らは名誉を傷つけられ，罠に陥ることになる。一般に記録が煩雑で，不正の立証が困難なテロ組織に対しては，金銭の着服を告発することがとくに効果的である。

　「罠」にかかった恰好の例は，1980年代前半にイギリスの刑務所で起こっている。当時，その刑務所に服役していたIRA（アイルランド共和国軍）のメンバー2人はハンガーストライキに訴えていたが，夜間に警備員が忍ばせたハンバーガーを無意識に手にとったのである。すかさずカメラにおさめた当局はこれをメディアに公表，結果として当事者の2人は組織から弾劾され，要注意人物になっている。あまりいいこと（罠）とはいえないが，相手はテロリストである。

(4) 干渉が比較的容易な貧弱な支援基盤

　罠や誤認情報の使用により弱体化を迫る諜報活動の多くの側面からいえることだが，秘密活動的なグループの多くは非常に脆弱である。こうした戦術は，

①組織内のスパイに関する誤認情報を流すことによるグループ内部の結束力の侵食，②矛盾した情報を流すことによる指導部の信頼性の侵食，③指導部内部の軋轢の誘引，④組織と民間支援基盤との利害対立の誘引，などで効力を発することができる。

通常テログループは，制限された兵站能力となけなしのバックアップ・システムしか持ちあわせていない。弾薬の供給，武器の調達，通信システムなどの崩壊はテログループの作戦行動機能に相当の衝撃を与えるのである。

要するに，対テロリスト秘密行動の目的は下記のとおりである。

① いつでも可能であるかぎり，生かしたまま彼らを捕らえ早急に尋問を課する。これは，テロリストの計画と能力に関する効果的なインテリジェンス・ソース（情報源）となる。

② 妨害行為（Sabotage）やその他の破壊行為。犯行声明が疑わしい場合にとくに有効である。その結果，敵対するテログループが非難をあびることになればなお効果的である。

③ 事務所，訓練施設，指導者の住居，武器庫への作戦行動。

④ テロ組織に対するこうした戦術は，テログループ自身の安全対策と防衛への資本投下を余儀なくさせる。これは，限られた資本の運営上大きな重荷となる。さらにいうなれば，逆説的に，広範囲に及ぶ安全対策の採択によりグループの支出はインテリジェンスの収集に多くが注ぎ込まれるということである。

⑤ テログループの民間支援基盤への専念。これはもっとも脆弱な領域である。

⑥ 対立の誘引，信頼性の侵食，忠誠心の破壊，グループ内での個々の対立などを目的とした罠，誤認情報。

この種の戦術は，一般市民クラスが学びとるレベルのものではないが，対テロリズム，インテリジェンス闘争においてもっとも効果的なことが証明されている戦術である。そして戦術の成功は，何千人の命の代償となりうるのである。

注：
(1) テロの概念規定がきわめて難しく，既成秩序の保持と崩壊を求める側の間でテロについての見方の大きな格差がある。テロの定義を公的機関の定義 (Government Definition)，学術的定義 (Academic Definition)，質疑からの定義 (Definition from Questionnaire) の3つに分けることができる（大泉光一『多国籍企業の危機管理』白桃書房，1990年，23-31頁)。
(2) 新聞記事以外のテロリズムに関する多くのデータは，諜報活動や対テロ工作などに関係しているため極秘扱いである。したがって，現存するデータの多くは世界に公表されていない。
(3) 情報分析の方法には多くの型があり，とくに仮説検証や傾向分析，リスク分析のような定量的な分析手法が注目される。しかし，これらの分析手法や方法論的モデルに関しては，まだ数もわずかで歴史も浅く，学説として容認もしくは立証されていないものが大半である。一般的には，社会学的分析手法や政治学的分析手法であり，テロ問題に関する包括的な意思決定において非常に重要な役割を果たす。しかし，これらの分析手法はあくまで定性的な分析手法の域をでず，対象が特定な国に限定されていたり，テロの発生要因や目的に限界があるといった難点がある（大泉光一）「国際紛争とテロリズム——多国籍企業のテロリズム情報管理システム——」海外事情，第35巻第1号，拓殖大学海外事情研究所，1987年1月，28頁）。
(4) 大泉光一「クライシス・マネジメントの具体的方法——脅威評価と情報の役割が重要——」エコノミスト，毎日新聞社，1992年4月21日号，52-59頁（大泉光一「海外企業危機管理の具体的方法」小林薫編『グローバリゼーション』総合法令，1992年，343-359頁）。

参考文献：
1) Fowler W. William, *Terrorism Data Bases, A Comparison of Missions, Methods and Systems* (*N-1503* DNA／DOE／SL), Santa Monica; Rand Corporation, March, 1981.
2) R.D. Crelinsten, (ed), *Proceedings; Reseach Strategies for the Study of International Political Terrorism*, Montreal, Evian, France, 1977.
3) Mary, Culnan, "Managing External and Textual Information", *Proceedings of the Sixteeth Annual Conference of the Society for Information Management*, Chicago, 1984, pp.27-29.

第6章

自治体の危機管理
―― 緊急事態発生時における自治体の役割 ――

　本章では重大な緊急事態が発生した際に、自治体に求められる対応行動は何か、という点について検討してみる。

　一般的に、この問題は自治体の緊急事態対応計画立案者（防災担当者）によって取り上げられる問題である。緊急事態対応準備の原則としては、それが常に最新のものであり、先取りをしていることである。適切なコミュニケーション手段を持ち、十分な設備を備えた緊急事態対応センターのような組織が率先して対応計画の実施にあたることが重要である。自治体は緊急事態発生の際にこれに対処し管理するために、効果的な意思決定ができなければならない。

1. 緊急事態に対する準備

　緊急事態には、火災、爆発、地震、津波、洪水等の自然災害や感染症のほか、原発事故、NBC（核・化学・生物）兵器テロ事件、工場での化学物質流出事故等の人為的な災害がある。こうした災害に備えるため、できる限りの準備を行う必要がある。緊急事態に対応するための準備としては次のようなことがあげられる。

1）　緊急事態に対処するためには、まず何よりも適切な人選を行うことが重要である。適任者とは、緊急事態発生中に適切なリーダーシップがとれ、

適切な意思決定と適切な行動をとることのできる知識と技量を持った人材のことである。
2) 必要な情報を得ていない場合でも，情報を知っている人物と連絡が取れるよう，連絡網を明確にしておき，そこから情報を入手して分析を行う。
3) 緊急事態対応に必要な中央とは別の施設を作り，緊急事態対応センターの役割を果たす。
4) 電話やファックスのようなハードウェア，メッセージフォームや記録シートのようなソフトウェアに必要な備品を用意する。
5) 緊急事態対応計画を作成する。

2. 緊急事態対応計画

自治体の緊急事態対応計画の典型的なものとしては，次のようなものがあげられる。
1) 緊急事態発生時に住民への警告手段と避難場所への誘導手段を明確にする。
2) 適切な知識と専門技術を持った自治体の担当責任者のリストアップを行う。
3) 自治体の責任分担を明確にする。
4) 自治体の外部組織が緊急事態発生時にどのような役割を果たすのか，各組織が供給できる援助形態を明確にし，各組織のリストアップを行う。

基本計画では，前述した準備計画に対応する部門（組織）を持つ必要がある。さらに大掛かりな対応計画を必要とする場合は，考えられる最大限の行動と多くの手段によって取り組んでいかなければならない。次にあげるような事項に取り組むようにする。
1) 緊急事態への対応にはどのようなことが求められるのかということを明らかにし，それらをまとめたガイドラインを書式化する。
2) 無駄な行動を取らないために，過去に緊急事態対応責任者がとった行

動記録を参考にする。
3) 行動ステップのチェックリストの作成。
4) 標準的な対応行動のための手順を規定する。

緊急事態が発生した際にとられる対応行動は，特別ガイダンス及び基本的にその時点の意思決定者の裁量にまかせられる一般的な声明から，適切な行動を最後までとれるようにその手順に言及するというようにその範囲は広い。

ここでは，緊急事態発生時の警告手順，対応責任者，責任の分担，外部組織の役割及び「その時」にとるべき最低限の対応行動等がさまざまな緊急事態対応を行う構成要素の中で，本当にうまく機能するかを議論する必要がある。いったん対応行動が実行されれば，適切な人員配置がなされ，コミュニケーションが機能しなければならないが，そうした行動は十分になされず，緊急事態対応担当者の全面的な援助によって計画が進行されることが多い。

特定のタイプの緊急事態に段階的に対応して行うとする詳細な計画においては，緊急事態対応責任者にかなりの示唆を与えることができる。しかし，こうした計画の難しさは，緊急事態を確実に予測できる方法（緊急事態を沈静するために適切なフォームを構築するような計画）でのみ計画が展開されていくという仮定に基づいてなされることである。実際，緊急事態が発生すると不確実な出来事や，複雑な自然現象が絡んで計画が順調に遂行されるのが困難となる。ゆえに，直面する特異な状況の中で事前計画にそぐわない状況で行動しなければならないとき，決して良い結果をもたらすことはなく，逆に悪い方向に行くこともある。

緊急事態対応計画があまりにも一般的で，自治体の緊急事態対応担当者に十分な指示を与えることができず，計画があまりにも特異で柔軟であり過ぎるというジレンマから抜け出す一つの方法は，自治体独自の危機管理システムを構築することである。緊急事態の対応に際し，とるべき対策の段階を明確にするよりむしろ，緊急事態対応管理組織の目的は，緊急事態の発生中に展開する状況に対して対策を決断する手助けとなるようなものである。このようなシステムは，不確実性と情報が錯綜しているなかで，行動することになり，自治体の

担当者の責任は，適切な決断と効果的に緊急事態を処理するための行動をとることである。

3. 自治体が直面する緊急事態

　緊急事態に対し特別に作成された管理システムの必要性はどこにあるのか？全ての自治体は平常時においても行政サービスを行う組織を持っている。しかし，危機発生の際には，予想外の状況のなかで生じる問題を処理するために困難な決断を要求される。

　緊急事態管理の意思決定者は，一般に不確実性と錯綜する情報の中で，危機対応計画の運用を行わなければならない。緊急事態の規模にもよるが，入手された情報と求められる各方面からの要請とが重なり，一個人が意思決定を下すための情報整理が困難となる。ここに，緊急事態に対応する際の問題点がある。計画に着手する前に効果的な初期対応が求められるはずであるが，予想不可能な状況が意思決定を困難にさせる。

　緊急事態において直面する問題の本質は，部分的に理解されることが多い。この問題を解決するのは直ぐには不可能である。これは危機の状態が急速に変化するためである。また緊急事態に対応すべき機関（関係当局）が，相互に混乱をきたすこともある。こうした状況においては危機に対応しきれず，対応の遅れと誤りをもたらす。また関係当局と外部組織との指揮系統の混乱により，物資の不足を拡大させることにもなる。流動性のある状況の中で求められることは，広範囲な要請に対し，適切な対応ができるような意思決定を可能にするプロセスを明確にし，それに基づいて行動することが必要である。組織的な決定を有効に維持していくためにも緊急事態対応センターの位置付けが非常に重要となる。いずれにせよ，緊急事態の状況を適確に把握し，意思決定を明確にすることが重要である。

4. 戦略的意思決定の問題点

緊急事態に対する自治体の管理システムを構築する前に，自治体の担当者と一般的な管理問題への取組み方について，同意を取り付ける必要がある。自治体の緊急事態への対応による効果と直接関係のありそうな問題としては，次のようなものがあげられる。

1) 戦略的意思決定がどの程度重要であるのか理解し，自治体の緊急事態対応の概要の把握
2) 対応責任の分散と集中について
3) 緊急事態の際，行動権限の分散と集中

緊急時に自治体の危機管理対応組織が，外部から派遣された要員によって運営された場合，責任と権限が不明確になる場合がある。外部組織には一般の事業所，その他の組織も含み，緊急事態の本質に依存するところが多い。危機管理センターの担当責任者は，分散した活動の調整を行い，通達文や掲示板，ブリーフィング，報告書等を通して戦略的危機管理の概要を維持していくことが必要である。

5. 自治体の対応戦略概要

緊急事態が発生する前に，各分野の専門家たちができることを，ある程度予測することは可能である。そうした事前の対応が明確な意思決定を生み，それに応じた効果的な行動を実施することができる。自治体が緊急事態に対応していく上で重要なことに，教育・指導と社会サービスがある。緊急事態への効果的な対応は，教育・指導を通じて人々にその重要性を認識させ，社会サービスがそれを補助することである。

もちろん，この二つの部門だけでなくその他の部門も緊急事態に対処する過程で，協調体制をとる必要がある。自治体が戦略的なアプローチを行う場合，こうした協調体制が根本的に重要となってくる。危機管理システムによって支

援されている機敏な対応と協調によるアプローチにおいては，緊急事態の状況によって対応を変えていくような，柔軟性というものが自治体には要求される。

6. 対応責任の分散と集中について

非常に不確実な状況の下で，緊急事態に対して最も効果的な戦略は，権限の委譲である。これは迅速かつ順応性のあるものでなければならない。

緊急事態対応責任者によってなされる意思決定に基づいた中央集権的システムと権限の委譲とは対照とされることが多い。

集中されたシステムの問題点としては，戦略的決定よりも戦術的決定になりがちで，幹部だけの狭い意思決定となることである。

分散的意思決定においては，第1に，すべてのレベルで問題解決のための協調体制を取らなければならない。各部門からの意見は独断に陥らないようにする。第2に，緊急事態に対する行動の要請とそのフィードバックにおいて，お互いの部門の意思疎通が十分にはかれるように努力する必要がある。

緊急事態発生の現場及び緊急事態の影響を受けた地域での担当者への権限の委譲には，効率的な対応が必要とされる。しかし，自治体における全ての運営を成功に導くためには，緊急事態対応システムの支援が重要となる。

7. 活動権限の集中と分散

仮に，自治体における緊急事態対応責任者が緊急事態対応センターから離れた部門の人である場合，センターとしてはどうすれば最適な管理を行うことができるか。例えば，特別行動を取るための許可を得ようとしてセンターに対し照会があった際に，厳格な体制を維持しようとすると，逆効果になる場合がある。各々のケースで担当によって行われる多くの業務遂行の際にリスクが発生し，組織全体の効果的な対応に影響を及ぼすことがある。また，業務遂行にあたって資源を有効に配置するためのスタッフの行動をも制限してしまうのであ

る。さらに，革新的な行動や変化する状況に対する明確な対応行動を妨げることとなる。要するに，行動に関する権限を委譲するにあたっては，効果的に緊急事態に対応できるため，責任の委譲も行わなければならないということである。

　確固たるセンターの行動権限を維持する代わりに柔軟な管理体制をとるようにする。これには中心となる担当者が必要であり，対応行動すべての目的を決定し，集約的に明示するための初期の動員活動を含む緊急事態対応行動を行う人物である。責任と権限の委譲によって担当者の自由裁量による行動が可能となるのである。

　中心となる担当者は，対応行動の効果と目的の妥当性を検証するために，管理業務を怠ることをしてはならない。再検討の目的としては，事前対応計画で策定された初期段階での目的と方向性及び決定事項が，状況の変化によって予想できない状況に陥っていないかを確認することにある。

　行動すべてに対して，許可を要請するよりは，事前対応計画，再検討，外部関係機関，内部各局との連絡網の設立による協力体制を通じて訓練を行う。こうしたアプローチは（選定された項目に関する特別指示による行動を保証するような）自治体の範囲内で，より集約的なシステムにすべきであり，その能力及び効果を減少させるものであってはならない。

8. 緊急事態管理システムの確立

緊急事態管理システムを支える一般的な注意事項

　緊急事態管理システムを確立する際には次にあげる点を参考にして活動する必要がある。
1)　緊急事態に関して自治体の目的を達成するために各部門の担当者同士の意思疎通を統一化する。ここには，全体的戦略，対応行動の優先順位，物資の要請を含む。
2)　全ての対応段階において，効果的に活動にするために各部門の役割を

明確にし，連絡を取り合うこと．
3) 危機を和らげるための役割について，外部組織と意思疎通を図る．特に各組織が持つ資源をいかに集め，それを緊急時にいかに活用するかについての意思疎通を図る．

9. 緊急事態管理システムに関しての特記事項

自治体が支援すべき行動としては，次のようなものがあげられる．
1) いかなる場合においても，各自治体の担当者に指揮系統が行き届くようにすること．本部，現地支部，現場，統合危機対応管理サービスセンター，その他現場スタッフはかなりの被害を被っている．
2) 緊急時においても情報管理を適切に行うこと．また，その情報が適切な部門に伝わること．
3) 対応行動による効果がどのようにでているか，現在の状況について担当者から報告を受ける．それによって，現状または計画行動，必要物資の再評価を行う．
4) 援助要請及び適切な担当スタッフの流れに関する報告を受ける．
5) 外部組織へ情報を発信する．これには援助物資に関する情報も含む．

10. 自治体の緊急事態対応システムの権限について

　自治体の緊急事態対応システムに関する詳細は，図に示したとおりである．このシステムの中心となるのは，図6-1に示した自治体の権限の下で運営される緊急事態対応センターである．
　図6-2および図6-3は，緊急事態管理の役割と責任について示したものである．これによると，それぞれの担当者によって具体的にどのような手順をふんで緊急事態に対応していくか，ということが判る．ここで重要なことは，システムがいかにうまく機能するかということよりはむしろ，これらの活動を

図6－1

交換手(ファックス受信者)　　　(1名)	コミュニケーションアシスト　　　(4名)	第1情報管理担当者　　　　(1名)
＊電話及びファックスによる発信・受信 ＊必要に応じ，電話及びファックスの発信地と時間を記録する。(コピーを担当者へ送る)	＊メッセージフォームへの記録を行う	＊発信メッセージの記録及び番号を控える
無線電話交換手(1名) ＊情報の受信と記録 ＊無線電話を通じてメッセージの転送を行う ＊転送時間を記録する(コピーを担当者へ送る)		第2情報管理担当者　　　　(1名) ＊発信メッセージの記録及び番号を控える

図6－2

第1情報管理担当者　　　　(1名)	連絡担当責任者 (必要に応じてアシスタントをつける)	第2情報管理担当者　　　　(1名)
＊情報入手 ・担当責任者への行動命令(その他担当者へはコピーを渡す) ・必要に応じた情報の優先順位付け ・概要情報作成のための情報処理 ＊消防署，警察署及び他の緊急事態対応センターの連絡担当者からのメッセージの受信 緊急事態対応担当責任者の優先事項の入手	＊各部署間での協力体制の確認 ＊外部緊急事態対応センター担当責任者による対応行動の監督 ＊記録の検討，決定事項，命令受信 ＊事件報告の準備 ＊継続的な専門家会議の実施 ＊緊急事態対応担当責任者による指示	＊情報提供 ・情報受信及び第2情報管理担当者への直接命令 ・必要に応じた情報の優先順位付け ＊消防署，警察署，他の緊急事態対応センター連絡担当者への情報発信 ＊緊急事態対応担当責任者の優先事項の入手

図6-3

報道・広報担当者（1名） ＊必要に応じて緊急事態対応担当責任者関連公共機関と連絡をとる ＊関係当局，メディア，プレス情報の監視及び公共機関への情報転送	緊急事態対応責任者（1名） ＊政策決定チームの調整 ＊緊急事態対応担当責任者会議の招集 ＊緊急事態対応担当責任者委員会の招集 ＊相互依存意思決定及び優先順位の決定 ＊報道関係，特定メンバーによる会議の実施 ＊優先権，目標設定の為の政策に関して外部機関と連絡をとる	スタッフ担当者（EPO／1名） ＊戦略及び優先事項を緊急事態対応担当責任者へ照会する ＊会議内容の記録 ＊運用命令の準備 ＊緊急事態対応担当者全員に指示事項と記録を回覧する
自治体広報担当局（緊急事態対応センター外の情報局に設置） ＊地域社会からの問い合わせへの回答 ＊報道機関からの問い合わせの統制 ＊報道機関からの問い合わせに対する準備 ＊プレスブリーフィングのための準備 　緊急事態対応担当責任者を支援する	メッセンジャー（2名） ＊メッセージの伝達を行う	スタッフ担当アシスタント（1名） ＊スタッフ担当者の支援 ＊緊急事態対応センターからの対応行動のアウトラインの確認 ＊地図と会議内容の概要の保持

支えるために事前準備に必要な基礎を固めること，つまり緊急事態について論じられている問題を基礎とすることが重要である。

　図6-4は，自治体の管理システムの概略について示したものである。この図で注目すべき点は，緊急事態対応各部門の情報の流れである。情報の流れを説明する一例として，自治体の救急サービスから緊急事態において被災者に大量の毛布を供給し，生存者を病院や緊急医療センターへ搬送する優先順位などの要請事項が挙げられる。

　電話やファックスの要請は，自治体の緊急事態対応センターを通じて第一情報管理担当者へ伝えられる。どちらの担当者も図6-1に示したような業務上

図 6-4

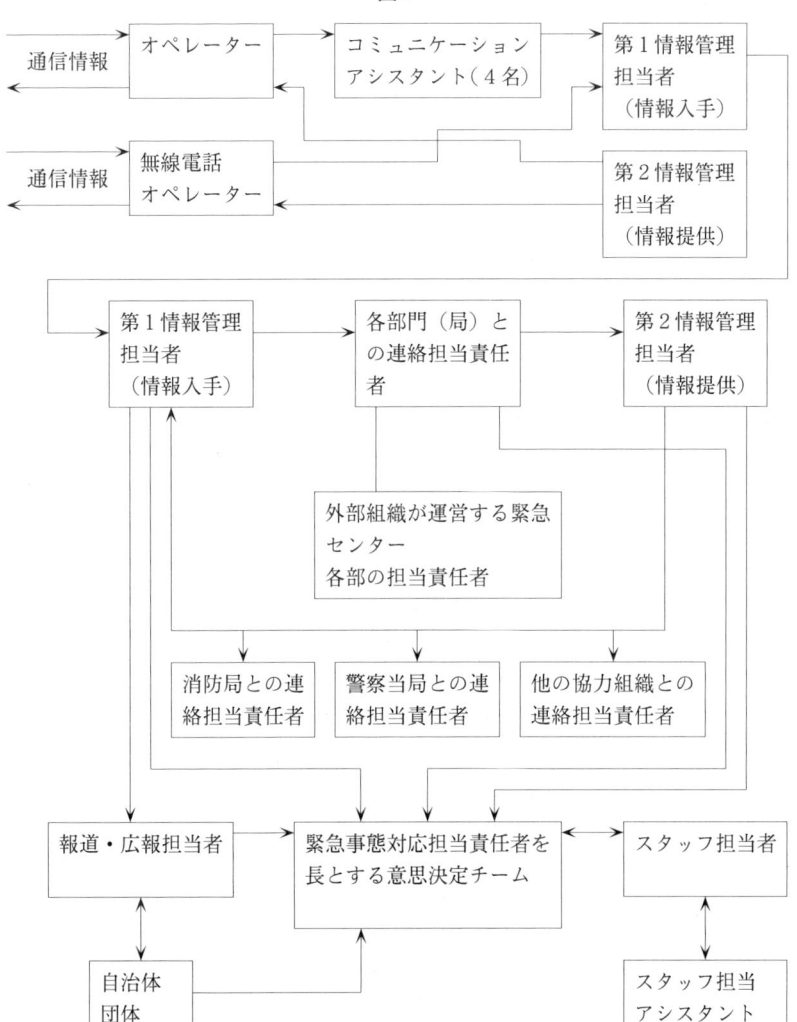

```
通信情報 ← → オペレーター → コミュニケーション → 第1情報管理
                          アシスタント（4名）   担当者
                                              （情報入手）

通信情報 ← → 無線電話              第2情報管理
            オペレーター            担当者
                                  （情報提供）
```

- 第1情報管理担当者（情報入手）
- 各部門（局）との連絡担当責任者
- 第2情報管理担当者（情報提供）

外部組織が運営する緊急センター
各部の担当責任者

- 消防局との連絡担当責任者
- 警察当局との連絡担当責任者
- 他の協力組織との連絡担当責任者

報道・広報担当者 ― 緊急事態対応担当責任者を長とする意思決定チーム ― スタッフ担当者

自治体団体

スタッフ担当アシスタント

の責任により，電話での要請には通常の手順によって対応する。さらに要請内容は，第一情報管理責任者へ伝えられる。

　情報管理責任者は自治体の権限の下で，緊急事態発生時には，事前に準備してある優先事項と基本的な戦略に基づいて要請に対処する。これらの優先事項と基本戦略は，緊急事態対応責任者と意思決定チームのメンバーによって決定される。チームは，連絡担当者，情報管理担当者，報道・広報担当者，局員幹部，幹部補佐によって構成されている。各部門の責任者は，外部に設置された緊急事態対応センターでのミーティングにも参加し，戦略上の決定に協力する。さらに，緊急事態対応行動にそって，他組織連絡担当者へ協力要請を行う。

　例えば，毛布の供給要請があったとする。要請は第一情報担当者から実際の対応行動を行う連絡担当者へ伝えられる。連絡担当者は要請に応じて，外部の緊急事態対応センターへ連絡し，毛布が供給される。仮に，関係部署の連絡担当者等が部署内部において要請に十分応えられるようにと，他部署よりも多くの毛布を確保したとする。こうした状況は，各部署が毛布を用意できる能力と関係し，在庫及び予想される毛布の使用枚数など基本事項に関連してくる。もし，過去に毛布の要請が外部機関からあった場合，または支援体制の下に毛布の使用がありそうであったが，実際には毛布は不足していたとする。その際，緊急事態対応管理責任者は，協力依頼の決定を行う必要がある。緊急事態管理責任者は，要請があった機関がどの機関であっても，緊急事態によって生ずる毛布の要請に関して決議を行う。決議が下された後，局面が展開または変わることもあるため，連絡担当者は，毛布の要請に関して現場で行動の監視を行う。

　毛布に関する要請は，緊急事態対応センターの担当者が得ているルートのうち，可能なルートを利用して行われる。それには次のようなものがある。

1) 緊急事態発生現場の自治体担当者からの無線電話による連絡または交換手を通じて行われるもの。
2) 現場事務所の自治体担当者からの電話による連絡。
3) 緊急事態対応センター内の救急サービスまたは他の連絡担当者によるもの。

第7章

災害危機管理
―― 自然災害および産業災害に対する緊急事態対応計画 ――

第1節　緊急事態対応計画立案の必要性と役割

　欧米諸国においては，自然災害や産業災害に対する脅威および弱点の評価，あるいは事故防衛に対する認識や対策は，日本に比べてかなり進んでいる。これは日本人の「災害対策は災害が発生した後，その被害の規模によって立案する」という認識と，欧米諸国における「災害対策立案は，災害が起こる前に行なうべきである」という認識の違いから生じるものであると考えられる。「他人は被害を受けても，自分は大丈夫である」という保障はなく，災害はいつ，どこで発生するのかわからないのである。

　例えば，化学工場でガス爆発が発生し，一般市民を巻き込む惨事が起きた場合，企業内の CMT は的確な対応を要求される。また，自然災害が発生した場合においても，CMT は緊急事態対応計画にそって的確な対応を遂行しなければならないのである。そのためには，いかなる緊急事態にも対応できる土台となるマニュアル作成が必要となり，そのノウハウを持つ人材の育成が重要となる。いざという場合に頼れる人材の確保の重要性はいうまでもないが，その人材がいかなる緊急事態にも対応できるためには，図7-1に示したように(1)知識，(2)計画立案，(3)訓練，(4)管理の4分野について熟知していなければならない。またそれは，緊急事態対応計画の基礎となるのである[1]。

図7-1 効果的な緊急事態対策のための訓練範囲の要点

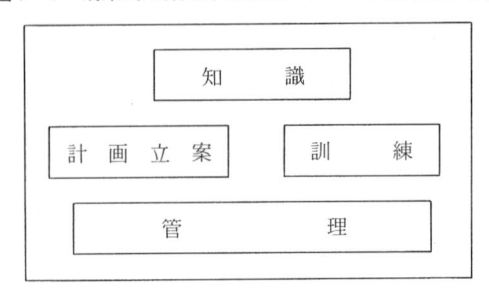

```
┌─────────────────────────────────┐
│      ┌─────────────────┐        │
│      │    知    識     │        │
│      └─────────────────┘        │
│  ┌──────────┐  ┌──────────┐    │
│  │ 計 画 立 案 │  │ 訓   練  │    │
│  └──────────┘  └──────────┘    │
│      ┌─────────────────┐        │
│      │    管    理     │        │
│      └─────────────────┘        │
└─────────────────────────────────┘
```

(1) 知　　　識

　緊急事態対応計画立案者にとって，組織とその目的についての知識（Knowledge）は必要不可欠なものである．以下の8項目は，計画立案に関する知識の基本である．

　① 緊急事態の定義
　② 組織と役割

　地方自治体の重要な目的は，警察署と消防署との役割を明確にすることである．これらの機関は緊急事態活動の方法の点で多くの違いがある．警察署と消防署はお互いに異なるオペレーション過程があり，それらの装備も違ってくるが，共通の場で協力し合うことができる．緊急事態対応計画を立案する責任を持つ地方自治体，公的機関，政府などの役割は重要である．また，自発的なボランティア団体の役割も重要である．

　③ 立　　　法

　災害に関する詳細な知識と国民の理解と，ヨーロッパ諸国にみられるような民間防災立法，産業界における大規模な事故に対する規定と危険な貨物手段などの管理は必要不可欠である．

　④ 緊急事態における自衛隊の役割

　これは自衛隊の有効な救助活動の範囲と役割，自衛隊の使用に関する法規と救済活動にともなうコストも含む．

⑤ 財　源

地方自治体は中央政府から運営資金を受け，緊急事態対応計画の研究費および活動資金に充てる。

⑥ 政治と環境

中央政府は緊急事態対応計画の分野において，地方自治体に対して指導および援助をするべきである。例えば，「プルトニウム」をめぐる問題は地方自治体レベルでの緊急事態対応計画立案者だけではなく，放射性物質の使用と運搬に関わる者の問題と密接に関わっている。

環境の問題は政治に関わる場合が多く，計画立案者は環境への影響を考慮にいれなければならない。1986年11月，スイスで起きたサンドス事件はこのことを実証している。1秒間に3万リッターもの水が消火のために汲み上げられ，汚染された水はライン川に流出した。その結果，汚染された水によって川の水はメルカプタンと他の有害化合物を生みだし，2倍に汚染された水が川に大量に広がった。また，ドイツのハンブルクで起きた冷凍庫火災事件では，11日間続いた消火活動によって大量のバターと乳化した脂肪油が流れだし，運河と湖を汚染する結果となった。また，下水システムと地下貯蔵室も脂肪油の被害を被る結果となった。

チェルノブイリ原発事故での爆発と火災もまた政治と環境を巻き込む災害であることを実証した。ヨーロッパの防火協会連盟の報告によると，「火災が発生した場合，消火そのものも重要ではあるが，火災による消火活動がもたらす環境リスクも考慮にいれなければならない」としている。つまり，不測事態による危機管理は第2，第3のあらゆるリスクを想定し，それに対応できる具体的方法の策定が緊急事態対応計画立案において重要なのである。

⑦ 民間防災活動

緊急事態対応計画の分野において，行政府は民間防災活動を無視することはできない。また，積極的に民間防災活動を支援するべきである。防災に関して他力本願的で何かと行政府側の責任にしたがる民間人の意識改革にも役立つと考えられる。

⑧ 情 報 技 術

膨大なデータを記憶させることができ，早いスピードで処理できるコンピューターの開発が求められている。情報技術開発は緊急事態対応計画組織に優れた装備を与えることにつながる。危機管理の分野において優れた情報技術は，優れた緊急事態対応計画立案につながるのである。情報技術の装備を利用し，将来の危機管理の開発を助けるためにも，これら情報技術を理解することが重要である。

(2) 計 画 立 案

CMT のメンバー全員が緊急事態対応計画をよく理解，即実行に移せるためには，緊急事態対応計画立案者は高度の伝達技術が必要である。そのためには，計画はわかりやすくはっきりとした形で示さなければならない。したがって，ここではよく問題提起を悟ったうえで計画を作成する基準を論理的に組み立てて規定するべきである。単に形式だけでなく，計画の論理性を発展させることに重点をおくべきである。この分野の研究における重要な目的達成のための要点は，①調査（研究），②識別，③構成，④還元と評価，⑤計画の実行と分析，の5項目に分類される。

(a) 調査（研究）

緊急事態対応計画をわかりやすく簡潔にするための研究は無視されがちであるが，緊急事態対応計画立案のノウハウ上重要である。

(b) 識別について

ここでは，計画のアウトラインを構成する際（とくに緊急事態対応計画を新たに創案したり再構成する場合），適正な要素と不必要な要素を臨機応変に識別することが重要になってくる。

(c) 構成について

緊急事態対応計画を構成するにあたって，少なくとも①概論，②目的，③目標，④最終構想，⑤計画の実行，⑥要件の管理，⑦個人や法人の責任分担，⑧施行手順（管理手順），⑨フィードバックと評価の9つの項目は策定するべき

である。

(d) 還元と評価

緊急事態対応計画フィードバックの評価を行なう際，必要な反応をインタビューによって得ることができる。この段階では，緊急事態対応計画の評価の反応を得ることが非常に重要である。そうすることによって，緊急事態対応計画のユーザーにとってより見やすく，より理解しやすい計画となるのである。

(e) 計画の実行と分析

緊急事態対応計画はそれを実行することにその適性を試みることができる。実行によって計画やその立案者の信頼性を認識することができ，非常に重要な成果を得ることができるのである。計画立案者が完成された計画を実際に実行することは緊急事態対応計画の発展において重要である。

計画の実行を妨げる要因が生じた場合，それに対処するためにきわめて重要なのがフィードバックと評価である。

(3) 訓　　練

イギリスの場合，1983年に制定された法律は民間防衛について定めたものであり，それによって県や行政府の職員は法律に定めたとおりに訓練を行なっている。また，地方自治体の緊急事態対応計画立案者には適切な形で行なわれる訓練が望まれている。行政府を通しての積極的な訓練の効果は，中央政府や地方自治体の指導力いかんによる。緊急事態対応訓練に関する資料を作成し，また，作成できる能力のある人材が必要とされる。

民間レベルにおいても同様である。緊急事態対応計画立案者は，緊急時において計画が的確に実行できるようにCMTメンバーを訓練させる責任があり，また，その訓練された者が一般市民を訓練させる必要がある。

訓練の過程のなかでもっとも重要なことは，「なぜ訓練をしなければならないのか」ということを認識させることである。

訓練には，緊急事態対応計画の適応性と有効性を確認するという重要な目的もある。なお，緊急事態対応計画訓練には，①技術の提供，②訓練の組織化，

③訓練計画策定および訓練の支持，の3点が重要な要素となる。

(4) 管　　理

　カナダのJ・D・W・ピーターズ氏は，緊急事態を次のように述べている。
　①　緊急事態は通常予期せぬものであり，異常な事態である。
　②　緊急事態は人命の損失，または傷害，そして財産の損害である。
　③　標準の手順に加えて管理を必要とする。
　④　早急な対応が要求される。
　これらの試みはハイレベルな管理能力を必要とする。それゆえに，管理能力は完璧な基礎的管理の修得によってなし得るものである。
　基礎的管理の例として，①管理の理論と形式，②コミュニケーション技能，③戦略と政策，④人的資源計画，⑤動機づけ，⑥チームの養成，⑦費用，予算などの計画，⑧評価システム，⑨雇用に関する立法，の9つがあげられる。

第2節　緊急事態対応計画と評価

　以上，組織のなかで緊急事態対応のための部署を設け，いかなる緊急事態に直面しても，能率的に，的確に対応できうる緊急事態対応マニュアルが作成できる人材を育成，教育，訓練することが重要であると提案してきた。
　CMTチームは常日頃あらゆる緊急事態に備え，シミュレーションを作り，訓練を実行し，緊急事態対応策を練らなければならない。実際に緊急事態が発生した場合，緊急事態対応部署が対策プランにそって実行に移さなければならないのである。
　近年，緊急事態対応計画の種類，内容は複雑化しており，また学問的にも向上している。そして，より完璧なものに近づけるために修正を繰り返している。
　もっとも重要視されているのは緊急事態対応計画に基づく訓練である。つまり，緊急事態対応計画立案とそれに基づいた緊急事態対応訓練は切り離して考えられないものであり，相対的に密接な関係にある。例えば，アメリカにおい

ては,「核の事故」に関する緊急事態対応計画は民間と公的機関が共に協力し合いながら進められている。また，各州と中央政府も互いに危機管理対応計画を促進している。

　自然災害と産業災害における双方の災害のリスクの形態が異なるために緊急事態対応計画の評価も違ってくる。

> 自然災害のリスク＝危険×弱点
> 産業災害のリスク＝脅威×弱点

　自然災害および産業災害両方の危機管理にいえることは，弱点をどのくらい克服できるかによって，被害を最小限に食い止めることができるかどうかが決まるのである。自然災害の場合，例えば台風が発生すれば，防波堤が洪水によって決壊するという危険を評価し，決壊しそうな防波堤の弱点を補い，また産業災害の場合，例えば，施設の安全システム機器が古いため作動しないことに気づかず，ガス爆発を起こす状況の脅威を評価し，安全システムの弱点を補うのである。

　定義に基づき，はっきりとした目的をもって行なう訓練は実践においても成功する可能性が高い。その目的とは，さまざまな状況を熟慮し，目的によって訓練の課程を選定しなければならない。どのような状況を想定した訓練なのかということを明確に訓練を受ける者に把握させることが重要である。緊急事態対応マニュアルや計画立案の評価と向上および訓練と心構えは危機管理のレベル向上につながり，それに関して常に評価をすることが重要である。

　製品の製造過程における品質評価というのは，過去のデータと現在の状況とを照らし合わせて決定されるのである。同様に，緊急事態対応計画立案における評価は，現在の状況と過去のデータを照らし合わせて決定するものである。

　評価の形式は訓練の目的に基づかなければならず，訓練ができうる無理のない評価が望ましい。評価をする際には，上司だけでなく部下の意見も尊重すべきである。また，評価システムは独自に開発してもよいし，他の組織の評価シ

ステムを参考にするのもひとつのアイデアである。

　緊急事態に対する常日頃の心構えは，緊急事態対応ノウハウの向上へとつながる。緊急事態対応計画に費やされる予算は掛け捨てというイメージがあるが，ある程度までは能率的に緊急事態対応計画訓練を行なうことと心構えでカバーすることができる。

第3節　目的に基づいた評価システム

1.　訓練の目的の明確化

　緊急事態対応計画マニュアルの数と種類は公民合わせて年々増加している。アメリカを例にとると，国家，州，地方共に危機管理の重要性が見直され，とくに過去10年間で工業技術が飛躍的に伸び企業の規模も拡大していることから，産業災害に対して敏感になっている。

　緊急事態対応計画のレベルアップは常日頃の訓練，計画立案，評価の3つの繰り返しによって決定される。

　計画立案と訓練の繰り返しは相互作用的にレベルと心構えを高めることになる。ここでは，緊急事態対応計画立案と訓練およびその評価について具体的に述べてみる。

　評価システムとその計画立案に関する概念のフレームワークを行ない，また，実際にその評価システムをどのようにして軌道にのせ運営していくかということを解説する。

　評価システムを導入するにあたって次の3つが重要になる。
　① 綿密に練られた評価は，訓練の内容のレベルアップにつながる。
　② 評価の効果を高めるためには，訓練を目的とした組織的な評価システムを試みること。
　③ 評価のデータがより正確になるかどうかは，評価形式を記述式にし，評価をする者の報告によって決定される。

評価システムを確立するには大変な労力，資料，知識などを使うわけであるが，それは評価と訓練を繰り返すことによってその基盤は築き上げられるのである。

2. 緊急事態対応計画の訓練に役立つ要素

　組織的な緊急事態対応訓練は，緊急事態に対する心構えや対応計画の質を向上させることにつながり，緊急事態が発生した場合，個人の身勝手な避難を防ぐことになる。

　緊急事態対応計画の訓練に役立つ要素は次の2点である。

　1つ目は，実際に発生した緊急事態を想定した訓練および実際に発生しうる緊急事態のシミュレーションを限りなく現実に近づけることである。すなわち，訓練は指導者による，より現実味のある訓練計画作りがその訓練内容の向上につながる。もし，具体的な訓練が終われば，その結果を関係者同士で集まって反省会を開くことが望ましい。訓練によって経験を積み重ね，訓練に大勢が参加することを目標とすればよいのである。

　2つ目は，長期的な展望を中心とした訓練方法の遂行である。そのためには，綿密に研究された訓練計画を立てなければならない。訓練の指導にあたる者は，過去のデータと照らし合わせて弱点を補って，より完璧なものに仕上げるために評価すべきである。緊急事態対応計画の欠点となる箇所とその手順の評価は，次回，修正を行なう際に重要である。すなわち，緊急事態対応計画立案と緊急事態対応訓練は相互的に協力しあい，評価をするという関係が望ましいのである。つまり，緊急事態対応計画立案→評価→緊急事態対応訓練→評価→緊急事態対応計画立案の繰り返しによって，効果的な緊急事態対応計画ができるのである（図7-2）。

　評価システムを計画することは比較的簡単であるが，緊急事態対応訓練をもっと有効なものにするために大変重要な要素となる。効果的な評価においてもっとも大事なプロセスは訓練の前に行なうということである。

図7-2 効果的な緊急事態対応計画作成

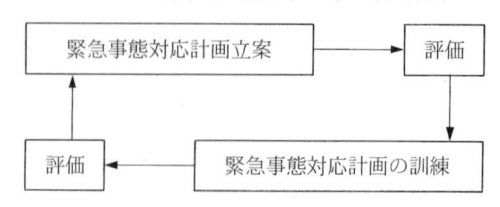

```
緊急事態対応計画立案 → 評価
        ↑              ↓
       評価 ← 緊急事態対応計画の訓練
```

　訓練の目的は明白で，訓練のなかで実際に必要な要素を提示し，将来的にも役立つものでなければならない。目的は評価の単位となり，訓練評価をする者は一つひとつの目的が合致するかどうかを決定すべきである。

　訓練評価システムのプロセスは訓練の目的の選択から始まる。仮に複数の訓練グループ，例えば産業界，地方公共団体，現地の医療チームなどが参加した緊急事態対応訓練でもそれぞれの将来についての独自の目的を明確に提示するべきである。

3. 報告書作成の基本的な役割

　評価の成果 (evaluation effort) とは，訓練の客観的分析を含む報告書の作成をすることである。報告書は訓練によってわかる長所と短所の永久的な記録を残すことであり，訓練によって得られた教訓を次の訓練に活かすことである。報告書は客観的かつ明確的でなければならない。前に述べたように，客観的分析は評価のひとつの方法であり，そうして訓練によって扱いやすく独立した機能に分けることである。また，評価目的のリストで訓練の評価をする採点カードを作成するとよい。

　客観的かつ明確的な報告書を作成するためには，データ収集と評価を繰り返し緊急事態対応計画立案者に示すことによって改善される。つまり，計画立案者は報告によって得た情報をもとに対応計画とその訓練方法を再吟味できるのである。

第4節　早期警戒システム

　セベソ，ボパール，チェルノブイリ，バスルにおけるサンドス大火災の災害のように，絶え間ない災害の発生は人びとに災害は決してなくなることのないものであることを認識させることである。早期警戒システム（Early Warning System）は大規模な災害と事故の結果として起きる人命と資産の損失を防ぐためにその重要性は増している。

　政府と緊急事態の対応をする機関は，災害が差し迫る以前に，適切な警告の手段ばかりでなく一般市民の対応の強化と緊急事態対応機関への協力をするための手段を準備するべきである。

　早期警戒システムは聴覚的，視覚的に訴えるものでなければならない。包括的な早期警戒システムの目的は，①事故発生の防止，②差し迫った緊急事態への警告，③警告と正確な情報の供給の3点である。

　これらの要素はそれぞれ重要の度合いは違うが，それぞれ独立して考えられ，また個別的に適応されがちであるが，早期警戒システムの確立にはこれら3つの要素をひとつの総体として考えねばならない。

　早期警戒システムの研究と開発プログラムはヨーロッパ諸国がもっとも進んでいるといわれている。ここでいくつかのヨーロッパの国々の早期警戒システムを紹介してみる。

　1）　デンマーク

　デンマークにおける早期警戒システムは2つの段階を促進している。第1段階は最新式のコンピューター化された早期警戒システムである。注目すべきことは，テレビおよびラジオ放送による警戒サイレンで約500人単位のすべてのコミュニティーに対して警告を発することができ，全人口の80％をカバーできるといわれている。

　第2段階は新しく開発されている警告とアドバイスを備えた放射能調査システムの準備である。これは全人口の100％をカバーできるといわれている。探知システムであるガスセンサーが開発され，1992年末までには完了してい

る。通信，データ通信システム，ファクシミリ・リンクは熱に対する防御がなされている。

　2) ドイツ

　1968年の災害管理条例の広がり以来，旧西ドイツでは民間防衛と連邦内の災害管理組織は統一された緊急事態救援システムを装備している。民間防衛は緊急事態事前準備の本質的な基礎であり，技術的または産業のプロセスにおける事故の不測事態対応計画の一部をなすものである。

　政府は一般市民の安全を脅かすすべての脅威に対する警告を発するオペレーション・システムを備えている。放射能を検出するための自動化された早期警戒システムは2,000ヶ所に設置され，毎日監視されている。そして警戒センターには専門技術者が常駐し，迅速に放射性廃棄物と放射性降下物を分析するのである。

　政府は最近，デンマークと同じようなシステムの導入を試みている。特別なシグナルを国営ラジオ放送の電波に乗せて，どんな家庭用のラジオでも受信できるようにして緊急事態の警告を発している。このシステムの特徴は1989年に試験的に試みられているが，家庭にいて警告を受信できることである。特別なアダプター装置はコミュニティーの責任者の家とオフィスに設置することができ，従来の警報システムに頼らなくとも警告を受信できるのである。

　遠隔計測器は近年発明され実用段階にきている。これは平常時の調査のために使用され，放射性廃棄物による放射能汚染の範囲を測定することができる。さらに放射性廃棄物による放射能汚染の発生源を特定するには特別なラジオ・ヌークリッドをも使用することによって特定し，また事故が産業からのものか核実験によるものか，貯蔵施設あるいは製造過程における爆発事故によるものかを特定する。

　3) オランダ

　オランダでは早期警戒システムの開発のために緊急事態時に放送委員会を設置して，ラジオ電波送信施設の利用，州の民間防衛センターからの情報供給と周波数の技術革新を行なっている。不測事態発生時と危機発生時の情報の伝達

はオランダ報道局 (ANP) の協力によって行なわれている。

4) イギリス

イギリスでは，早期警戒システムは戦時警報システムのための民間防衛管理システムの広範な近代化の後に完備された。また放射性廃棄物を調査するための国家対応計画はチェルノブイリ災害の発生によって準備された。そのため80ヶ所の重要な場所に自動化された監視基地を設置している。注目すべきことは，中央情報センターで最新の情報伝達技術を用いて，一般市民，メディア，関係省庁に情報と警告を発する。しかし，これらの施設の多くは国防省の調査施設であるが軍事施設ではない。そしてここで空気，雨，土壌のサンプリングの分析と調査が行なわれるのである。

放射性廃棄物の汚染調査方法は農林省，水産庁，食糧庁で確立され，牛乳，野菜，飲料水のサンプリングで穀物，食料，家畜の汚染状況を分析する。

注：
(1) ①G. Carrol and S. Kidd, "Emergency Planning a Qualification", *Disaster Management*, Vol.3, No.2, 1990, pp.98-102.
②Report of the Working Party : Association of Civil Defence and Emergency Planning Offices, 1978/9.
③J. D. W. Peters, "Crisis Management… Further Thoughts", *Emergency Preparedness Digest*, April-June 1989.

参考文献：
1) R. Bottom Norman, Jr. and John I. Kostanoski, *Introduction to Security and Loss Control*, Prentice Hall, Englewood Calfs, 1990, pp.277-290.
2) "Natural Disasters and Vulnerability Analysis", *UNDRO*, Geneva, 1982.
3) United Nations, *Disaster Prevention and Mitigation Preparedness, Aspects*, 1984.
4) K. Lermer, "Systematic Emergency Exercise Evaluation Design", *Disaster Management*, Vol.3, No.2, 1990, pp.103-108.
5) D. Hunter, "Dealing with Emergencies Involving Hazardous Substances", *Disaster Management*, Vol.3, No.1, 1990, pp.24-28.
6) G. Pandey, "Development and Disasters : Tasks during the International Decade of Natural Disaster Reduction", *Disaster Management*, Vol.3, No.2, 1990, pp.77-81.

第8章

地震災害危機管理

　地震災害危機管理には，地震による被害を想定し，その被害を最小限に食い止める措置を平時より整備しつつ，地震発生時の緊急対応をあらかじめ定め，かつ，その後の速やかな業務復旧のための手順を定めておくことが必要である。つまり，①被害想定，②事前被害軽減措置，③緊急事態対応，④業務復旧の4段階の対応が不可欠である。

　各段階での対応について，以下に詳しく説明する。

第1節　被　害　想　定

　阪神・淡路大震災は，企業がこれまで想定してきた以上の大きな被害をもたらした。

　従来の企業の地震災害マニュアルでは，地震による被害の程度は，企業の中枢部では軽微で，迅速な対応，復旧ができると考えられてきた。ところが阪神・淡路大震災では，本社や工場が著しい損害を受けたり，通信や鉄道，道路などのライフラインがマヒし，従業員が被災して出社できず，さらに関連企業までもが被災したために，生産ネットワークが寸断されるという事態も起きた。さまざまな分野で企業活動の継続が危うかったのである。

(1) 地震規模

わが国におけるこれまでの「予知型」を前提とした地震対策では，人命および財産の損失を最小限に食い止めることはできない。今後は最悪の被害想定を基準とした「突発型」地震への対策を強化すべきである（ここでいう最悪の想定規模とは，現在最も大きいとされる震度7以上の地震のことである）。

震度7以上の地震では，電気，ガス，水道といったライフライン以外に，電話やコンピュータなどの通信網，物流や従業員の通勤の手段となる鉄道や高速道路などの交通網といった都市基盤が寸断され，これによって企業活動が停止する。つまり最悪のシナリオでは基本的な都市機能がすべて停止し，かつ最低72時間は復旧が進まないことを認識する必要がある。

(2) 被害規模

地震は本社，支店，営業所，工場など広範囲に起こることを想定すべきである。これまでの日本企業の地震対策は事業所ごとに立案される傾向が強かったが，今後は全社施設を対象にした広域的な危機管理が必要である。なお，想定すべき企業の被害例は次のとおりである。

① 施設の被災

これまでの地震対策では想定されていなかったが，特に古いビルの場合は建物が倒壊する可能性があることを盛り込むことが不可欠である。また工場・店舗の場合も同様であり，建物の倒壊，設備の破壊，コンピュータや通信機器の破損を考えておく必要がある。

② 従業員の被災

就業時間中に被災すると，オフィス内で多数の死傷者が発生する。訪問客や従業員の救出，負傷者の応急手当などの対応策の整備が必要となる。従業員とその家族が被災し，通勤手段の交通機関が不通になれば，従業員の出社率が著しく低下する。そのため必要な人員が確保できなくなり初期対応が遅れてしまう。したがって，低い出社率でも緊急対応策が実行できるよう危機対応組織を構築しておくべきである。

③　諸システムの停止

通信が途絶して営業所間の連絡や指示ができなくなる。この状態は72時間以上に及ぶことを認識して，複数の通信手段（例えば衛星通信や無線など）の確保が必要である。コンピュータシステムは，バックアップシステムがなければ早期復旧は困難となる。

④　企業ネットワークの断絶

生産・営業ネットワークが崩壊すれば企業の存続が危ぶまれる。平時より原材料・部品や商品などの仕入先，販売ルートを複数化することや，関連企業の復旧を支援する対策の整備が必要である。

(3)　発　生　時　刻

当然ながら最も悪い時間帯に起きることを想定すべきである。少なくとも就業時間内とそれ以外の2通りの地震対策を講じておくことである。

第2節　事前被害軽減措置

事前被害軽減措置には，ビルや工場の建物の耐震診断や補強，さまざまな危険物の削減，食糧品，飲料水，医薬品，仮設トイレ，毛布などの防災備品の備蓄や訓練など，総合的な地震災害対策の目的を完遂するために，平時に継続しなければならない地震災害対策のすべてが含まれる。

(1)　建築物の耐震診断および耐震補強

建築物が倒壊し，従業員およびその家族の安全を脅かす危険性を削減する対策である。

具体的には次のような対策がある。

①　所有建物を分類し，目録を作成する。
②　建物の耐震診断を行なう。
③　災害対策本部や従業員の避難所に使用する建物のリストを準備し，耐震

性を高めておく。

④　弱い建物の耐震補強を行なう。

なお耐震診断は（財）日本建築防災研究会発行の『既存鉄筋コンクリート造建築物の耐震診断基準・同解説』や『建築物の耐震診断システムマニュアル』などに基づいて行なわれる。したがって、第一次耐震診断法（建物の柱と壁の断面積を用いて簡易に強度を計算し判定する方法）は、建築の知識が多少ある人であれば、手計算で可能である。

また、より高度な第二次耐震診断法（梁や床が壊れないと仮定して、柱のみの終極強度を計算し、ある程度の粘りも加味した判定を行なう方法）、第三次耐震診断法（柱に加えて梁の終極強度も計算し、強度と粘りの両面から判定する精度の高い方法）は、建築構造の専門家に委ねるのが適切である。

ところで、建物本体以外の重量物の固定や天井の補強などの建築設備機器、建築造作については、建築・設備業者による対策が必要であるが、通信機器・什器備品に関しては机上の整理や棚の固定など、素人でもちょっとした配慮でリスクを大幅に軽減できるものも多い。

(2)　通信手段の確保

通信手段の途絶は、阪神・淡路大震災においても地震災害時の諸活動を停止させ、業務復旧を著しく遅らせる要因となった。したがって、通信手段については二重化を図ることが大切である。

具体的には次のような対策がある。

①　通信手段の途絶の可能性を評価する。
②　途絶しない通信手段を検討し、確保する。
③　緊急連絡用のホットラインを確保する。

(3) 自治体との相互援助体制の確立

企業の地震災害対応をスムーズに行なうためには，自治体との相互援助協力体制を確立することが不可欠である。特に救急医療や避難方法に関しては，地域の消防署との連携が必要である。

(4) 従業員への情報提供

従業員およびその家族に対して地震の脅威と潜在的な危機を警告し，地震準備活動を奨励するものである。

具体的には次のような対策がある。

① 最低72時間サバイバルが図れるための食糧および飲料水の備蓄を奨励したり，避難手段，救急医療・介護チームなど，企業における地震への準備状況を知らせたりする。

② 自宅における防災について従業員を指導し，従業員の家族の安全意識を高める。

③ 従業員の出社基準や職場復帰などの行動基準を知らせる。

(5) 防災備品の備蓄および避難所の設置

従業員の避難所の設置，食糧や飲料水の備蓄および地震発生時の従業員の救護に関する規定の策定が含まれる。

(6) 顧客への情報提供

顧客に対して，地震発生時に自社の施設や建物内にいた場合にとるべき行動を指導する。月例報告，ニュースレター，社内報，サービス案内，広告などによって，自社の地震災害対策の情報を顧客に知らせることができる。

また，企業としての役務やサービスに関し，地震発生時の会社の方針を大衆に知らせる方法の策定も必要である。

(7) 重要記録書類の保護

登記簿や証書・契約書など，会社にとって重要な記録書類は，法的・財務的な面で業務復旧，事業再開に不可欠なものである。したがってこれらの重要な記録書類については，その二重化や，さらに二重化した記録書類の構外保管場所の確保も検討すべきである。

(8) 危険物管理

リスクに結び付きそうな兆候や潜在的危機を発見し，危険物や火災による人命および財産への被害を削減する手順を策定し，その要員を選任しておく。

具体的には，まず何よりも企業が使用している危険物の種類と保管場所のリスト化を行うことである。また，地震発生時において従業員および住民の安全を脅かす可能性のある化学・石油プラントなどの緊急停止手順や住民の避難方法などを確立する。さらに危険物の除去，封じ込めの手順を開発しておく。

第3節　緊急事態対応（地震発生後 72 時間にとるべき行動）

巨大地震が発生したら直ちに次の行動を実施する。
① 従業員の人命救助・救急処置
② 避難・誘導
③ 従業員への緊急情報の伝達
④ 従業員および顧客の安否確認
⑤ 従業員の救護
⑥ 被害状況の把握
⑦ 施設機能の維持あるいは緊急停止
⑧ 復旧活動への着手

通常，緊急事態発生中は，「地震災害対策本部（仮称）」が業務を統括する。この組織は危機管理チーム（CMT）と，緊急オペレーションセンター（EOC）などの緊急対応実施グループとで構成される。

(1) 地震災害対策本部の設置

地震災害対策本部の役割と各任務の責任者および代行を定める。また，対策本部を設置する本社が地震によって使用不可能な状況も考慮し，バックアップの本部の設置場所を定める。

(2) 緊急事態対応活動の内容

① 従業員の人命救助・救急処置

就業時間中に巨大地震が発生すると，オフィスや工場内で多数の死者がでることが考えられる。救急手当センターを設置し，負傷者に対してはできる範囲で応急手当を行ない，施設内の従業員全員の救助に努める。なお，病院への搬送についてはトリアージ（負傷者選別）の概念を取り入れ，優先順位をつける。

② 避難・誘導

従業員の安全が脅かされた場合は，危険な施設からの避難を命令する。具体的には，地震災害対策本部の指示によって，従業員などに危険状態を警告し，避難手順を知らせ，訓練を受けた防火管理者が避難を誘導する。また，避難後，各部署から運び出された重要書類，データや物品をとりまとめて管理する。

なお，施設に再び入ることが許可されるのは，緊急事態が解除されたときか，十分な安全が確保されたときである。

③ 従業員への緊急情報の伝達

従業員に対し，地震の発生と危険の回避を警告し，地震対策本部から公式な指示・連絡（避難，業務停止，代替施設への営業機能の移転など）を行なうとともに，交通機関や電気・水道などの重要なライフラインの状況などについて伝達する。なお，利用可能な通信手段を用いて，施設の被災状況，火災などの二次災害の危険性，余震，危険回避のための行動，被災者の救護策などについて警告や助言をする。

④ 従業員および顧客の安否確認

就業時間内においては従業員や社内にいる顧客の安否を確認し，就業時間外においては従業員の安否を確認する。なお，安否確認情報のない場合には，最

悪の事態を想定して対応を考えると同時に，情報収集に努める。場合によっては，各部署の責任者が安否情報をとりまとめ，未確認情報の確認を行なう。

⑤ 従業員の救護

従業員の救護ならびに被災して住居をなくした従業員の住居確保，会社の備蓄の水と食糧の供給を行なう。必要に応じて，被災従業員の仮住居，ホテルの手配などを行なう。

⑥ 被害状況の把握

巨大地震の結果生じた建物・施設，設備などの損傷度合いを把握し，危険な箇所の発見を行なう。

活動内容は，次のとおりである。

 (a) 被害状態を統括し，地震災害対策本部に報告する。
 (b) 被害状況を社内各部署に伝達する。
 (c) 機器の操業停止，避難や資材および人員の投入に関する提言を行なう。
 (d) 周辺地域の被害を把握する。

⑦ 施設機能の維持あるいは緊急停止

企業の施設・設備の損害について技術的な評価を行ない，施設の使用の適否を判断し，場合によっては，施設の使用停止を地震災害対策本部に提言する。また，有害物質が発生する危険性のある生産設備，データ保持が必要なコンピュータの緊急停止を実施する。

⑧ 復旧活動への着手

顧客や納入業者，物流業者などの被災状況を把握し，必要な復旧支援策を考えるとともに，代替原材料の確保，代替ルートの整備を検討する。また，販売を維持するための在庫の確保，延滞ない物流の可能性，販売店舗の被災状況に関する情報を収集する。なお，自社の販売施設，物流倉庫などの被災状況については，施設や設備機能の維持部門と協力して調査する。

第4節 業務復旧

　業務復旧の方法や手順については，被災のレベルや状況によって異なるため一概にはいえないが，電気，ガス，水道といったライフラインが最低72時間は復旧しないことを想定し，その状況のなかで，何を，どのような手順で復旧させるかを，あらかじめ明確にしておく必要がある。

　以下に，ポイントとなる項目をあげる。

　① 被害状況の評価と復旧優先順位の明確化

　建物・施設・設備の損傷度合いを評価し，修理と操業および営業回復に必要な資材・労働力を明らかにするとともに，誰が，何を行なうかの役割分担を決める。その際，業務復旧のカギになる設備は何かを明確にし，優先順位をつけて取り組む必要がある。

　② 自治体とのコミュニケーション

　ライフラインの復旧は，自治体や電力・ガス会社と緊密なコミュニケーションをとりながら行なわなければならない。特に輸送ルートの復旧計画や復旧作業の状況に関する情報収集に努め，最新の情報に基づいた復旧計画を立てる必要がある。

　③ 地域住民・ユーザーとのコミュニケーション

　周辺地域の住民や顧客・ユーザーに対し，自社の業務停止および復旧予定についての情報を定期的に提供する。

第5節　地震災害対策ガイドライン

(1) 地震災害対策策定の取り組みの前提

企業の地震災害対策は自治体との協力体制を確立しないと機能しないので，まず何よりも行政の防災計画を熟知しなければならない。

(2) 企業の地震災害対策に不可欠な要素

① 災害対策の必要性の認識

壊滅的な大地震によって発生する企業の損失コストを正確に見積もることはできないが，それが企業経営に直接的かつ多大の影響を与えることは必至である。したがって，プレアクティビティ（事前活動）を行なうことによって，有効な対応と迅速な復旧，そして損失コストの削減が可能となる。

② 教育・訓練の実施

地震災害対策が策定されたあと，教育と訓練が実行されなければならない。特に訓練は最悪の事態を想定した条件のもとで，専門家の指導をきちんと受けて行なわなければ役に立たない。本来，訓練とは「(知識＋反復)÷方法」である。訓練は恐怖を軽減するためのものである。実際に恐怖は訓練の未熟さの結果であるといわれている。

従業員の訓練は，地震発生時の身体の保護，ダメージの調査，救助，救命，消火その他の緊急対応活動の訓練プログラムを策定して行なうべきである。

③ 経営者の関与

経営者は，企業の地震災害対策への取り組みを十分なものにするために，指導力を発揮しなければならない。

(3) 地震災害対策の重要ポイント

企業の地震災害対策を策定するためには，次のような項目についての対応，復旧および準備計画を策定することが必要である。

① 自治体などの防災計画と矛盾しないこと
② 対策は，企業の施設や設備と地域のライフライン網などの耐震性に関する情報に基づくこと
③ 対策は，事前被害低減，緊急時対応，業務復旧のすべての段階をカバーすること
④ 対策には，企業の損失縮小，従業員の安全，設備と装置の保全を盛り込むこと
⑤ 対策は，利用できる資材および人材の範囲内で，合理的な時間内で実行できること
⑥ 対策は，企業内で容易に理解され実行されるものであること

(4) 最悪のシナリオに基づく地震災害対策
① 震度7以上の大地震は次のような状況をもたらす。
・多数の死傷者が発生する。
・企業活動に必要な機械設備が破壊される。
・社会経済面に深刻で長期的な影響を及ぼす。
② 通信と生活に必要な社会的システムは破壊される。
③ 津波，火災，液状化現象や危険な化学物質の流出事故のような二次災害が誘発される恐れがある。
④ 従業員およびその家族の大多数が被災する。就業時間外の従業員は出社が著しく困難となる。
⑤ 行政による災害対策本部が設置され，生活支援と非常時対応活動が開始されるが，72時間以内の援助は期待できない。

(5) 対策策定の手順
大地震による企業の被害と現在の対応能力の間にどんなギャップがあるかを，以下に示したチェックリストによって確認する。

地震災害対策策定時に検討すべき事項（チェックリスト）

☐ ビルが建っている地盤や活断層の調査をしたか。
☐ 建築物の耐震性を検証したか。
☐ 什器・備品などは固定されているか。
☐ 通信システムは代替性が確保されているか。
☐ 代替のコンピュータ施設は利用できるか。
☐ 重要な記録類の保全に関する規定はあるか。
☐ 緊急時の操業停止の手順は定められているか。
☐ 警告および連絡網は整備されているか。
☐ 施設・設備の復旧手順は定められているか。
☐ 避難の手順は定められているか。
☐ 関係先への情報提供手順は定められているか。
☐ 死傷者に対して応急手当ができるか。
☐ 応急的な事業資金は確保できるか。
☐ 災害時の救助は迅速に行なえるか。
☐ 緊急対応資材および人材は確保できるか。
☐ 自治体の防災計画に関する知識はあるか。
☐ 従業員の行動基準は整備されているか。
☐ コミュニティを支援する計画はあるか。
☐ 賠償責任および保険は明確か。
☐ 教育，訓練は実施されているか。

第6節　地震災害対策マニュアル例

1. 地震災害対策本部の設置とその役割

(1) 災害対策本部の設置

地震発生後，本社は速やかに「災害対策本部」を設置する。

災害対策本部は社長または危機管理担当役員を本部長とした組織であり，被災時における本社の活動のすべてを指揮・統括するものである。

① 設置場所
- 災害対策本部は本社ビル内（危機管理センターまたは会議室）に設置するものとする。
- ただし本社ビルが壊滅的な被害を被った場合は，順次，○○工場，○○工場，○○支店，○○支店，○○支店を候補地とする。
- 本社設置が不可能な場合は，設置予定場所の責任者間（工場長または支店長）と協議のうえ，決定する。
- 社長または危機管理担当役員の決裁が不可能な場合は，クライシス・マネージャーまたは総務部長が決裁を行なう。

② センター長（または本部長）およびセンター要員
- 災害対策本部は，本社の場合は危機管理対策本部を中心として組織し，原則として社長または危機管理担当役員が本部長を務める。
- 万一，社長または危機管理担当役員が災害本部長を務められない場合は，クライシス・マネージャーまたは総務部長がその任にあたる。
- クライシス・マネージャーまたは総務部長が災害対策本部長を務められない場合は，他部署の長がその任にあたる。また災害現場にいち早く到着した管理者が暫定的な陣頭指揮をとるものとする。
- 災害対策本部が本社以外に設置された場合，本部長ならびに総務部スタッフは，できるだけ速やかに現地に集合することとする。ただし交通機関，連絡機関などのマヒによって迅速な集合が不可能な場合は，その

間，現地の責任者（支店長，事業所長，工場長）が本部長を代行するものとする。

(2) 災害対策本部の役割

災害対策本部は災害時における企業の情報・指令センターであり，社内外へのあらゆるコミュニケーションに関する責任を負う。

災害対策本部は，本部長，副本部長以下，総務・管理，医療・介護・救援，広報，渉外，情報管理，復旧，記録の7部門を担当する下部組織からなる。各部門の具体的活動には，以下の項目があげられる。

① 総務・管理担当
  i 社員および家族の安否確認
  ii 被害状況の確認・分析
  iii 人員の配置
  iv 関連機器・什器（仮設トイレ，毛布，携帯電話，携帯無線など），医療品，食糧，飲料水などの調達および配分

② 医療・介護・救援担当
  i 被災した社員および家族への医療・介護活動
  ii 避難所および仮設住宅の手配（宿泊体制の準備）
  iii 消火活動
  iv 被災した社員への相談窓口の設置

③ 広 報 担 当
  i 社内への情報伝達
    ・営業活動について
    ・救援活動の内容について
  ii メディアへの対応
    ・被害状況の説明，当面の営業活動，復旧の見通しなどについて
    ・新聞，テレビ，ラジオなどへの広告出稿について
  iii ニュースリリースの発行

④ 渉外担当
　ⅰ　法務・規制などへの対応
　ⅱ　警察署・消防署・自治体災害対策本部・地域社会・ボランティア団体との連絡，企業間の相互援助への対応
　ⅲ　顧客への対応
　　　被害状況の説明，当面の営業活動，復旧の見通しなどについて
⑤ 情報管理担当
　ⅰ　情報の収集・分析および部門内の情報伝達・伝令
　ⅱ　電話・無線などの通信連絡網の確保・整備
⑥ 復旧担当
　　被災したコンピュータおよび通信施設の復旧
⑦ 記録担当
　ⅰ　重要書類の保全
　ⅱ　実施事項の記録

2. 災害対策本部組織図

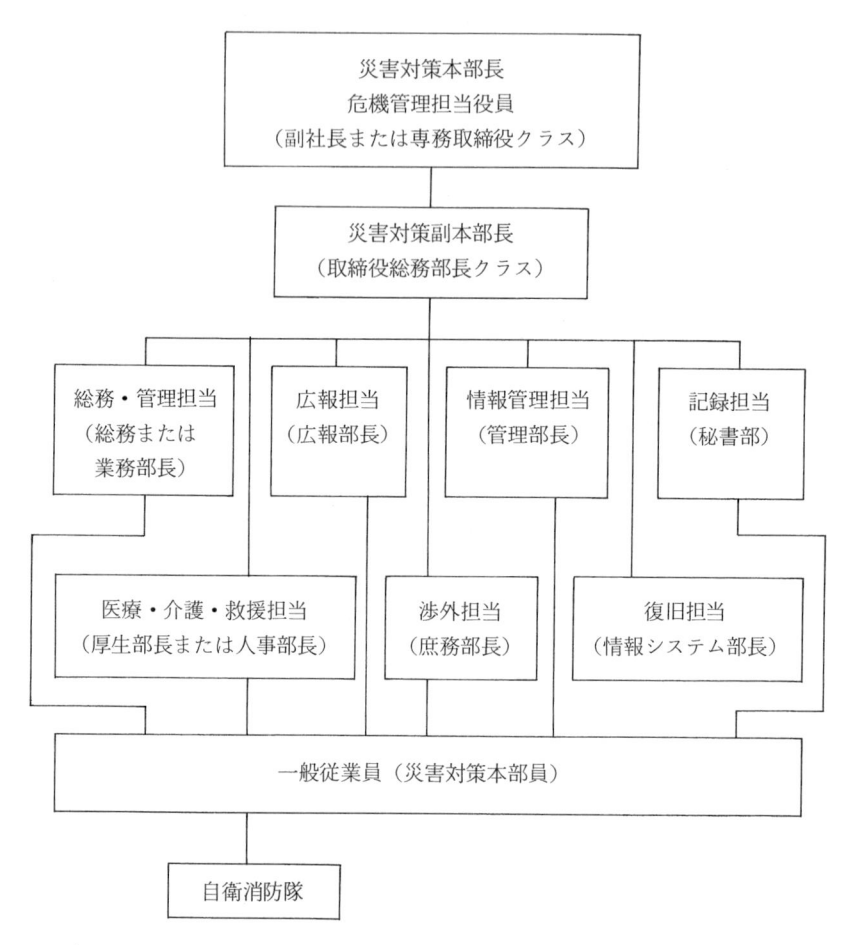

```
                    ┌─────────────────────────┐
                    │      災害対策本部長       │
                    │    危機管理担当役員      │
                    │（副社長または専務取締役クラス）│
                    └─────────────┬───────────┘
                                  │
                    ┌─────────────┴───────────┐
                    │     災害対策副本部長     │
                    │  （取締役総務部長クラス）  │
                    └─────────────┬───────────┘
                                  │
       ┌──────────────┬───────────┼───────────┬──────────────┐
       │              │           │           │              │
  ┌─────────┐   ┌─────────┐  ┌─────────┐  ┌─────────┐
  │総務・管理担当│   │ 広報担当 │  │情報管理担当│  │ 記録担当 │
  │（総務または │   │（広報部長）│  │（管理部長）│  │（秘書部）│
  │ 業務部長）  │   │         │  │         │  │         │
  └─────────┘   └─────────┘  └─────────┘  └─────────┘

  ┌──────────────────┐  ┌─────────┐  ┌──────────────────┐
  │ 医療・介護・救援担当  │  │ 渉外担当 │  │    復旧担当      │
  │（厚生部長または人事部長）│  │（庶務部長）│  │（情報システム部長）│
  └──────────────────┘  └─────────┘  └──────────────────┘

              ┌─────────────────────────────────┐
              │    一般従業員（災害対策本部員）    │
              └─────────────────────────────────┘
                              │
                       ┌─────────────┐
                       │  自衛消防隊  │
                       └─────────────┘
```

＊各部門のメンバー構成については，本社安全衛生委員会ならびに自衛消防隊の活動とも併せて検討する必要がある。

3. 地震災害対策本部の活動フロー

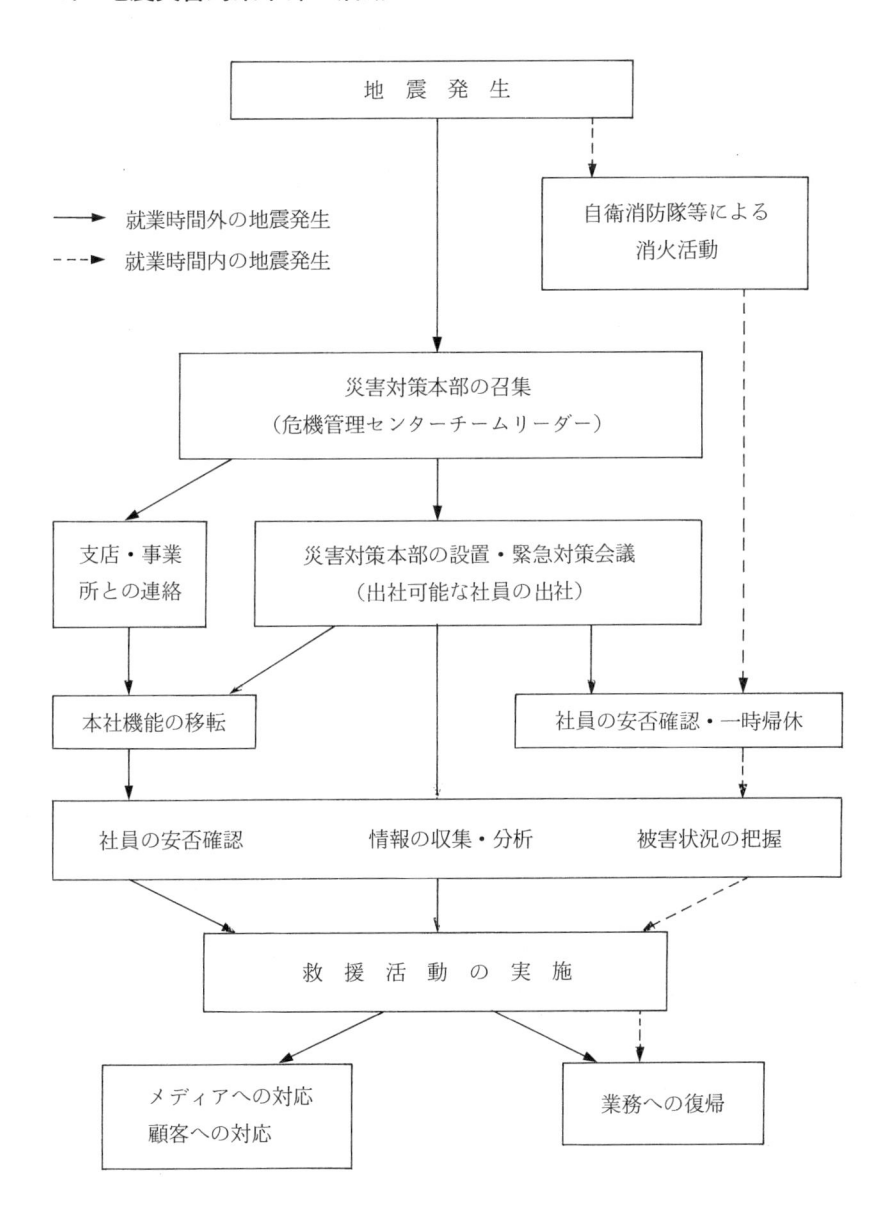

```
                    ┌─────────────┐
                    │  地 震 発 生  │
                    └──────┬──────┘
                           │
      →  就業時間外の地震発生          ↓
      ---→ 就業時間内の地震発生   ┌──────────────────┐
                           │ 自衛消防隊等による │
                           │   消火活動        │
                           └──────┬───────────┘
                    ↓
         ┌──────────────────────────┐
         │    災害対策本部の召集       │
         │ (危機管理センターチームリーダー) │
         └──────────┬───────────────┘
                    ↓
   ┌──────────┐  ┌──────────────────────────┐
   │支店・事業 │  │ 災害対策本部の設置・緊急対策会議 │
   │所との連絡 │  │   (出社可能な社員の出社)      │
   └────┬─────┘  └──────────┬───────────────┘
        ↓                    ↓
   ┌──────────┐         ┌──────────────────────┐
   │本社機能の移転│         │ 社員の安否確認・一時帰休 │
   └────┬─────┘         └──────────┬───────────┘
        ↓                          ↓
   ┌────────────────────────────────────────┐
   │ 社員の安否確認  情報の収集・分析  被害状況の把握 │
   └──────────────────┬─────────────────────┘
                     ↓
              ┌──────────────┐
              │ 救援活動の実施 │
              └──┬────────┬──┘
                 ↓        ↓
      ┌──────────────┐  ┌──────────┐
      │メディアへの対応│  │業務への復帰│
      │顧客への対応   │  └──────────┘
      └──────────────┘
```

4. 自衛消防隊の編成とその役割

社内消防チームは，主に就業時間内に地震が発生した場合に稼働するもので，現行の自衛消防隊組織を中心とする。
- 自衛消防隊組織は，地震・火災の発生に際し社員の安全確保を最優先とし，また，会社資産の被害を最小限に食い止めるための活動を行なう。
- 本社ならびに工場の自衛消防隊組織のメンバーは，本社および工場各部門より数名ずつ任命されるものとする。

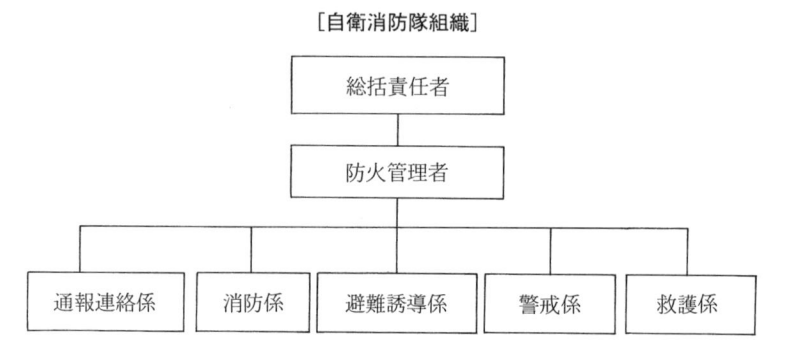

［自衛消防隊組織］

```
        総括責任者
            │
         防火管理者
   ┌──────┬──────┼──────┬──────┐
通報連絡係  消防係  避難誘導係  警戒係  救護係
```

5. 災害時の連絡網1（就業時間内）

(1) **就業時間内に地震が発生した場合**

就業時間内に地震が発生した場合，一般社員は危機管理センター長（または総務部長）の指示に従って避難・行動する。したがって，本社社屋内での安否確認のための連絡網は，以下のようになる。

(2) **外出・出張中に本社地区で地震が発生したことを知った場合，もしくは自身も被災してしまった場合**

災害対策本部への連絡を第一とする。ただし本社に対策本部が設置できない

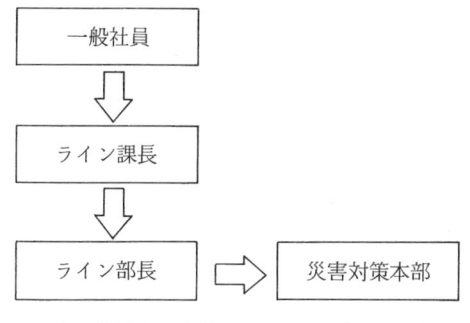

```
┌──────────┐
│ 一般社員  │
└────┬─────┘
     ▽
┌──────────┐
│ ライン課長│
└────┬─────┘
     ▽
┌──────────┐      ┌──────────────┐
│ ライン部長│ ⇒  │ 災害対策本部 │
└──────────┘      └──────────────┘
```

ライン部長は，当該ラインまたは部門に所属する社員の安否を把握し，災害対策本部に報告する責任を持つ。

場合，または通信ラインが途絶しているといった場合には，最寄りの支店・事業所に連絡を入れる。

6. 災害時の連絡網2（就業時間外）

　就業時間外に地震が発生した場合，災害対策本部長，同副本部長，および各担当者は，できる限り早い時点で連絡を取り合い，災害対策本部の設置を行なわなければならない。

　したがって，災害対策本部の主要メンバーは，常に縦横の連絡が可能な状態にしておく必要がある。

　災害状況によって通常ラインでの連絡が困難な場合，社員の安否などの情報は，必ずしも直属長を経由するとは限らない。したがって，一般社員から災害対策本部，あるいは支店・営業所などに直接連絡がいく場合を想定し，支店・事業所と本社間の連絡網も設置しておく必要がある。

[災害対策本部の緊急連絡網]

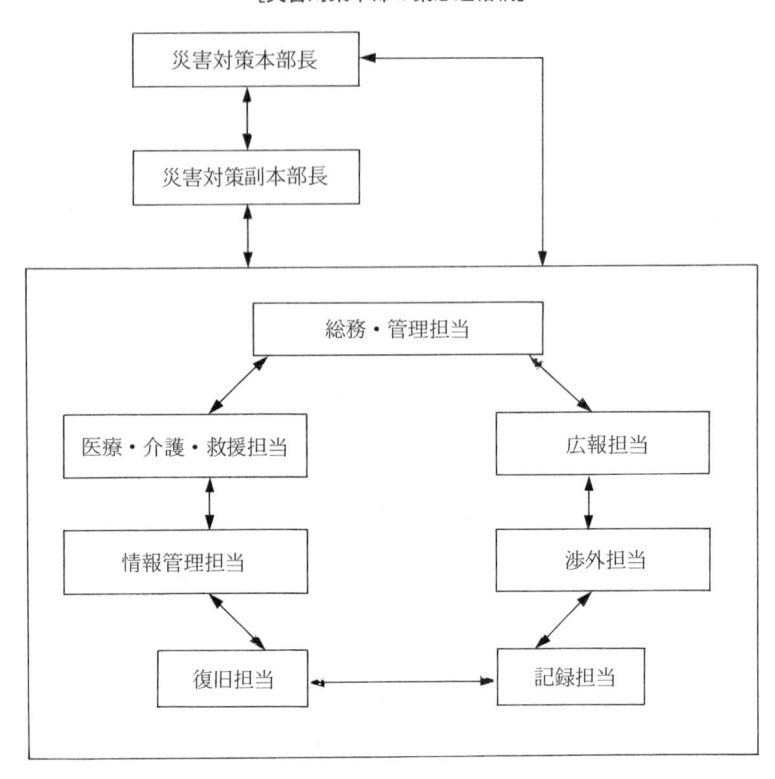

```
        災害対策本部長
             ↕
        災害対策副本部長
             ↓
    ┌─────────────────────────────┐
    │       総務・管理担当         │
    │         ↕                   │
    │ 医療・介護・救援担当  広報担当│
    │    ↕                  ↕     │
    │ 情報管理担当         渉外担当│
    │    ↕                  ↕     │
    │  復旧担当 ←→        記録担当│
    └─────────────────────────────┘
```

7. 地震災害時の渉外活動

　災害時の渉外活動は，主に顧客，マスコミ，地域活動の3つに大別できるが，いずれの活動においても，被害状況を正確に把握したうえでの対応が必要不可欠である。

　　・情報を社外に公開するにあたっては，災害対策本部がすべての責任を負う。

　　・マスコミに対する窓口は，災害対策本部広報担当部門に一本化する。

　　・営業担当者が各顧客に伝えるべき内容も，災害対策本部（渉外担当）によって統一されたものとする。

(1) 被害状況の把握

災害時の顧客対策では，生産設備の被害を最小限に食い止め，生産・出荷・輸送・販売ルートを迅速に復旧させることが肝要となる。そこで，災害対策本部（情報管理担当）は，各施設の被害状況の把握をできるだけ早く行なう。

［被害状況のチェック項目］
- 死者およびケガ人の数（収容場所）
- 避難者の数
- 事務所および工場施設の被害状況
- 在庫品の被害状況
- 周辺地域の被害状況（被害地図の作成）
- 被害額の推定
- その他

なお，災害対策本部（記録担当）は，被害状況および復旧状況を写真，ビデオなどによって記録しておく必要がある。

(2) 災害時の渉外活動

災害時の渉外活動は，災害対策本部（渉外担当）が担当する。

被害状況について，また災害対策本部の設置場所，本社機能の移転先，代行業務を行なっている事業所の連絡先などについては，以下の方法で顧客に伝えることができる。

［顧客への連絡方法］
- 主要一般紙への広告
- テレビ，ラジオへの広告
- ニュースリリースの発行
- 顧客への直接訪問
- 顧客専用回線（電話・FAX）の設置
- その他

マスコミには，できる限り最新の情報を提供しなければならないが，未確認

または統一のとれていない情報は企業のイメージに大きく影響する。そのためマスコミからの問い合わせに対しては、情報整理の行き届いた少数のスポークスマンが対応することが望ましい。

スポークスマンの任命については、災害対策本部内で検討する。

(3) 地域への協力

本社周辺地域の避難場所、病院を確認しておき、近隣住民への救援活動が必要になった場合のボランティア活動に備える。

8. 地震災害時の社内広告活動

社内伝達事項は、災害対策本部（広報担当）を発信源とした文書で伝えること。

災害対策本部は、社内通達文書（社内報、社内告知板、FAXなど）の発行・配付によって、被害状況や復旧の見通し、救援活動の内容に関する情報を逐次社員に報告する。

なお、これらの社員通達内容の検討および文書の作成・配付は、災害対策本部（広報担当）の責任とする。

9. 防災用品・備蓄

災害時には、本社に勤務する社員の約3割程度が、災害対策本部の仕事や交通のマヒなどによって、2〜3日帰宅できないと考えられる。これらの社員のために、飲料水・食糧・寝具などの備蓄が必要である。

また社員の安全確保のため、ヘルメット、懐中電灯、軍手といった防災用品も必要である。

(1) 防災用品
 ・ヘルメット　・ラジオ　・懐中電灯　・寝　袋　・毛　布
 ・軍　手　・ロープ類　・ガムテープ類　・担　架　・固形燃料
 ・乾電池　・卓上コンロ　・救急医薬品（包帯，救急バンソウコウ，消毒薬など）　・工　具　・仮設トイレ　・その他

(2) 飲料水・食糧
 ・ミネラルウォーター　・乾パン　・水もどし餅　・アルファ米
 ・缶詰め　・ドライフーズ，チョコレート　・その他

(3) 災害対策本部に必要な設備など
① 重要書類
　社員名簿（現住所，緊急連絡先を明記したもの）／社内配置図
② 設営用具
　車両／テント／ロープ類／ガムテープ類／工具類
③ 機器・什器類
　机，椅子，ロッカー類／携帯ラジオ，テレビ／文具類
④ 情報通信機器類
　電話（携帯電話），FAX／パソコン／無線機
⑤ 記録用機器類
　テープレコーダー，カセットテープ／カメラ，フィルム／ビデオカメラ，ビデオテープ／コピー機
⑥ 各種用紙
　コピー用紙／FAX用紙／プレスリリース用紙／社員通知用紙
⑦ 地図（被害地図）
⑧ 光熱関係／自家発電器，バッテリー／各種燃料
⑨ 簡易トイレ，洗面設備

自治体の災害危機対応システム（案）

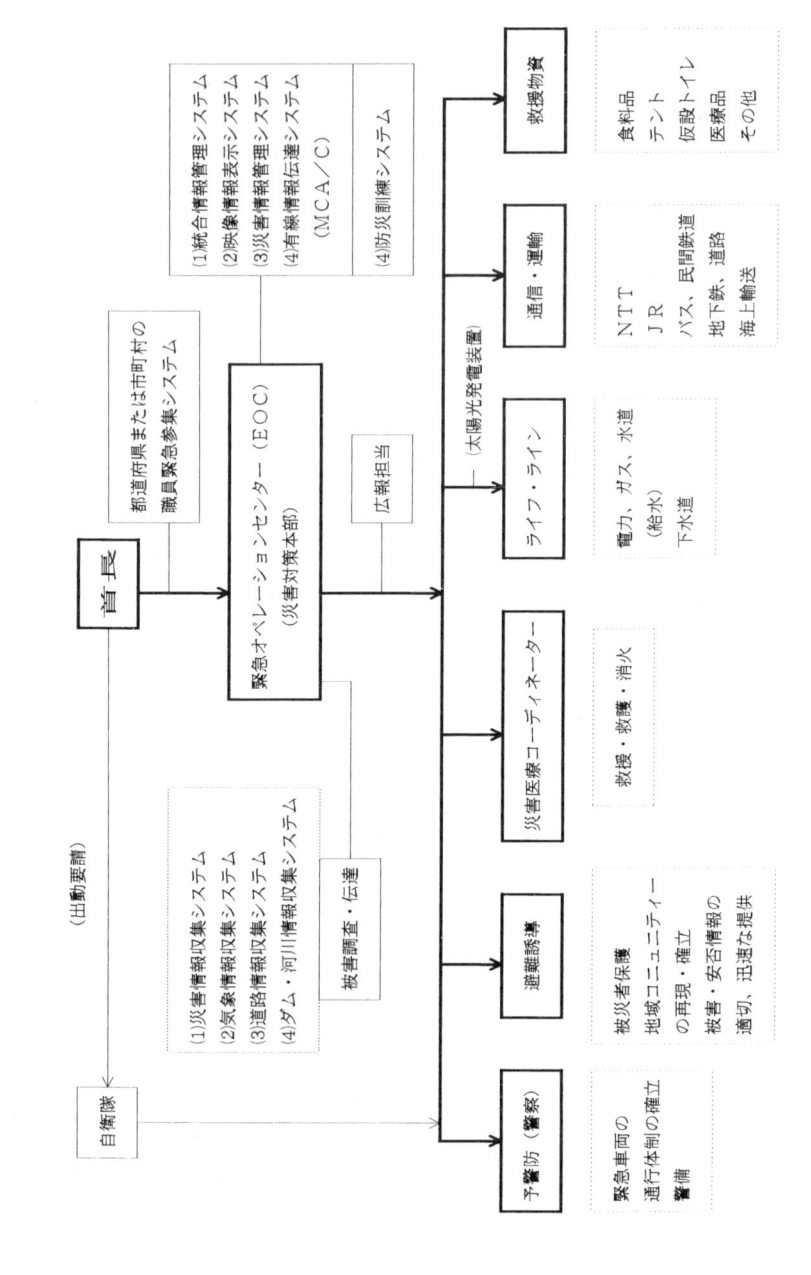

```
首長
├─（出動要請）→ 自衛隊
├─ 都道府県または市町村の職員緊急参集システム
└─→ 緊急オペレーションセンター（EOC）
    （災害対策本部）
    ├─ (1)統合情報管理システム
    ├─ (2)映像情報表示システム
    ├─ (3)災害情報管理システム
    ├─ (4)情報無線情報伝達システム（MCA／C）
    └─ (4)防災訓練システム

    広報担当

    被害調査・伝達
    (1)災害情報収集システム
    (2)気象情報収集システム
    (3)道路情報収集システム
    (4)ダム・河川情報収集システム

    └─（太陽光発電装置）

救援物資：食料品、テント、仮設トイレ、医療品、その他
通信・運輸：NTT、JR、バス、民間鉄道、地下鉄、道路、海上輸送
ライフ・ライン：電力、ガス、水道（給水）、下水道
災害医療コーディネーター：救援・救護・消火
避難誘導：被災者保護、地域コミュニティーの再現・確立、被災・安否情報の適切、迅速な提供
予警察（警察）：緊急車両の通行体制の確立、警備
```

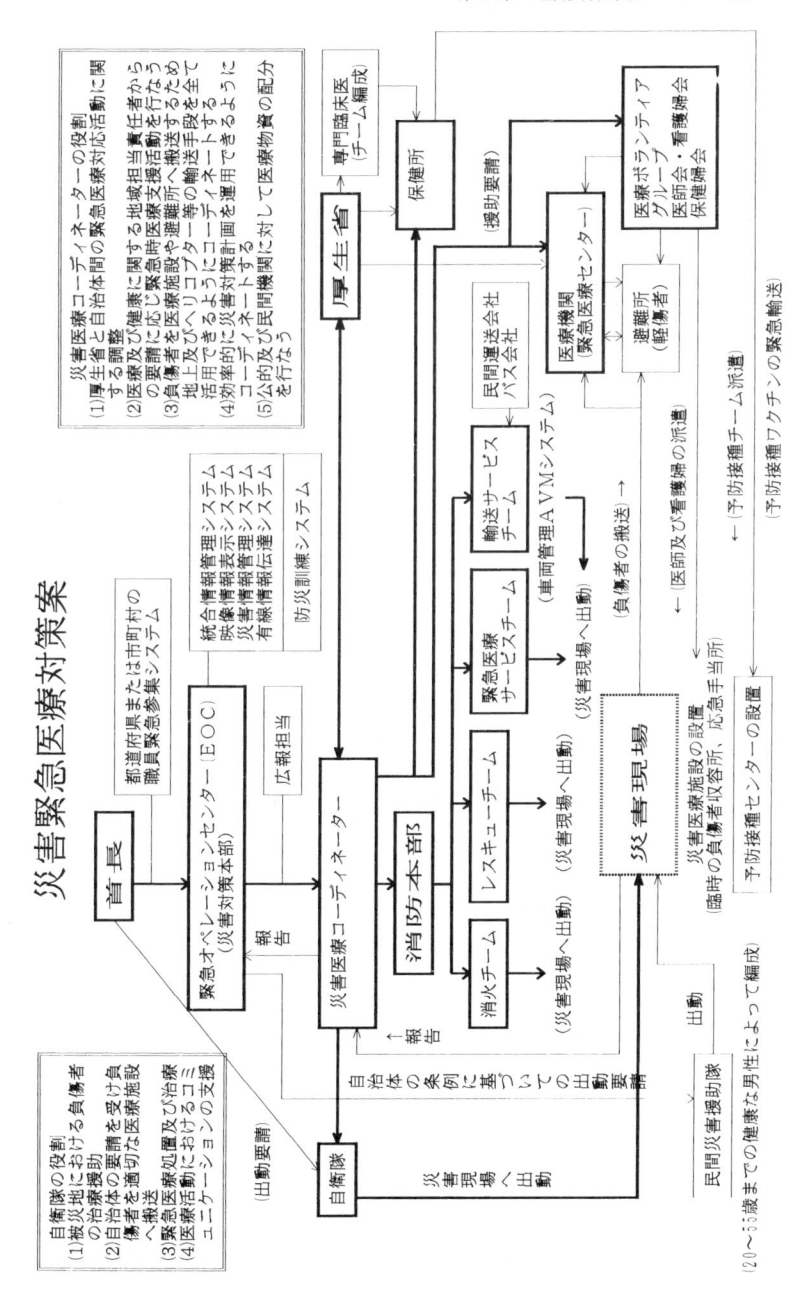

第6節 地震災害対策マニュアル例　269

災害緊急医療対策案

災害医療コーディネーターの役割
(1) 厚生省と自治体間の緊急医療対応活動に関する調整
(2) 医療及び健康に応じる地域医療支援担当者からの要請に応じ緊急時施設や避難所等への搬送を行うため、傷病者を医療機関へ搬送する手段を全て地上及びヘリコプター等のコーディネートを運用して医療物資の配分を行うように災害計画に対してコーディネートする
(4) 効率的及び民間機関に対して医療物資の配分を行う

自衛隊の役割
(1) 被災地における負傷者の治療における負傷者の治療援助
(2) 自治体の要請を受け付け負傷者を適切な医療施設へ搬送
(3) 緊急医療処置及び治療を行える医療施設における三次医療活動におけるコミュニケーションの支援
(4) 医療活動におけるコミュニケーションの支援

首長 → 緊急オペレーションセンター（災害対策本部）

都道府県または市町村の職員緊急参集システム
統合情報管理システム
映像情報表示システム
災害情報伝達システム
有線情報伝達システム
防災訓練システム

広報担当

災害医療コーディネーター
消防本部
消火チーム
レスキューチーム
緊急医療サービスチーム
輸送サービスチーム
民間運送会社 バス会社
車両管理AVMシステム

（災害現場へ出動）

災害現場

災害医療施設の設置（臨時の負傷者収容所、応急手当所）
予防接種センターの設置

専門臨床医（チーム編成）
保健所
厚生省（援助要請）

医療機関（緊急医療センター）
避難所（軽傷者）

医療ボランティアグループ
医師会・看護婦会
保健婦会

（医師及び看護婦等の派遣）
（予防接種チーム派遣）
（予防接種ワクチンの緊急輸送）

自衛隊
民間災害援助隊
（20～55歳までの健康な男性によって編成）

出動要請
自治体の条例に基づいての出動要請
報告
（出動要請）
災害現場へ出動
（負傷者の搬送）

第9章

災害危機対応計画の実際
――米国・セントヘレンズ火山噴火の緊急事態対応の事例分析――

第1節　危機対応の制度的側面

　1980年5月18日に噴火した米国のセントヘレンズ火山の経験は，危機のたびに再発する問題の緊急事態対応に関し，改善された対応テクニックについての教訓を残している。これらの教訓が，契約機関と一定基準の合意書を取り交わすことからメディアとの関係を維持することにまで及んでいる。また，これらは緊急事態対応計画の手順に織り込み可能な適合性のある教訓である。計画策定にあたっては，運用テクニックに関する経営側の承認を得るために事前計画・実施計画を中心とした緊急事態対応計画が必要となる。

　地方自治体および公的機関を通じて危機対応計画を策定するが，セントヘレンズ火山の非常事態は，地方自治体と公的機関が必要とする緊急事態対応の関係についてより幅の広い考察を必要としている。火山降灰の非常事態など被害が広範囲にわたり多数の行政管轄地域に及ぶ場合，制度的問題は計画を策定するうえで非常に重要な事項となる。地方行政府は，州政府や連邦政府に援助依頼ができなかったので，地方行政府独自で事態を解決しなければならなかった。（人的・物的）資源に対する地方行政間の競争，通信管理システムの故障，ならびに比較的小さな役割しか持たない郡レベルの安全対策の問題はセントヘレンズ火山の非常事態における特徴的な象徴であった。ここでもっとも重要なこ

とは，危機対応における特定のテクニックを考察することではなく，地方行政府が問題を解決する要因となった社会的側面を考察することである。

これは，対応手段を計画したときにより機敏な行動がとられるという社会科学の論点を立証するものである。地方行政官は，調査を主体とした適応性に富んだ戦略を多く採用している。そのなかで適応性のある通信戦略を利用することについてはペリーが唱えている。ボランティア活動の必要性については，集中的行動の一形態として災害に関する文献に幅広く取り上げられている。ヤキマなどいくつかのコミュニティーで採用されたテクニックは，調査団が提唱したテクニックと類似したものである。緊急事態対応機器を配備するにあたっての協力問題については，災害調査を通して述べられている。地方自治体へのコンタクトや個人へのコンタクトなど，（人的・物的）資源を獲得するために実際に採用したテクニックは「供給者と顧客の新しい関係の創造」といった理論を直接実行に移したものである。

現地政府は，非常事態が過熱している期間中に，しかも問題認知，実験，評価，実施というプロセスを1週間で実施し，現地政府独自の方法を通常の戦略に適用することを学んでいる。現地プロセスは，緊急事態対応計画が州政府や連邦政府の指令のもとに策定されるような制度的状況の下で回転したものではなかった。現地プロセスの短期修得は，緊急事態下での制度的行動に関する重要な教訓であると解釈できる。最終的には現地の人が制度の限定を理解し，ついには彼ら自身の管理行動をも変更した迅速な社会的理解が形成されていたのである。

ここで私たちに直面する問題は，適応性がありそれぞれの状況に応じた組織が危機が発生する前に理解されるのか，また，どのような状況のもとで理解がなされたのかということになる。危機管理計画策定の難しさが選定した担当者や代理人に危機が発生しない時期に危機対応プロセスを検討するように動機づけることにあるとした場合，そこに基本的な疑問が生じ，立ち止まることがしばしば出てくる。いくら危機の性格を定義づけたとしても，危機管理計画策定は無感動なものになる。いかなる危機についても状況に応じた一定の適用はな

第1節 危機対応の制度的側面　273

されなければならない。ここで問うべき問題は，緊急事態対応計画における制度的枠組みが，どの程度適応的理解を受け入れられるものなのかということである。担当者が特定の運営方法をどのように選択するのか，なぜ選択するのかがわからない場合，また，選定した方法の制限事項が理解できていない場合，潜在的に重要な調査情報は現地の緊急事態対応計画に組み入れることができない。

　セントヘレンズ火山の噴火に対する現地対応の実例を鑑みた場合，準備すべき計画に対するアメリカの現行の政府間プログラムは，2段階の計画システムで有効となる。第一段階は，連邦政府で定められた核対応計画であり，全国レベルの計画および調整モデルを提供するものである。第二段階は各行政地域における経験，潜在的事象，制限事項に対する適応性をもとに設定した当該地域の計画手順である。第一段階は世界的な管理の観点から策定された計画であり，第二段階は，社会的な考察に基づき理解した観点から策定された計画である。機能的なテクニックと組織的なアプローチの修得は第二段階においてなされていた。連邦政府の指導によって3,043ヶ所の地域で制度化された都会から地方への大規模移転に関する制度的な不調和については，降灰地区居住の行政部長の態度によって推察できる。彼は，「一年前の市民防衛訓練は組織的に有益であったが，運営面ではまったく機能しないであろう」と述べている。

　あらゆる危機対応組織は，分析，評価されるべきである。しかし，この分析を重要視することには，明確にすべき基本的な疑問が残る。危機管理における制度的プログラムは何なのか，仮に目標が（民間防衛の場合と同様）地方自治体の管理方針に従っている場合，現行の体制はどのような体制よりも有効な体制となる。仮に，目標が効果的で適応性のあるコミュニティーの対応能力を向上させるものであった場合，現行の制度的体制が効率的であるかは疑わしい。

　セントヘレンズ火山における対応ならびに（明確な定義はないが）その対応に先立つ十分な災害調査からひとつの重要な教訓を学びとることができる。いわゆる調査を主体とした対応テクニックは，地方の行政府にとって非常に有益であると思われる。しかし，それらは30年間にわたる連邦政府の災害計画に

よって形成された正式な計画には含まれていない。連邦政府の計画は軍隊式の考え方をその背後に反映した「指名と管理」の概念を中心に構成されている。少なくともセントへレンズ火山の事例がそうであるが，現地管理に重要なものは，いかにして市民を効率的に動かしハイレベルの協力を必要とする活動をさせるのか，また，他の地方行政府や民間企業の個別資源をいかに結びつけるかといった概念である。この概念は，実践において真に必要な架け橋の構築や相互理解を想定していない階級的で軍隊的な指令モデルではうまく機能しないのである。

効果的な適用を妨げるのではなく，それを促進させる制度確立の問題は計画策定における新しい問題ではない。社会学や抽象的な計画策定の概念は議論の余地が多く難解であるが，社会活動としての危機計画策定における制度的環境ならびに行動の制限事項を正確に指摘している。

より幅の広い見地から，われわれは危機を利用し慣れ親しんだ信頼ある組織ではなく，まったく斬新な組織（計画をいかに策定すべきかを順応的に学べるような組織）を構築する必要がある。制度レベルによる計画変更プロセスをいかに回転させるのかは，もちろん今まで計画策定において議論の主題となっていた。しかし，このような考え方は緊急事態策定には，ほとんど取り入れられていなかった。そのほとんどは，社会科学の例として取り上げられたものであった。調査団が策定できる主要計画は，制度的な緊急事態に関する社会科学の考察を行動統制できる明確な目的と結びつける手段を開発することである。

第2節　緊急事態分析

スパングルは，地震発生のリスクが高い地域でビルの再建投資をいかに防ぐかを判断するため，アラスカとカリフォルニア州の数カ所の地域で地震後の復旧プロセスについて調査している。この問題を解決するのに必要な緊急事態の状態は，ケース・スタディで設定されている。

よりよい災害後の投資ならびにゾーン戦略は，次の3つの要因によって実

施される可能性が増大するものとみられていた。それらの要因とは，
1) 地震発生以前に行政府の基金による再開発プロジェクトが存在すること。
2) 行政府の再建基金管理に柔軟性があること。
3) 災害後の技術的リスクを定義づけるにあたっての中央政府と都道府県の協力体制が明確になっていることである。

これら要因は暫定的であるが，災害後の土地利用計画ならびに再建の意思決定に関する調査をもとにした制度的モデルを表わしている。この制度的モデルは組織的な考察に対し政治的障害が予想されるが，意思決定は制度的な行動に注意を払うことによってよりよいものとなる。

計画立案者は，このアプローチをブリソンが構築した緊急事態論が適用されると理解している。緊急事態分析については，今日までは，さまざまな緊急事態の状況下でどのようなプロジェクト・プランニング・戦略ならびに戦術を選定するのかということが中心であった。このアプローチは，包括的計画における成功の可能性，または何が実践者に動機づけを与えるのかなど広範囲に及ぶ問題を研究することにも利用することができる。

適応性に富んだ緊急事態対応計画の戦略を確立するにあたり，どのような制度的枠組みがインセンティブを与えるのか，あるいは障害要因になるのかを検討した場合，緊急事態分析の領域はより広くなる。このアプローチはミクロレベル（地方自治体内）の分析ならびにマクロレベル（政府間）の分析の双方に適用できる。例えば，ミクロレベルに関し，セントヘレンズ火山の緊急事態では，地域ブロック・プログラムを通じ近隣組織が対応戦略における市民のボランティア活動に重要なインセンティブを与えている。つまり，ミクロレベルにおけるボランティアでは，ボランティア活動の性向は近隣組織が存在するかだけでなく，近隣のプログラムに責任を有する機関と物理的な緊急事態対応に責任を有する機関との関係によって形づけられることになる。ヤキマの場合は，これら2つの機関に密接な関係がある。

危機対応の出発点として近隣組織を利用することならびに社会的サービスを

主体とした部門と公的機関や法的機関を統合することは日本の場合，国土交通省，原子力委員会，ならびに地方自治体管轄の緊急事態計画ではいずれも実現されないであろう。もし，このような組織構成ならびに状況のなかで適応性のある調査を主体とした対応戦略が継続的に利用されるのであれば，その戦略を明確に定義づけ，その役割を理解し，危機管理計画のなかでそれを利用するようにすべきである。

　その問題は緊急事態分析に利用できる。図9-1では，特定の戦略が市民との連絡に利用される可能性を比較するために状況と制度的制限を序列化した概念を示している。図9-1が示しているように，近隣グループがすでに存在し，機関のスタッフがこれらグループと作業を共にした経験がある場合，近隣のボランティア活動はもっともよく機能することになる。図9-1では2つの情報のみを示してあるが，他の状況においても重要な役割を果たす場合がある。同様に，コマーシャル・メディアを利用する場合，市民との連絡に地元のラジオやテレビが効率的に利用されるのは，その地域で利用できるメディアの種類，地方行政府とメディアの代表者との間に継続的な関係が存在すること，ならびにメッセージに，目的に対する合意事項があることに関係していると結論づけることができる。これらは，セントヘレンズ火山噴火事件におけるコマーシャル・メディアを利用して成功した状況である。

　図9-1の概念的モデルは，ある状況とある制度的制限の組み合わせが存在したときにコミュニケーションが計画するであろう戦略を示したものである。例えば，市民グループが組織化され，コミュニティーにある機関のスタッフが市民グループと接触を持っているような場合，コミュニティーは緊急事態対応業務を遂行するに際し，ボランティア活動を活用した戦略を採用することに成功するという可能性が高くなると考えられる。管轄地域において（＋と示された）組み合わせが多くなればなるほど地方自治体がこれを考慮にいれた緊急事態対応計画を採用することに成功する可能性は高くなる。

　図9-1において示された要因と地方自治体の対応決定の相対関係は，過去の災害調査によって定義づけられる。ゆえに，組織があるべき姿に構成されて

図9-1 ミクロレベルにおける対応戦略の緊急事態分析モデル

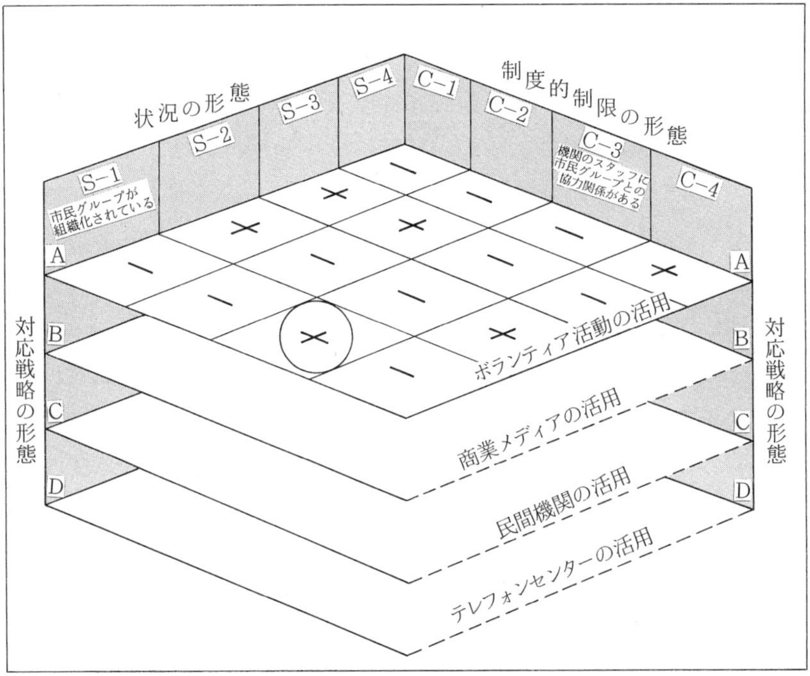

(出典) Jack. D. Kartez (1984) p.19.

いるのかどうかは既存の調査ではほとんどなされていない。しかし，既存の調査でさらに組織目的をテストしてみようとする必要はある。この調査は，災害後の地方自治体の対応評価，ならびにある地域ではなぜ緊急事態対応計画に適応性のある対応戦略を取り入れており，他の地域では取り入れていないのかという事前評価によってなされる。これらの評価については，ジョンブリソンがプロジェクト計画戦術の緊急事態分析に関する研究によって開発した調査を主体とした状況計画によって実践に移される。

　ミクロレベルにおけるこの種の研究プロセスは，不幸にも軍隊式の指令モデルを典型とした一元的なチェックリストにより重きをおいた政府機関ならびに自治体管轄の緊急サービス機関ならびに自治体管轄の緊急機関の訓練計画によっ

て制度化されることが理想的なものとなっている。

　国家的な方針と現地の危機対応能力の関係をマクロ的な計画または机上の計画という観点からとらえた場合，それを概念化するのはより難しい。この分析ができるかどうかはボランティア活動の問題を調査することによって判断できる。例えば，近隣活動計画に対する自治体のサポートを削減し，同時に数十億円以上の民間防衛支出金を要求するという提案については疑問が残るのである。もし，危機に対する効果的な現地対応が国家的安全活動のひとつの重要な要素であったら，近隣活動計画を必要なレベルまで引き上げようとするプログラムの間接的な役割が認められるべきである。

　わが国でも数年後には，より具体的な制度的活動があらゆる危機に対し計画されるはずである。例えば，地域エネルギーや水資源の不足に関する計画，技術革新にともなう事件や住居の移転に関する計画，失業者の住宅や救済に関する計画などがあげられる。どのような国家的計画が自治体の危機対応決定を促し，または阻害要因となり得る緊急事態分析は，このようなより幅の広い問題に関わりを持つことになる。そうした場合，わが国でもアメリカにみられるような現地充足主義とかボランティアイズムといった長期間継続するイデオロギーが生まれるのである。地方自治体における危機対応決定の研究は，幅広い構造的問題に対する対応範囲を広げることになり，経営分析のレベルに急ピッチで到達することになる。

　しかしながら，近い将来においては図9−1で示したように，地方自治体の首長の意思決定に影響を及ぼす緊急事態のミクロ的分析を中心に考えることがより現実的である。どのような制度ならびにコミュニティーの状況が調査を主体とした危機対応戦略に関連しているのかを決定するには実践的研究がさらに必要である。これらの関係を研究することによって，スコーンおよびマイケルなどが提唱した社会学の概念を新しい角度から調査するといった機会が増大することになる。しかしながら，これらの根本的な計画プロセス理論の多くは，不確実性，リスクならびに危機に対し，どのように組織化するのかといった問題に向けられていたことを忘れてはならないのである。

参考文献

1) J. W. Bardo, "Organizational Response to Disaster", *A Typology fo Adaptation and Change, Mass Emergencies* 3, 1978, pp. 87-104.
2) R. W. Perry, "Incentires for Evacuation in Natural Disasters: Research-Based Community Emergency Planning", *Journal of the American Planning Association* 45, 4: 1979, pp. 440-447.
3) R. W. Perry, "Evacuation Decision-Making in Natural Disasters", *Mass Emergencies* 4, 1979, pp. 25-38.
4) J. D. Kartez and W. J. Kelley, "Emergency Planning and the Adaptive Local Response to the Mt. St. Helens Eruption", *National Science Foundation Grant Report* No. PER.8020876, Pullman, WA: State University, 1980.
5) U. S. Forest Service, Mount St. Helens Contingency Plan (Vancouver, Washington: Gifford Pinchot National Forest, U. S. Forest Service, April, (1980), Revised Sept., 1981, pp. 5-8.
6) Thomas F. Saarinen and James L. Sell, *Warning and Response to the Mount St. Helens Eruption*, Albany: State University of New York Press, 1985, p. 99.
7) Robert I. Tilling, *Eruptions of Mount St. Helens: Past, Present, and Future*, U. S. Geological Survey, Washington, D. C.: U. S. Govto Printing Office, 1984, p. 1.
8) Janet K. Bradford, Bev Passerello, John Passerello, "The Eruption of Mount St. Helens", *Crisis Management——A Casebook——*, Charles C. Thomas Publisher, 1988, pp. 151-175.
9) R. S. Olsen and D. C. Nilson, "Public Policy Analysis and Hazards Research: Natural Complements", *The Social Science Journal* 19 (January): 1982, pp. 89-103.
10) Thom Corcoran, *Mount St. Helens: The Story Behind the Scenery*, Las Vegas: KC Publications, Inc., 1985, p. 6.
11) Leonard Palmer, *Mount St. Helens: The Volcano Explodes*, Portland, Oregon, 1980. p. 32.
12) S. A. C. Keller, *Mount Saint Helens: One Year Later*, Eastern Washington University Press, 1982., p. 158.
13) Robert Decker and Barbara Decker, "The Eruptions of Mount St. Helens," *Scientific American*, Vol.244 (1981), No.3, p. 68.
14) Jack D. Kartez "Crisis Response Planning——Toward a Contingent Analysis——", *APA Journal*, Winter, 1984, pp. 9-20.

第10章

産業災害危機管理

第1節　危険物質事故

　産業災害の緊急事態の基本的な計画立案については，化学物質の安全性に国際的なプログラム「化学関連事故の緊急事態対応」がある。このプログラムでは，緊急事態の種類，事故の深刻性の分類，緊急事態対応システムのモデルなどを提案している。さらに，国家的な不測事態対応計画と緊急事態対応のシステムの確立を強調している[1]。

　産業災害の緊急事態は次のように分類できる。
(1) プラント操業または有害物質製造に伴う爆発，あるいは他の予測できない事故
(2) 貯蔵施設においての事故
(3) 危険物質輸送時の事故
(4) 食料品汚染，環境汚染を引き起こす危険物質の不適切な使用からくる事故
(5) 廃棄物の不当な投棄，廃棄システムの欠陥，あるいは廃水処理プラントの事故のような誤った廃棄システムの事故

　単一の緊急事態はその影響力，あるいは対策をとる組織の困難の度合いによって分類することができる。

(1) 環境衛生への影響
   (a) 大規模な復旧活動を必要としない小さな事故による度合いの低い環境汚染
   (b) 人間活動を困難にし，防御あるいは復旧活動を必要とする深刻な環境汚染
   (c) 人間活動を制限する危険な環境
   (d) 人間活動の存続を妨げるほどの極度の危険な環境汚染
(2) 悪影響の期間
   (a) 短期間（数時間から数日）
   (b) 長期間（数週間から数ヶ月）
   (c) 半永久的（数年以上に続くもの）
(3) 復旧活動を必要とする範囲
   (a) 従業員によるごく短期間な復旧活動
   (b) 地方レベルでの工場内の設備では手に負えない長期間の復旧活動
   (c) かなり長期間の環境への復旧

緊急事態の段階の分類は以下のとおりである。

(1) レベル1（オペレーター）　設備の有効性を制限し，オペレーターによってその地域内の影響をコントロールできる事故。

(2) レベル2（地方的）　一般住民に影響を与え，従業員と周辺地域内で抑えることができるが，他からの協力を必要とする事故（大規模な輸送事故も含む）。

(3) レベル3（地域的／国家的）　大規模で深刻な事故で，地域的，国家的あるいはそれ以下のレベルで活動しなければならない。

(4) レベル4（国際的）　これは大規模で特別な技術と装備を必要とし，一国では対処しきれず，近隣諸国に重大な影響を与える事故。

レベル1段階で，一般住民の側面で活動する必要がなく，準備手段で事故を対処することが目的ではない。しかしながら，2つの側面があげられる。住民の生命と資産を脅かす可能性のある事故は地方自治体に通知すべきである。そ

図 10-1 産業災害における意思決定システム

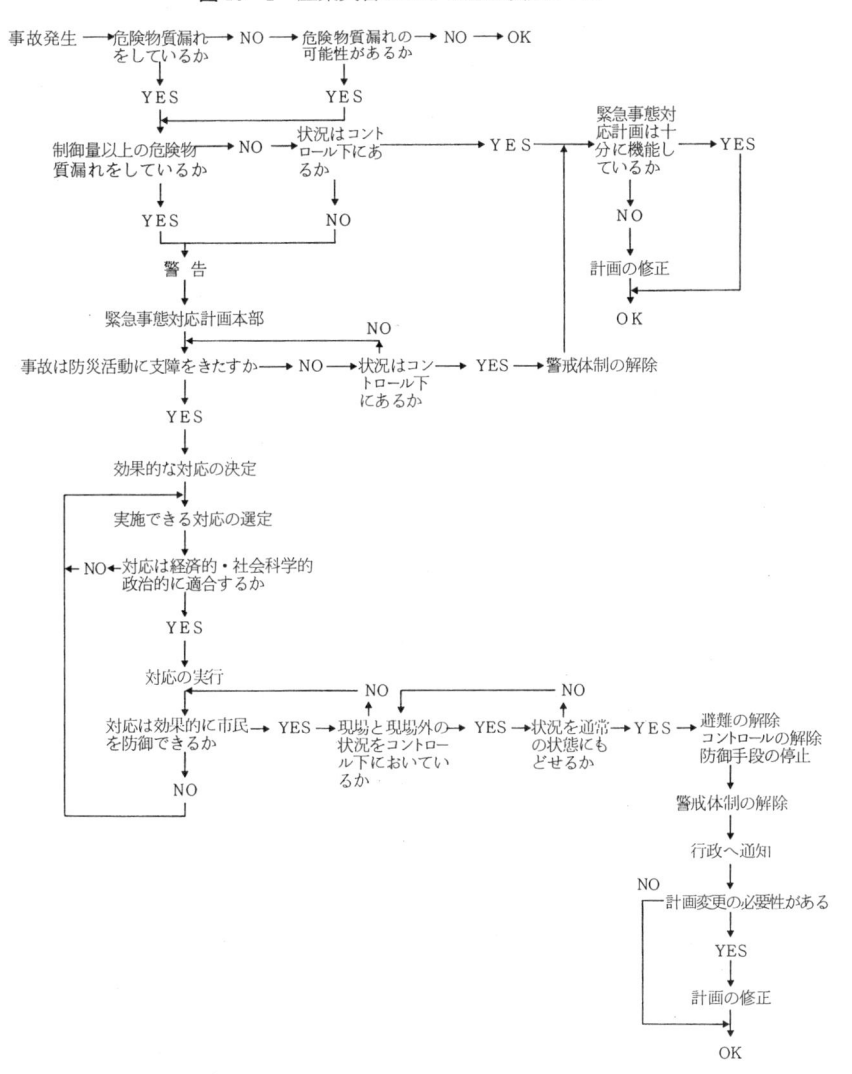

事故発生 → 危険物質漏れをしているか → NO → 危険物質漏れの可能性があるか → NO → OK

↓ YES　　　　　　　　　　↓ YES

制御量以上の危険物質漏れをしているか → NO → 状況はコントロール下にあるか → YES → 緊急事態対応計画は十分に機能しているか → YES

↓ YES　　　　　　　　　　↓ NO　　　　　　　　　　　　　　　↓ NO

　　　　　　　　　　　　　　　　　　　　　　　　　　　　　　　計画の修正

警 告　　　　　　　　　　　　　　　　　　　　　　　　　　　　↓

↓　　　　　　　　　　　　　　　　　　　　　　　　　　　　　　OK

緊急事態対応計画本部　　　　　　NO

事故は防災活動に支障をきたすか → NO → 状況はコントロール下にあるか → YES → 警戒体制の解除

↓ YES

効果的な対応の決定
↓
実施できる対応の選定
↓
← NO ← 対応は経済的・社会科学的政治的に適合するか
↓ YES
対応の実行
↓　　　　　　　　　　　　　　← NO　　　　　　　　　← NO
対応は効果的に市民を防御できるか → YES → 現場と現場外の状況をコントロール下においているか → YES → 状況を通常の状態にもどせるか → YES → 避難の解除
↓ NO　　コントロールの解除
　　　防御手段の停止
　　　↓
　　　警戒体制の解除
　　　↓
　　　行政へ通知
　　　↓
　　　　　　　　　　　　　　　　　　　　　　　　　　　　　　　　　　NO ← 計画変更の必要性がある
　　　　　　　　　　　　　　　　　　　　　　　　　　　　　　　　　　　　↓ YES
　　　　　　　　　　　　　　　　　　　　　　　　　　　　　　　　　　　　計画の修正
　　　　　　　　　　　　　　　　　　　　　　　　　　　　　　　　　　　　↓
　　　　　　　　　　　　　　　　　　　　　　　　　　　　　　　　　　　　OK

（出典） UNITED NATIONS New York, 1984.

して工場で働く従業員にも生命，身体に脅威がある。彼らは，事故の制御を任務とし，負傷の結果によって特別な治療を必要とする。しかし，それ以前にどんな事故が発生しても負傷者を受け入れ可能な十分に設備の整った病院がなければならない。

　レベル2の小規模な事故は，農薬散布飛行機の事故の例があげられる。そのなかには毒性の高い物質がある。1982年にアメリカ・ネブラスカ州の航空省は，農薬散布をする飛行機のパイロットにその安全性を確保するために農薬にラベルを貼ることを義務づけた。このラベルは薬品名とそれについての情報，解毒剤名を記入したものである。また，ラベルの色分け（毒性の強い順に赤，黄色，緑）によって薬品の毒性の度合いを示した。

　レベル3の具体的な事故は，1979年のカナダ・ミシソウガ市における緊急事態である。この事故は化学物質を積んだ貨物列車が脱線し，爆発，炎上した事故である。この事故で，217,000人の一般市民がミシソウガ市から緊急避難を余儀なくされたのである。

第2節　放射性物質漏洩事故

　一般的に，原子力発電プラントの存在は一般市民にとって危険の源として見られている。この考え方は，「非核地域」宣言が核のすべての危険性を取り除くと同じように誤解されている。核兵器の開発のための設備が実在し，産業分野でも放射性資源の探求は行なわれ，放射性物質の事故の多くは医療，産業施設で起きていると報告されている。

　それにもかかわらず，核兵器の開発に関連のあるリスクは別にして，原子力発電プラントにおける事故のリスクは緊急事態対応計画の立案者の注意を大いに引くものである。これはある国が原子力発電プラントを持っているか，あるいは持っていないかに関係なく，事故による放射性物質漏れの空中散布は国境線の存在など無意味にしてしまうからである。実際に原子力発電プラントを持っていない国でも隣国での事故で被害を被る可能性があり，状況に対処でき

る専門的な国際協力の要請あるいは受け入れができるように準備することは必要不可欠である。「原子力事故あるいは放射性物質の緊急事態についての緊急事態相互協力調整」のガイドラインは，1983年4月のウィーンで開かれた国際原子力機関(IAEA)の専門家会議で提案された。これは包括的な原子力事故の協力計画，各国の資源の一覧表の提出と放射性物質の緊急事態に対処するための指針を示している。

原子力発電プラントの建造は原子炉プラント販売業者，設計技師，オペレーター，規制団体，専門家の厳しい監督下におかれる。ここで政府当局の仕事を補足するために，IAEA はプラント建造における品質管理に対する安全基準を設定している。

設計と建造に対する安全基準を確立するために，IAEA は原子力発電プラントの操業に関する一致した基準の作成を完全にしようとしている。なぜなら，原子力事故の予防のカギは組織の運営にかかっており，プラント操業の評価の確立と過去の事故の詳細を明らかにすることである。

原子力施設における安全に対する責任はオペレーターにかかってくるが，地方自治体はオペレーターへの支援，同様に周辺に与える影響に対処する準備をすべきである。この支援は専門的なアドバイスと放射能汚染を受けた人びとを援助できる病院と大規模な医療センターのリストを準備することである。また地方自治体は環境調査のための機関を強化し，地域と人の放射能汚染の度合いを評価することも要求される。

実際の放射能汚染の範囲についての情報は3つの放射性事故の段階において，効果的な対策をとるために必要である。その3つの段階というのは以下のとおりである。

(1) 初期段階 (Early phase)

事故発生から2，3時間経過し，一般市民への放射能汚染の危険性を認識できる段階

(2) 中間段階 (Intermediate phase)

大規模な事故の発生が数日続く段階

(3) 最終段階 (Late phase)

通常の状態に戻すための決定がなされる段階

　放射性物質漏出事故の一般市民に対する適切な対処はもっとも重要なことである。これは誤解を避け，小さな事故でも一般市民にパニック状態に陥る危険性を取り除くことである。しかし，技術スタッフはメディアの質問に対して迅速に，簡潔に，完璧に，有益な情報を与える対応に不慣れである。これらに対処するには特別な技能を持った広報担当者に任せ，それによって一般市民は放射性緊急事態の重大性を認識できるのである。

　もし一般市民が簡潔な言葉で適切な情報を得ることができるなら，かなり危険な状態に直面しても理性的に反応することができるのである。一般市民と報道のより良い関係は事故が発生する以前に施設の視察を通して信頼感，非公式な接触，情報の要求に対する対応などを促進させることである。連絡委員会の設置なども有効である。なぜなら，一般市民は原子力発電活動における危険性の度合いについての情報は何もなく，そして実際に，最新技術についての情報を得ることや要求することに無関心であるからである。

　以上のことを促進することは，今日の誤った反原発運動の広がりによる悪い印象を一掃することができ大変望ましいことである。とくに多くの一般市民はこの誤った考え方を持っているため，いかなる放射性事故にも効果的に対処することは困難である。そして広く植え付けられたこの考え方によって，効果的な活動の機会は著しく減らされ，防御活動を行なう行政における能力に対して一般市民の信頼をなくすことになる。

　一般市民に与える基本的な情報は，原子力発電プラントは厳格な安全基準に従って立地，設計，建造，操業していることを知らせる。しかし，事故は常に一般市民を放射能で汚染させる危険性がある。もしそのような危険性が起ころうとしている場合，あるいは起きている場合，対策は常日頃訓練されているスタッフによって行なわれるのである。

【ケース・スタディ】

原子力発電所事故の危機管理対策
——スリーマイル島原子力発電所の放射能物質漏洩事故からの教訓——

　1979年3月28日（水曜日）午前4時頃，スリーマイル島原子力発電所第2原子炉は97％の出力で運転されていた。有機化バルブは閉じられ，蒸気発生器への給水も順調だった。この水は，発電に使用されるクリーンで放射能を浴びていない水で，第2給水システムであった。水蒸気発生装置の給水の停止と同時に，給水ポンプが停止した。水がなくなり，自動的にタービンは停止して安全装置は設計通りに作動した。

　しかしこの時点で，2つ以上のバルブで，緊急時のバックアップ・システムである補助給水管が作動しなかったのである。

　第2システムが遮断されたため，初期システムで発生した熱は行き場を失った。そのため圧力が2200psi以上に高まった。圧力が2350psiに達したとき，自動的に圧力の除去バルブが開いた。初期システムから流出した水や水蒸気は建物内部の制御タンクに流れ込んだ。圧力はすぐに下がった。圧力が2300psiに低下するとバルブは閉じることになっていたが閉じなかった。制御室の技術者は作動していると思っていた。

　初期システムの冷却水は開放バルブから逃げるようになっている。圧力を下げるために炉心冷却装置が作動するようになっている。

　第2原子炉の制御室の現場では，絶えずアラームが鳴り響き，制御パネルのランプは緑，赤，茶，白と点滅を繰り返していた。密閉された建物内が放射能の水でいっぱいに溢れていた。その時，制御室内では明らかに間違った情報が氾濫していた。

　オペレーターの1人は，第2システムの非常給水バルブが開いていなかった

ことに気付いた。彼は手動でバルブを開き，冷却水を蒸気発生装置へ放出しようとした。十分な冷却水を失い，第1システムのパイプは制御できない原子炉から猛烈に放射能を帯びていった。第2システムの冷却水槽の突然の衝撃は，第1システムのパイプを破壊させ，水蒸気になる第2システムの水も第1システム内に残っていた放射性を帯びた水で汚染されてしまった。

その水蒸気発生装置は，再び第1システムから引き離され，原子炉の圧力はさらに低下した。1600psiに達して，炉の中に強制的に高圧の水を注水するはずだった緊急炉心冷却装置が作動しなかった。しかし水はタンクの破裂した部分から漏れ続けた。オペレーターが圧力回避のバルブを手動で閉めるまで，数千ガロンの放射能を帯びた水が建物の床に溢れた。氾濫したタンクの水はしだいに隣接の建物のタンクへ流れ込んでいた。

緊急宣言

事故発生から約4時間後，緊急事態が宣言された。スリーマイル島の緊急事態宣言は，大勢の人々の安全と健康が危険にさらされる可能性があるというものであった。

これはメリーランド州ベセスタの，米原子力規制委員会（NRC）や州政府，地方自治体の報道機関に影響を与えた。3月28日の朝7時に，メトロポリタン・エジソン社は，ペンシルベニアの緊急対策室へ連絡をした。ディク・ソンバーグ知事（当時）が緊急事態のことを聞いたのは7時半のことだった。

公式な非常警報の発令が遅れたのは，その極めて重大な事故が発生当初は非常警報の発令の基準に達していなかったためである。非常事態が宣言され，第1に必要なものは，施設周辺の放射能のモニタリングである。メトロポリタン・エジソン社はペンシルベニア州警察に応援を要請した。

3月30日金曜日，放射能を帯びた水は隣接する建物の床に溢れていた。そこでは，放出された放射能ガスが充満しており，水が喚起システムを通って蒸発していた。放射能レベルは施設の入口で30〜35ミリレムを示していた。一般の歯科のX線で大体25ミリレムということを考えると，建物内は比較的に高

第2節　放射性物質漏洩事故

い放射能を表示していた。

　3月31日と4月1日の週末までには，放射能を帯びた建物の数値は前日よりも猛烈な勢いで下がっていた。しかし，NRCのハロルド・デントン氏が指摘していた「新しいねじれ」が発生した。緊急炉心冷却装置（ECCS）が作動して間もなく，手動で（説明しがたいが）一瞬遮断された。それから再び開放された。ECCSの水が止まって原子炉の中に水素ガスの泡が発生した。（科学的な見解は正確には異なっているが）ECCSが再び作動したときはすでにダメージを受けており，25％の燃料棒が破壊されていた。

　水素の泡は，思いがけない問題を引き起こした。水素はいずれ爆発すると思っていたが，酸素が炉内に集中して，温度が低すぎて爆発しないのではないかといわれていた。複雑なメカニズムによって水の使用と圧力で，技術者は泡を減らすことができた。

　4月4日水曜日，事件が起きた1週間後には，泡が実質的に消滅した。しかしその週は，少量の放射能ガスが施設から放出されていた。事件は公になった段階で終了した。

メディア攻撃

　ほんのちょっとの間に施設や施設周辺で増大した騒ぎは，初めは一般住民に知らされていなかった。しかし，一度緊急事態が宣言され，通達の過程はすべて明らかになった。事件は一般住民の関心事になった。スリーマイル島で何が起こったのか，噂がすぐに広まった。最初の告示から1時間位でメディア攻勢は始まった。

　ハリスバーグの40ステーションのトップである，「WKBO」は，スリーマイル島原子力発電所の事故を報じた最初のメディアであった。3月28日水曜日8時25分のニュースに，交通情報のレポーターが，スリーマイル島の緊急事態をペンシルベニアのミドルタウンに動員された警官や消防士たちから耳にした情報と一緒に報じたものだった。

　レポーターはスリーマイル島原子力発電所に連絡して，広報室に問い合わせ

たが，制御室につながれた．現場には広報担当の責任者が誰もいなかった．一度制御室につながれて，レポーターは電話に出た職員から今取り組み中で話せないと言われた．

そのレポーターは，広報室の責任者と話すためにペンシルベニアのメトロポリタン・エジソン社の事務所に問い合わせた．その話の内容は，スリーマイル島原子力発電所は給水ポンプの故障のために閉鎖されており，一般住民への危険はないというものだった．「WKBO」の報道は地方の動揺を避けるために，意識的に「トーンダウン」したものとなった．しかし，一連の不幸のコミュニケーションの最初の失敗は，地理的にも隔離された広報スタッフが，スリーマイル島原子力発電所で起きた事故について大雑把な情報しか持たず，初めに事故の重大さに気づかなかったことである．

同日の9時過ぎ，共同通信が最初の報道を行なった．ペンシルベニア州警察当局を引き合いにだし，その見出しは，スリーマイル島で非常事態が宣言されたとした．しかし放射能漏れは発生していないとした．AP通信の記事は短かったが（少量の放射能がずっと放出されていた……としたのは不正解である），メディアが殺到する最初のきっかけとなった．その報道は，その年の有力なニュースの1つになっていった．

最初にこの事件はメトロポリタン・エジソン社が理解し得る広報の問題であった．少量の放射能が周囲に漏れていた3月30日金曜日の朝，放射能の「制御不能」が報道されると事件は瞬く間に悪夢と変化した．これにより，ソーンバーグ知事は施設から10マイルの地区では外出しないようにと個々に指示をした．知事は，事故現場から5マイル以内に居住する妊婦や幼児たちを避難させるよう要請した．

ソーンバーグ知事は，報告書でも述べているが，最初は事故を軽視していた．数日後，公式に述べたところによると，「様々な情報が飛び交っている中では，私を含め，誰もが混乱した状況に陥りやすい」と弁明した．

すぐに明らかになったことは，メトロポリタン・エジソン社が，顧客，州の諸団体，各メディア，定期刊行物出版社，金融業界など，日頃業務上の付き合

いのある組織との広報関係が重荷以外の何者でもないという，独特なコミュニケーション問題に直面したということだった。これらの基本的な広報関係は，すぐさま拡大し，原子力施設の20マイル以内のすべての住居にはじまり，州や地方の市民保護団体，地方の電力会社や州知事，NRC，そしてペンシルベニア立法部，ペンシルベニア議会執行部，さらにホワイトハウス，施設一帯の商業関係者，アメリカ全土のメディア代表部，果ては多数の諸外国までに及んだ。

　最初の1時間で，メディアは施設に押しかけた。しかしメトロポリタン・エジソン社の技術者は，何が起こったのか，また何が次に起こり得るのか正確に把握できる有能な技術者で，彼等は最終的に原子炉をコントロールするために業務に付いていた。

　メトロポリタン・エジソン社本社の多くの従業員が，60マイルも離れている事故が発生した施設についての電話の応対を余儀なくされていた。メディアからの問い合わせは絶え間なく続いた。瞬間的に電話回線が破裂しそうになった。ついに，メトロポリタン・エジソン社は広報センターの業務を本部，ペンシルベニアのハーシー，事故現場の3カ所に分けて行なった。

　3カ所のメトロポリタン・エジソン社の広報センターの公式供述書によると，別の情報源（地方，州，連邦関連）から発信された報告書は，理論的な可能性を基にしたものや，見込みを書いているものなど，現場から離れた観測的なことばかりであった。人々に広がった恐怖心と不信感は，ますます大きくなった。大災害の可能性ばかりを集中して取り上げるメディアによってそのムードは一層重いものとなった。

水素の泡は爆発するのか

　メディアの関心は，政治的な関心を強く伴っていた。ペンシルベニア議会の代表部も，州の関係者もアメリカ大統領も，何日も現場に居合わせた。

　1つの欠点は，広報担当者を事故の初期段階で現場に置かなかったことである。また包括的な危機広報の計画を立てていなかったことである。それは一般住民に一貫して正しい情報を与えようとすることへの大きな妨げであった。メ

トロポリタン・エジソン社の広報スタッフは，時間の経過と共に扱い切れなくなっていく巨大なメディアに圧倒されてしまった。

ジミー・カーター大統領（当時）の要望で，NRCは3月30日金曜日，ヘリコプターで現地に降り立った。NRCの原子力法の責任者であるハロルド・デントンもその中にいた。

3月31日土曜日，NRCの関心の的は，壊れた原子炉の水素の爆発の可能性にあった。午後になってNRC委員長のジョゼフ・ヘンドリは記者会見を行なった。彼は，もし技術者たちが原子炉の外に水素の泡が放出されると判断した場合，スリーマイル島原子力発電所の10～20マイル周辺の地域に避難を要請するかもしれないと説明した。NRCはこの状況が続けば水素が爆発するかもしれないと判断した。

ヘンドリの水素の泡に関する供述書を，メディアは誤って解釈した。原子炉の炉心融解が差し迫った危機であるかのように伝わり，放射能汚染が広まる可能性があるかのように伝わった。ペンシルベニアでは，デントンがヘンドリのアセスメントに異議を唱えており，そのことを夕方のプレス発表で公表した。要するに，刻々と変わっていく状況の中で，様々な場所で様々な情報が流されていたのである。

メトロポリタン・エジソン社による情報のつじつまを合わせようとする努力は，誤った解釈を与えてしまった。この事は会社の信用に後々まで広く疑問の念を持たせた。周知の事実となった水素の泡はそのいい例である。水素は決して危険でないと言ったその時から疑惑はあったのである。

さらなるパニックと混乱

混乱の一因は，はっきりとした緊急避難対策がなかったことである。現場の避難対策は覆い隠されていた。その理由は，①誰にも何が起きたのか分かっていなかったこと，②避難対策は実効性に乏しいものだったこと，③実際にうまく実施するために日頃から訓練をしていなかったこと，の3点である。

プラントの5マイル周辺の3つの地域には63万人の人が住んでいた。避難

警告は週末に出された。しかしながらこの人々の避難場所はその選定も準備もされていなかった。

事故の持つ本質的なものは，広報の問題が大きく関係していた。金曜日には放射能や炉心融解の話が発表され，土曜日と日曜日には水素の泡の話が発表されていた。混乱は技術者あるいは科学者によって影響を受けていたし，メディアによる影響もあった。一般住民は恐怖とパニックに陥った。

混乱とパニックに加え，メトロポリタン・エジソン社の副社長で技術広報の責任者でもあったジョン・ハーベインは，事故の重大さについてNRCとは別の意見を持っていた。水素の泡の被爆や被害の範囲について異論を申し立てていた。

3月31日土曜日の朝，メトロポリタン・エジソン社は，事故についてNRCが話す以外記者会見が行なわれないことを発表した。デントン氏はNRCの広報責任者になった。この時点でメトロポリタン・エジソン社は，第1の情報源としての権限を放棄した。

NRCの介入は，一元的な広報の原理原則に乗っ取っていたかもしれない。しかし技術的な協力はあまりしなかった。メトロポリタン・エジソン社の社員はNRCのスタッフと同等に扱われていなかった。

センセーショナリズムと見出し

一般に，事故の3つの報告がセンセーショナリズムを引き起こした。それはアメリカ国際プレスの事件後3日目の炉心融解の可能性の解説と，CBSニュースが3月30日に報じたウォルター・クロカイトキャスターの，「世間は今日のような日をほとんど知らなかった」という初めの下りの部分，そしてAP共同通信の3月31日の4日後に報じた「水素ガスが爆発する可能性がある」というものだった。

これらの解説が事件をセンセーショナルなものにしたかどうかは最終的な回答に結び付かないが，それらの判断は全くの主観であり，違った人々には違ったものを意味してしまうからである。ある人間は，もしB6ページより前の

ページに掲載されていればその解説をセンセーショナルなものと思うかもしれない。あるいは解説と一緒に載った写真が感情をあおるかもしれない。2つの冷却塔はスリーマイル島原子力発電所の不吉なシンボルとなってしまった。

スリーマイル島原子力発電所の場合を考えると，衝撃を与えないために炉心融解の可能性について，どのような検討がなされたのか理解し難い。NRCの担当者は，メルトダウンが起こると発表した。メトロポリタン・エジソン社はメルトダウンの報告は根拠がないとして反対した。もちろん炉心融解の話はしたがらなかった。

政府機関やメディアの記事は，危機の広報とコミュニケーションの不確実性である。スリーマイル島原子力発電所を取材したレポーターで，このような記事を経験したことがある人はほとんどいない。解決策は事前準備をすることであり，置かれた危機状況を判断し，起こり得る最悪のシナリオを想定し，より洗練されたアプローチをすることである。

広報は事故が起こる前に起きた場合に備えたり，その事故がどういう可能性があるのかといった予測が必要である。事実をありのまま受け入れるのではなく，事実をよく判断して予測すべきである。一般的に原子力のリスクがテーマであれば，もう一方でエネルギー発生方法のリスクについても話さなければならない。

核の恐怖と嫌悪

低放射能の危険性についての科学者たちの見解の相違は，人々の恐怖と混乱を増大させた。原子力に対する無知さも恐怖と混乱を拡大させる一因であった。

ある大学の研究者たちの科学的発想は，微量の放射能と人体の健康に及ぼす影響を結び付けるものであった。それは安全な放射能など存在しないという結論であった。また一方では放射線の照射量の影響について，極めて多くの放射線を受けて始めて発病の原因となることを論じていた。また少量の放射線を受けることは多くの放射線を浴びることより悪いことだとも論じられていた。と

いうのは少量の放射能でも細胞にダメージを与え，ダメージを受けた細胞がそのまま育ってしまうからである。放射能を浴びた細胞はいずれ破壊され，再生された細胞は発病の原因となる。スリーマイル島原子力発電所の新聞報道によって科学的論争やその不確実さは，影響を受けた一般住民の恐怖心を増大させていった。一般住民もメディアも両方とも実際のところ，放射能についての知識は十分に持っていなかった。そして見識のあるレポーターたちは，一般住民に分かるように落ち着いて容易な文章で記事を書くのに苦労した。

大学の研究者たちの見解は，放射能に関しての議論のため分かれていた。科学者協同組合のような反核論者たちは彼らの見解に支持を得ていた。MITのノーマン・ラスムッセン氏と，オークリッジ国立研究所のアルビン・ワインバーグ氏は，核の安全装置が作動していたことを公表した。

核の賛成派でもある当時のカーター大統領は，個人的にもMITに関心を寄せていた。そしていち早く現場にNRCを派遣した。大統領が事件後，現地を手早く訪問したことは，カーター政権の用心ぶりと関心度を示すために，意識的に行なわれたものであった。

次の災害に備えるために

危機に直面すると，新しいコミュニケーションの訓練が必要となる。その訓練は危機が発生したときにコントロールできるようなものでなければならない。正確な救助訓練は，危機管理を容易にする。コミュニケーション訓練に含まれる要素は，スポークスマンは1人にすること，すべての基礎情報を収集することである。また，重要なルールとして「すべてを伝えること」「早く伝えること」「正確に伝えること」を守らなければならない。それは，危機管理を行なううえで，通常の情報管理に絶対に欠かせないものである。とはいえ，スリーマイル島の事故はノーマルな事故ではなかった。

スリーマイル島の危機や不確実性は数日の間，全く同じ状況にはなかった。被害が拡大し，長引いたのは，人的要因によるものであった。放射能汚染については順調に注意深くメディアによって調査されていた。

厳しい訓練

事故には本来，同じ物はない。事故の成り行きにも事故によって別である。国民の，さらに世界中の人々のメトロポリタン・エジソン社に対する憤りは直接ぶつけられた。その影響はニュースや意見コラムに出ていた。1つの例として，ハリスバーグの新聞の社説で，原子力産業の破綻が一般に関わる問題なのかどうか述べられていた。ペンシルベニア公共事業委員会の法規には，次のようなルールがあった。

特別な状況ではあるが，危機・コミュニケーションにおけるハードレッスンとして次の通り書かれていた。

▶混乱や急な事態の変化について，メディアに対して必要な情報を提供すること。

▶変わりやすく危機の状態が進展している間は，一般住民やメディアの要求に応える特別な配慮が必要であり，広報によって適切なコントロールが成されなければならない。

▶もし一般住民が密接にかかわる状況であれば，企業側が身近に起きる危機の状況について，報道に協力を得て，公共の責任を果たすべく発表をしなければならない。

▶正確な事故の程度について，企業側および，報道機関側は，情報提供のために協力しなければならない。そして，安全に関わる責任あるエージェントとして一般住民からの信頼を保たなければならない。

スリーマイル島原子力発電所のような危機を把握することは，コミュニケーションが第1優先とされていなければならない。メディアの質問の回答や公共の報告書にある基本方針は必須項目である。このことはスリーマイル島原子力発電所の事故発生中，事故後から明らかである。そして今日においても正当なものである。一般住民の不安がパニック状態まで高まった場合，説得力のある説明をしなければならない。一般住民の健康や安全を望む声として統一されているべきである。しかし，一広報担当者だけで正しい取組みができるだろうか。

おそらくは組織的な取組みがベストといえる。同じ組織メンバーの規律のとれた取組みが必要である。施設管理者，緊急時の責任者，判断力のある科学者など適切なチームを作るべきである。

しかし，一般住民やメディアが頻繁に危機状況における最優先にする訓練をしなければ，セミナーを開いても，プランとツアーを組んでも，短期コースを勉強しても，効果的なチームなどできはしない。そして過去に起きた危機を適切に解釈することなしに，効果的なリスクのコントロールはできない。

一般住民の健康と安全性を考慮して，公共の発表は正式な報告書に制限しなければならない。そしてしっかりとした訓練がメディアと接触をもつ情報関係者に行なわれなければならない。メディアの質問の程度にもよるが，メディアに不慣れな人間がメディアに対応するときに，より重要なことである。アドリブのコメントではレポーターたちに突っ込まれてしまう。すべてのレポーターたちは違った，新しい視点で現在の話題を追及してくる。

ま と め

スリーマイル島原子力発電所やチェルノブイリ原発のような事故において，メディアの取扱いによって影響を受ける原子力の実態が浮かび上がってきた。1980年4月3日に発行されたニューヨークタイムズの記事には，スリーマイル島原子力発電所の周辺の住民の精神的なストレスがニュースメディアの取材などが悪化させたと報じていた。そのとき議会のマイクマコーマック氏は，とりわけCBSニュースにニューヨーク市新聞と同じくらいに情報を提供した。

言及すれば，スリーマイル島原子力発電所の結果は完璧に原子力産業の成長をストップさせ，原子力発電プラントの厳しい制限を余儀なくした。1979年以降，新しいプラント建設の話は発表されていない。多数の発電所も石炭や天然ガスを燃料として使用するように変換してきている。

スリーマイル島原子力発電所タイプの事故が起きた業界の立場は窮地に立たされている。もし業界がミスを認めれば訴訟問題になる。メトロポリタン・エジソン社は訴訟問題に関して神経質になっている。事故を経験した産業は，素

直に蓄積した価値を認め，事故のコストを扱う広報のセクションを作っている。スリーマイル島の事故の結果は，取るに足らない原子力の事故とはいえないチェルノブイリ原子力発電所の恐ろしい事故が，この問題をさらに大きくしている。危機に対する事前準備は，事故の際のコミュニケーションのあり方が鍵を握っている。情報の命令系統の明確化が何よりも大切なのである。

第3節　インド・ユニオン・カーバイド社毒ガス漏洩事件

1. 事件の背景

1984年に世界の化学産業は高い競争下にあり，ユニオン・カーバイド社はそのなかでも有力な企業のひとつであり，その規模は世界40ヵ国で10万人以上の従業員を雇用していたが，その一方で経営者は，利潤を拡大させコストを減少させるため常に精神的プレッシャーを受けていた。1984年の同社の税引き後の利益はたったの60%であり，ユニオン・カーバイド社にとっては税金が一番の競争相手であった。また，主要な戦略変更の一環として1970年代後半にユニオン・カーバイド社はUCIL (Union Carbide of India：ユニオン・カーバイド・インディア社) の約40におよぶ事業部の50.9%の株式を売却することを検討していた。

親会社と同様にUCILは困難に直面した。しかし，インドにおける企業規模ランキング上位21位にランクされていたこの会社は，毒ガス漏洩事件発生時に1万人以上もの従業員を雇用しており，しかも工場は最大操業時の半分ほども稼働していなかった。インドでは，殺虫剤の市場は過当競争の結果停滞し始め，その結果親会社の強いプレッシャーを受けたUCILは効率よく利益を上げようと試みた。とくに殺虫剤工場では，非常に有毒な化学物質を使用したイソシアン酸メチル (methgl isocyanate : MIC) の生産が増大した。

インド政府は，長年にわたって「緑の革命」運動の一環として大規模の殺虫剤の製造と広範囲の使用を促進し，国家の基幹産業を強化し開発していく政策

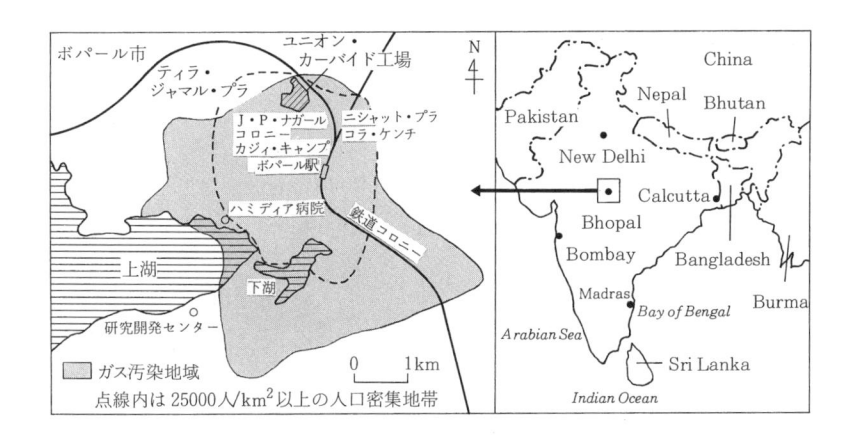

第3節 インド・ユニオン・カーバイド社毒ガス漏洩事件

をとっていた。また、政府はボパールやその周辺地域の産業開発を進めてきた。1959年にボパールは、急速に封建的体制の地域社会から大産業都市へと一変した。人びとは新たな働き口を求め農村部から都市部へと移動し、そのためにボパールの人口は1961年に10万人だったのが、1981年には67万人へと爆発的に急増した。それはインドの全国人口増加率平均をはるかに上回り、300％に達した。そのような人口集中の結果、水道供給が著しく不足し、その他輸送機関や交通機関、教育、医療機関などの都市部のインフラの機能は低下し、住宅も慢性的に不足してきた。例えば、ボパールには公衆電話がわずか37台しかなく、病院には1,800人分のベッドがあるだけで、67万人の市民に対して医者が300人しかおらず、ひとたび事故が起きれば被害は大きくなった。スラム地区は集中的に開発が進められてはいるが、住宅不足は依然として深刻で、約1,000人もの人びとが路上に生活し、そこからUCIL工場へ働きに出る人もいた。

2. 世界最悪の産業惨事

1984年12月2日、インド・ボパールでアメリカ系多国籍企業ユニオン・カーバイド社を親会社とする殺虫剤工場が致死性毒ガスを放出させる事件が発

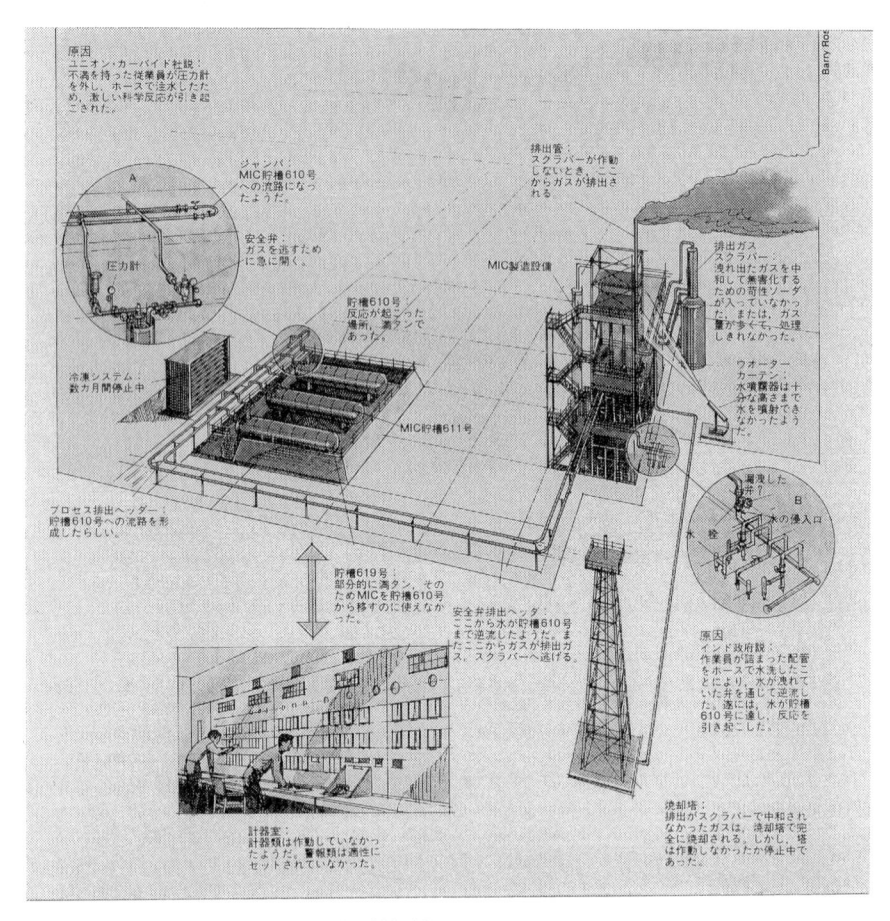

(出典) *Spectrum* Vol. 02, No. 12, 1989-12.

生した。その街を覆い尽くしたガスには，非常に高い化学物質である MIC が含まれていた。この事件には，いくつかの異なった要素が複雑に関連しており，そのことがさらに事件による被害をエスカレートさせていった。図10-2は，その「事件」に関連する多くの要因（9つの主要部から非常に幅広く複雑に関連している）をモデル化したものである。この図は多少複雑なためより簡素化して図10-3に示した。それらのうちもっとも重要な要因として次の5点が指

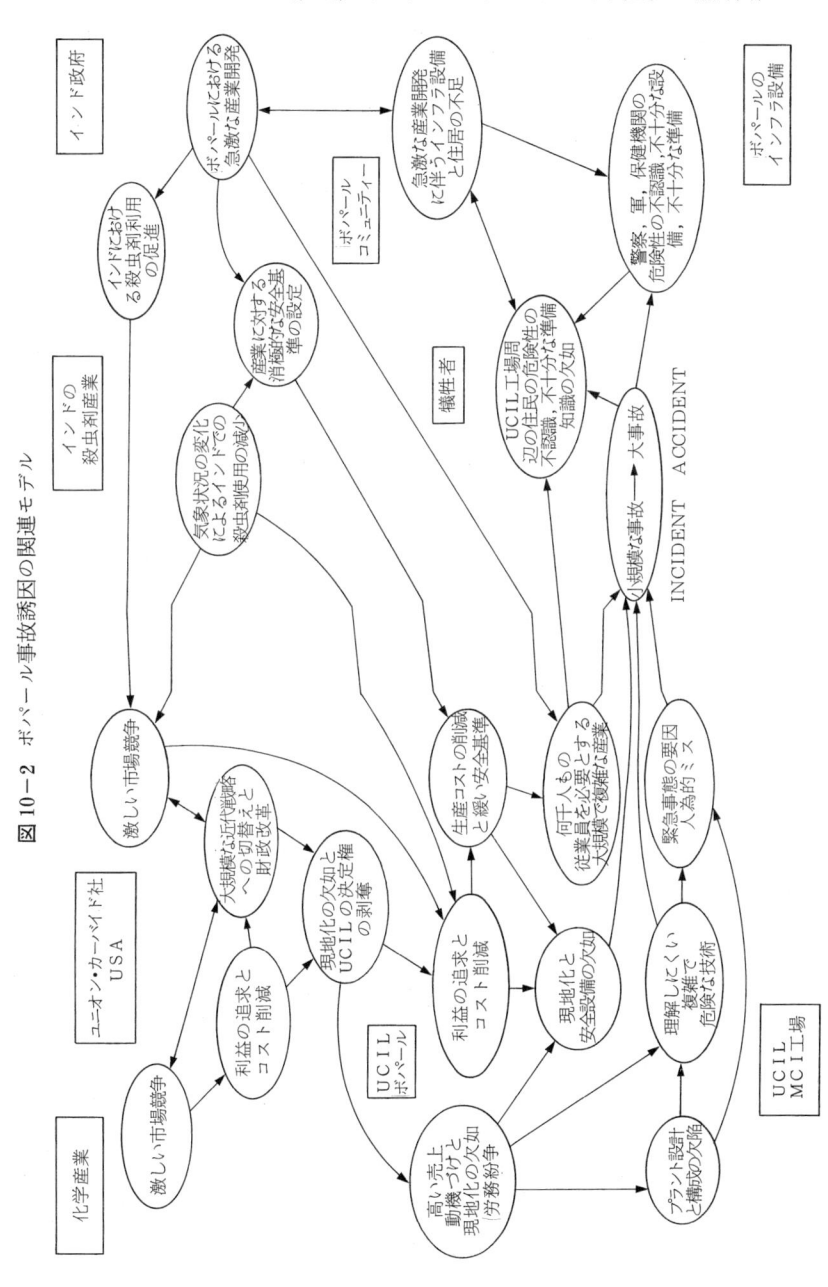

第3節 インド・ユニオン・カーバイド社毒ガス漏洩事件　301

図10-2 ボパール事故誘因の関連モデル

(出典) T. C. Pauchant & I. I. Mitroff, (1992), pp. 36-37.

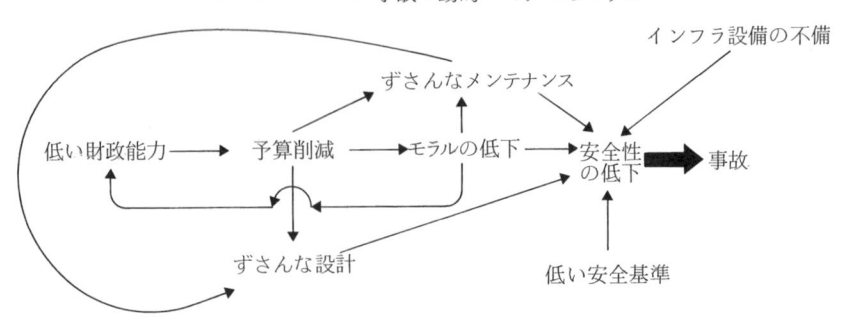

図10-3 ボパール事故の動的システムのモデル

（出典）T. C. Pauchant & I. I. Mitroff（1992），pp. 36-37．

摘される[2]。

① 経営者も従業員も，MICの製造にともなう危険性についての知識が乏しかったこと。例えば，MICや他の危険物質の貯蔵および保管は不十分で，緊急事態対応マニュアルは用意されていなかった。

② 技術的ミスおよび人的ミスが重なり事件をさらに混乱させた。例えば，事件発生中MICのユニットの多数の安全弁は人的ミスか何らかの原因で作動しなかった。また，緊急冷却装置は修理中で使用することが不可能だった。外部の人びとに緊急事態を知らせる警報装置は電源が切られていた。

③ ボパール近郊の人びとは危険についての認識がまったくなく，一般の人びとはUCILの工場を医薬品の製造工場だと思っていた。そのために，何千人もの路上生活者が毒ガスの被害を直接受けた。

④ 地方自治体の危険物質についての間違った知識のため，人びとに避難するようにと指示が出された。それは過ちであり，正しい対処法としては地面に伏して湿った布を通して呼吸せねばならず，そうすることによって毒ガスの影響が緩和される。

⑤ 市内のインフラが不十分なために，緊急事態対策が低所得者層には行き届かなかった。

これらのすべての要因が，1,800人から1万人の死者および20万人から30

万人の障害者を出す惨事を引き起こし，現在でもその障害者は多数死亡している。この事件により周囲の動植物などのすべての環境に与えた影響は計り知れない。

今後の教訓として生かすためにも，何が事件を引き起こしたのか，また何がそのようなおびただしい数の犠牲者を出したのか細部まで明確に示す必要がある。明らかなこととして，ユニオン・カーバイド社のUCILに対する経営権の委譲不足，全般的にUCILの経営者から従業員にいたるまで安全対策についての知識不足があげられ，技術的および人的ミス，ボパールを産業地帯として開発を押し進めてきたインド政府の政策が結果的にインフラの不備を引き起こし，その結果，数千人もの人びとが製造物質の危険性について知らずに工場付近で生活することになった。以上の要素が複雑に絡み合いボパール事件をさらに危機にしている。

3．ボパール危機

図10－4はボパール危機に関連した関係をモデル化したものである。これはインド政府，ユニオン・カーバイド社，住民，他の要因の4つの要因を組織化したものである。ボパール危機はカギになる4つの要因が相互作用した多様な領域から発生し，演出されている。最初の領域において，いくつかの論争がさまざまな要因の間でなされた。それは放出されたガスの正確な性質（シアン化物が存在していたのではないかと疑われている），長期的な損害の効果の性質，長期的な無効果と世代間の効果の変化，そして，正確な死傷者の数，1,800人とも1万人とも絶えず変わる死傷者である。これらの論争はそれ自体他の問題と関連している。例えば，適切な処理についても議論は何度もなされた（MICと毒性シアン化物の処理はまったく異なっている）。また，死傷者数と同様に緊急事態対応計画に関わるユニオン・カーバイド社の財政的責任のような法的問題も議論された。インド政府の危機との因果関係とその緩和に対する役割の議論もなされた。これらの論争はインド政府とユニオン・カーバイド社への住民の

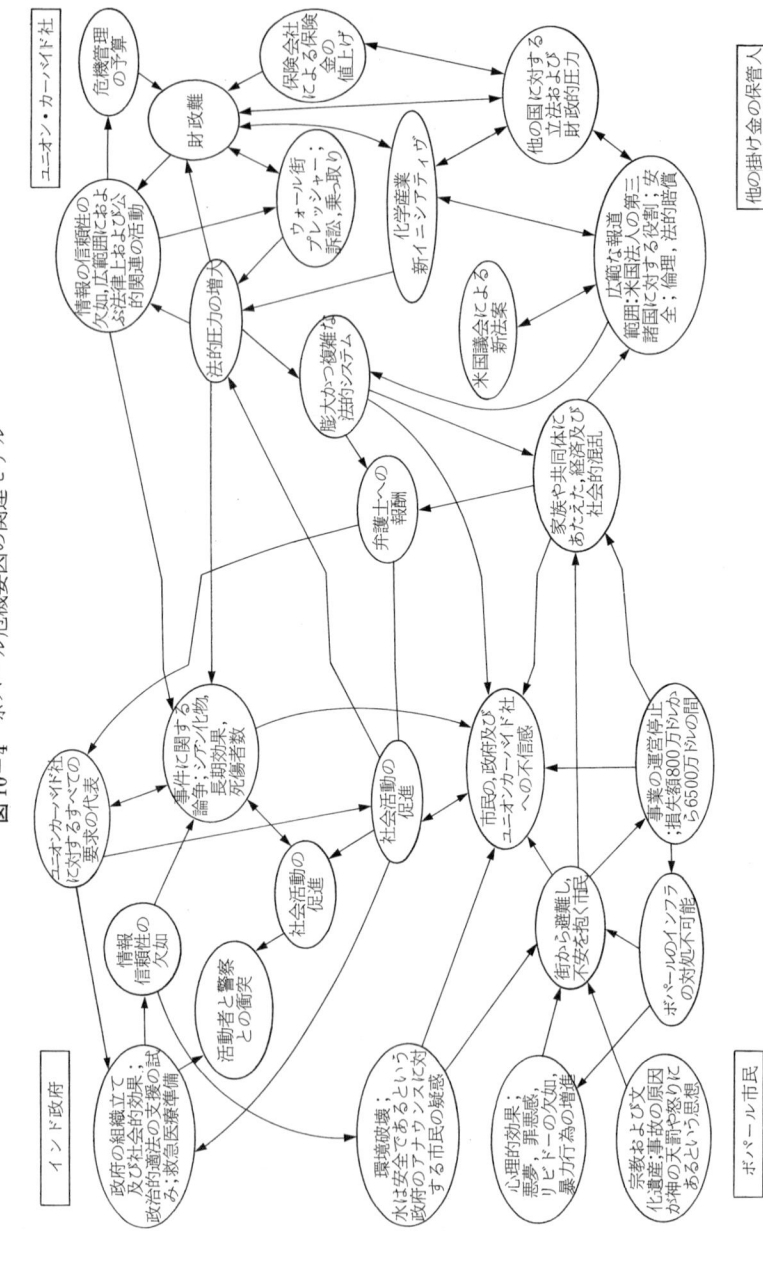

304　第 10 章　産業災害危機管理

図 10-4　ボパール危機要因の関連モデル

(出典)　T. C. Pauchant & I. I. Mitroff (1992), pp. 36-37.

不信感と関連している。なぜならば，この不信感により，何千人もの住民が都市部から逃げ出し，さらにいくつかの経済的，社会的，心理的障害の要因となった。

　被害者によるインド政府とユニオン・カーバイド社に対しての訴訟，インド政府によるユニオン・カーバイド社に対しての訴訟，株主によるユニオン・カーバイド社に対する訴訟が始まり，訴訟の総額は1985年には3億5,000万ドルから40億ドルだとされている。ユニオン・カーバイド社の財政は数ケ月間過小評価された。メディアによる危機に対する報道は多方面にわたり，ボパール危機は2週間ニューヨーク・タイムズの紙面を飾った。報道で議論された問題は外国，とくに第三世界に進出するアメリカ系企業の道徳的な役割，複雑な技術の安全性，補償金に関する法律上の問題点であった。これらの問題点はユニオン・カーバイド社の社会的存在，一般的な化学産業，そして第三世界で操業しているアメリカ系多国籍企業に脅威を与えるものである。危機としてのボパール事件は多くの他の要因を含んでいる。それは同じような技術を持った他の国々，いくつかの市民活動グループ，合衆国議会，そして全体的な化学産業である。

　ボパール危機に関連する問題点は極端に複雑である。それは財政的，法的，医学的，技術的，経営的，政治的，コミュニケーション上の多くの要因が絡んでいるからである。しかしながら，1989年以降，危機に対するプレス報道の大部分は訴訟に焦点が当てられた。法廷闘争の6年後の1990年に，インド政府はユニオン・カーバイド社から被害を受けたとして4億7,000万ドルを受け取ったが，インド政府はこの決定を不服として再び告訴している。

4. 緊急事態対応手順の欠如

多くの研究者は，ユニオン・カーバイド社のUCILでの緊急事態対応計画の欠如，国家の緊急事態対応計画手順のずさんさ，適切なオペレーター訓練の欠如，緊急事態活動スタッフの削減，緊急事態対応計画手順に対する予算の制限，そして低額補償計画と要求に対する遅い対応について批判をしている。これらの要因が重要で強調するに値するとはいえ，それらは私たちにとって重要な中心的問題ではない。危機管理計画を事前に準備している組織のクライシス・マネージャーは，効果的な活動をするために自分たちの活動の全体的な状況を理解しやすいが，危機が発生しやすい組織のクライシス・マネージャーはそうではない。

緊急事態対応手順や科学的な理解を混乱させた事件の代表的な例が次に述べる4つの根拠からボパール事件であるといえる。

1) MICタンクの中に不純物（水）が混入し，それが大事故を誘発する原因になることを予期できず，また，緊急事態マニュアルにも記載されていなかった。
2) 特に安全計画がまったく機能せず，ガスに対する緊急事態計画はあったが，ガスと水が混合するということは予測できなかったのである。
3) その理由として，タンク内の化学反応はMICを加えた中間混合物が環境にリリースされてしまい，科学者にとってその内容を解明するのは厄介な問題であった。これらが要因で効果的な危機管理を妨げた。
4) ユニオン・カーバイド社は緊急事態対応チームに対し，事故の規模，ガスの量などの情報を与えることができず，また，過去に例のない事故に科学的な観点から安全管理の理解不足があった。

ボパール事件のケースは，すべてのシステムのレベルにおける介入が異なっていたとしても，それは「システム」をどのように定義するかによる。ユニオン・カーバイド社の展望としては，危険な製品を効果的に，かつ大規模に生産をしてきたが，しかしそれが企業にとって基本的な目的ではない。

旧式の伝統的戦略ともいえる複雑なシステムは，実は簡単なシステムとして機能していた。例えば，ユニオン・カーバイド社がインド政府に対してUCILの工場の道路沿いに住んでいる住民にとっては危険性がともなうと通知したが，しかしながら，法的責任を確保するため，企業側も問題を解決するように踏査しなかったのである。人道的，かつ倫理的に企業側は法的側面ばかりでなく，大事故に巻き込まれる人間の尊厳の問題も考慮しなければならない。ユニオン・カーバイド社，UCIL，インド政府，地方行政府，および現地の市民は積極的に広範囲に及ぶボパール公害を共に研究し，事態の調査にとり組むべきである。

5. 安易な対応が最悪の事態を招く

危機における感情的かつ実存主義的な見地から，より危機に対して挑戦ができるようになる。危機が発生する以前は，たいがいの人びとはその危機が深刻になるという事実を考えようとはせず，むしろ安易に否定しようとする。危機発生後は，人びとは危機が発生したことや責任を果たすことを否定する。一方において，人間は健康維持メカニズムを備えており，逆境に対する心理的サバイバルにある程度適応できる能力を備えている。他方において，人びとは大規模な事故を誇張しようとする矛盾性を持つのである。

ボパール事件において，否定は重大な問題であった。例えば，ユニオン・カーバイド社とインド政府は事故は起こり得ないものだと陳述した。さらにユニオン・カーバイド社はいくつかのボパール事件に類似したシステムによる事故に発展しなかったものの事態を，安易に考え無視していたのである。つまり，ボパール事件が発生する以前に，いくつもの警告が発せられていたにもかかわらず，事態を重く見ず，対応も十分に行なわなかったのである。

危機管理の基礎プログラムにおいて，「否定的な感情」を理解し，その感情に対するプロテクトを試みる必要がある。国内および海外業務における広範囲に及ぶレベルにおいて，効果的な対応は異なる要因間の紛糾を緩和することを試

みることになる。ボパールにおいて，すべての生産安全管理とコストの問題，大規模な生産システムにおける経済効果とそのシステムに対する事故発生の可能性，インド政府の大規模かつ急速な経済発展政策と十分なインフラ設備構築の限界など，さまざまな問題の紛糾が生じる。

多くの危機を明確にすることは，複雑なシステム概念，着想，断片的な見地を簡単にすることである。事実，私たちが思い当たる大規模な災害において，私たちの着想とフィーリングを豊かにかつ鋭くすることができれば，危機を発展させることを回避できるのである。

注：
(1) "Disaster Prevention and Mitigation, Preparedness, Aspects", Vol.11, Office of the United Nations, Disaster Relief Co-Ordinator, Geneva, 1984, United Nations, New York, 1984, pp.3-7.
(2) ①Thierry C. Pauchant and Ian I. Mitroff, *Transforming the Crisis-Prone Organization――Preventing Individual, Organizational, and Environmental Tragedies――*, Jossey-Bass Publishers, 1992, pp.34-47.
　②ボパールの悲劇について，多数の異説のなかで2つがもっとも信用を得ている。ボパール工場を所有する会社の大半の株を所有するユニオン・カーバイド社説によれば，不満を持った従業員が，イソシアン酸メチル (MIC) 貯槽の圧力計を取り外し，水をホースで注入したことになっている (MIC はセビンや他のカルバリル系殺虫剤を製造する中間生成物である)。MIC は水と激しく反応する。MIC は自己反応，水との反応および水との反応の副生物との反応により，制御不可能な熱，圧力を発生する。貯槽610号の発生圧力が，$2.8 \text{ kg}/\text{cm}^2$ (ゲージ圧) を越えたとき，安全弁が開き，MIC は配管，すなわち安全弁排出ヘッダーを流れ下り，排出ガススクラバー (ガスを中和し，無害化する苛性ソーダが補給されていなかった) を通り抜け，排出管を通じて周囲の地域社会に拡がった。
　インド政府および被災者側が主張するもうひとつの説では，怠慢と工場の主要なシステムの貧弱な設計がこの破壊を引き起こしたと非難している ("Bhopal : A Tragedy in Waiting", *IEEE SPECTRUM* Vol.02, No.12, Maruzen Co. 1989, Dec. p.26.)。

参考文献：
1) R. U. Ayres and P. K. Rohatgi, "Bhopal : Lessons for Technological Decision Makers", *Technology in Society*, 9, 1987, pp.19-45.
2) Paul Shrivastava, "Managing the Crisis at Bhopal Uriel Rosenthal", Michael T. Charles Paul't Heart, "Coping with Crises" Charles C. Thomas Publisher, 1989, pp.92-116.

3) P. Shrivastava "Bhopal : Anatomy of A Crisis, Cambridge", Ballinger, 1987.
4) W. Morehouse and A. Subramanyam, *The Bhopal Tragedy*, Council on International and Public Affairs, New York, 1986, pp.19 and 32.
5) Union Carbide Corporation and Union Carbide (1) Limited Annual Reports, 1983 and 1984.

第11章

危機管理対策の事例研究

第1節　米国ゼロックス社の危機管理対策

　1988年4月14日午前9時30分，アメリカ・カリフォルニア州，エル・セグンド地方で突然激しい揺れをともなって大地震が発生した。これによって，ロサンゼルス南海岸地帯は大打撃を被った。地震が発生してから15分後，ラジオとテレビのニュースは，地震はマグニチュード6.4度で，震源地はロサンゼルス国際空港の南，およそ5マイルの所であったと報じた。

　5分後，ゼロックス・エル・セグンド緊急オペレーションセンター（EOC）の所長は，ゼロックスの災害時マスタープランの規定に基づいてプランを実施するようラジオを通じて指示した。すぐにEOCの職員たちはコントロールセンターと連絡をとり，次のようなメッセージを受信した。

　「これは災害訓練です。南カリフォルニア地方に地震が発生しました。緊急オペレーションセンター長は，直ちに災害時マスタープランに基づいて行動して下さい」。

　この地震は訓練であると伝えられたが，ゼロックス・エル・セグンド企業グループの5,000人以上にのぼる社員たちはその脅威が現実であると信じていた。

　このゼロックス・グループとは，ロサンゼルス郡の南西24エーカー四方，

ロサンゼルス国際空港南2マイルに位置する14の建物が中心となって構成されている。この工業地帯は，サンアンドレアス断層，イングレウッドニューポート地帯の近くに位置し，それ以外の地震断層にも近い。事実，1988年1月1日から1988年4月30日にかけて，南カリフォルニア（サンディエゴの南，ベーカーズフィールド地帯）では，マグニチュード2.5度以上の地震が460回も起こっている。

ゼロックス・エル・セグンドにとって地震はそれほど脅威を受ける危険ではなかった。火災，爆発，化学物質の流出，洪水（津波），天災，またはこうした災害の複合的な発生は施設管理上，プリンター，コンピューター，コピー機，精密機器工場などを含む研究施設やエンジニアリング・オフィス，倉庫などに大きな打撃を被ることがある。

こうした背景から，1985年6月にゼロックス・エル・セグンド特別専門委員会が設立され，各人が広範囲にわたりエル・セグンド・グループとしての緊急事態対応計画の作成にとりかかった。この計画は，グループが被害を受けることを想定して，ほぼすべてのタイプの災害や緊急事態に対処できるように作成された。

ゼロックス災害対策委員会（プロジェクト・チーム）には，行政機関，保健施設，工場管理グループなどのさまざまな部門の代表者が含まれている。このプロジェクト・チームは，以下のようなキー・ポイントに答えるべく緊急事態対応計画の作成を開始したのである。

① ゼロックス・エル・セグンドにおいては，どのようなタイプの災害が起こる可能性があるのか。
② 地震のような大災害時において，民間の権限を助成するために何ができるのか。
③ 災害地域では，どの程度の人びとが影響を受けるのか。
④ 緊急時においては，供給や施設管理など，どのようなタイプの協力体制が必要か。
⑤ 施設間での社員同士のコミュニケーションはどうするのか。

⑥　スタッフに対してはどのような訓練を行なえばよいのか。

　こうした疑問に対する答えとして，もし，グループがその有効性や有用な緊急対策プランが設定されれば，特別訓練を受けたグループによって認識されるとしている。

　ゼロックス・エル・セグンド・グループにおける災害時に有効なプランの開発は，ある意味では組織の確立が大きな課題となる。24エーカー四方にある14の建物からなる企業グループはさまざまな部門で組織され，それぞれ異なる緊急時の対応ができるようになっている。

　ゼロックスは，ハズマット・チーム（危険物取扱いチーム），消火用ホース取扱い者，消火器取扱い者などのような緊急対処チームを通じて，緊急時において指導を行なう。しかし，グループ全体が，例えば地震などによって影響を受けた場合，ゼロックスのEOCが活動を開始する。

　EOCは中央集約的に組織化されており，ゼロックス・グループを通してあらゆる緊急事態に対処すべく方向づけられている。グループにおける建物は，核となる地域と，その周辺地域という2つの範疇に区別されている。

　ゼロックスが設定した核となる地域とは，ゼロックス・センターを除いて，そのまわり24エーカー四方のグループ内にある建物のことをいう。16階建てのオフィスビル，CP8と呼ばれる3階建てのオフィスビル，そしてCP10は2階建てのオフィスビル。これら3種類の建物は周辺地域とみなされている。第4種目の周辺地域は倉庫地帯で，グループの中心より11マイルの距離にある。

　核となる地域とその周辺地域は災害対処マスタープランによって網羅されている。さらに倉庫地帯ではEOCの手が届きにくく，その地域の要員には特別な緊急事態対応訓練を施している。

　ゼロックスの安全管理技術者や防災担当者は，定期的に専門セミナーに参加して緊急事態対応計画や財産損失管理の研修を受けている。さらに，ゼロックス社の一般社員は，カリフォルニア特別訓練研究所で"民間緊急事態管理技術計画"というセミナーを5日間にわたって受講することが義務づけられている。

このコースは，カリフォルニアの民間エージェンシーによって用いられている。多種の災害用プランとして用いられた後，ゼロックスのマスタープランとして用いられた。これによって，ゼロックス・チームはコミュニケーションに関する問題を排除した。プランのなかには専門用語や面倒な手続きが多く，各市，州，連邦の緊急要員たちは少々難解であった。

ゼロックス災害対策プランは，地域に影響を及ぼす恐れのあるすべての自然災害や技術的側面などを含んでいる。エル・セグンドのグループは，あまりに規模が大きく多業種にわたっており，緊急事態に際しての対応も多方面にわたり非常に厳しい状態にある。ゼロックスの災害対策プランは緊急時における対応を広範囲にわたって網羅している。この災害対策プランは，以下の3段階の緊急事態対応管理手段からなっている。

＊レベル1（対処法と方向性の分化）
　緊急事態が通常の手続きで実施されたときは，このレベルで取り扱われる。また，消防署のような各地の施設などもこれに準ずる。EOCは，この時点では行動を起こさない。緊急事態は電話やラジオなどのコミュニケーション手段を通じて行なわれる。

＊レベル2（中央集約的対処法と方向性の分化）
　この段階では，おのおのの部門が緊急事態に対して対応することになっている。各部門の担当者が集まり，発生した緊急事態にどのように対処するのかを決定する。

＊レベル3（中央監視体制）
　この段階は，大災害発生時に適用される。緊急オペレーションセンター（EOC）は直ちに行動を開始し，すべての対応体制と方向づけがなされる。

　EOCはゼロックスの災害時マスタープランの重要な役割を演じることとなる。EOCは緊急時の対処策と方向づけを中央集約的に行なう。ゼロックスのプロジェクト・チームによれば，EOCの施設は適切な作業スペースと人員を提

供し，共同体を通して地上の施設同士でコミュニケーションがとれるような体制を整えている。

　EOCはいったん方向性を選択すると，ゼロックスの各社員がグループに脅威となり得る災害に対して生き残りを図れるよう目標地点を正確に定める。ゼロックスはさまざまな移動ユニットを所有している。そのなかでも27フィートのトレーラーは，仮に，EOC本部が機能できなくなった場合，すぐにこのトレーラーが対応できるようになっている。EOCトレーラーはあらゆるコミュニケーション装置とその他の装備を備えている。

　大規模な緊急事態がゼロックス・セグンドを襲った場合はいつでもスタッフと対策委員はEOCの緊急事態対応計画に基づいて人員配置を行なう。EOCスタッフのメンバーは，地震，火災，爆発，航空機事故，危険物質流出事故，停電，大規模洪水などの災害に対応すべく独自の訓練を受けている。

　以下は，EOCスタッフのメンバーの職務について記したものである。それぞれのスタッフはいつでも相互安全管理ができるような体制をとっている。

●チーフ（センター長）

　EOCのチーフは，緊急管理体制，安全評価，火災鎮火，災害による町の復旧などに関してすべての責任を持つ。チーフは必要に応じて災害対策マスタープランの準備をし，これを始動させる。

●アシスタントチーフ（副センター長）

　アシスタントチーフは，各地域の安全保持，周辺地域の保護，交通管制，コミュニケーション・ネットワークの確立などの責任を持つ。また，グループへの告知や警告を行なうことを主な職務とする。

　さらには，ある権限を持って派遣されたEOCスタッフによって災害対策が実施されている間，その進捗状況を把握し，各グループに対して直接コミュニケーションに関して責任を持つ。

　また，緊急対策スタッフや災害対策スタッフと常に連絡をとり，逐一チーフへ直接報告する。核となる中心地域と周辺の安全管理体制を行なう人員を配置

し，火災鎮火，その他必要に応じて任務を指示する。

● オペレーション・マネージャー／防火および周辺ビル安全管理スタッフ

緊急時において，オペレーション・マネージャーは，各地域および周辺ビルに対して火災予防のための手段を講じる責任がある。防災担当者として派遣されたスタッフとともに実際の作業にあたる。また，必要に応じて，安全管理マネージャーを通じて対応チームの安全管理要員に訓練を施すように要請する。

プランニングもまたオペレーション・マネージャーの職務のひとつである。防災対策要員，スプリンクラーやバルブ監視者などを含む防火施設管理要員に訓練を施し，補助要員として組織する。

また，非番者が必要となった場合に，すぐに連絡がとれるよう周辺地域安全管理要員の資格などが記入されているリストを作成する。また，ゼロックス・センターのフロアの監視を行なう。もちろん，安全管理担当マネージャーと相互に連絡をとることも重要な任務のひとつである。

● セキュリティ・オペレーション・マネージャー（中心地域内）

セキュリティ・オペレーション・マネージャーは，前述のオペレーション・マネージャーと同様の職務を行なうが，その範囲はゼロックスの中心地域に限られる。もちろん，常にセキュリティ・マネージャーとの相互連絡をとる。

● 地域安全エンジニア

地域安全エンジニアは，危険度の評価と危険地域の分析を行なう。すべての人員と装備が円滑に運用できるように取り仕切り，安全管理，火災，メンテナンス担当マネージャーとともに行動する。

地域安全マネージャーは，建設および環境担当エンジニアとともに行動し，地域内のビル，化学薬品による被害，その他の被害に対する程度の分析と評価を行なう。その後，事務所と連絡しているEOCチーフに災害の解決策と方法について進言する。

さらに，EOCチーフがその職務遂行不可能になったとき，EOCの運営に関してセキュリティ・マネージャーと周辺地区管理マネージャーを援助する。

● メンテナンス・マネージャー／マイクロエレクトロニクスセンター・コー

ディネーター

　メンテナンス・マネージャーは，災害によって操業停止になったプラント施設，ガソリンやプロパンガスの貯蔵タンク，アンモニア冷却プラントその他の危険地帯などに関連したメンテナンスを行なう責任がある。さらには，
　＊電気関係の危険性の見極めと補修を行なう。
　＊非常用電源のメンテナンスとチェック，照明調整，飲料水などの供給。
　＊被災地のがれき処理と除去，被災地域への管理チームの人員配置を行なう。
　＊非常用装置，備品の最新リスト管理とその保持。
　＊グループまたはチームリーダーとしての適任者任命。
　＊初期段階における被害状況報告のための人員配置。
　＊建設担当技術者および環境調査技術者との，研究所またはその他の建物に対する化学薬品による危険，その他の被害の分析・評価。
などがある。

●被害状況評価コーディネーター／復旧コーディネーター

　被害状況評価コーディネーター／復旧コーディネーターは，被害状況の評価および復旧の見通しを立てるとともに，被害状況評価チームを設置し，建設に関わるあらゆる人員の活用を行なう。また，グループ地区（周辺地域ビルを含む）の建物すべての被害状況を判定し，有効に活用できるように評価を下す。
　さらには，EOC のアシスタント・マネージャーすべてに報告し，適切な対応行動を進言する。

●環境担当技術者

　環境担当技術者は，大気中に流出した化学薬品および有毒ガスの危険性の観測を行なう。また，危険廃棄物貯蔵地域の調査と評価を行ない，現場処理チームの派遣を EOC とともに行なう。すべての処理作業の監督をし，その地区の評価をして，今後の災害に備えてアドバイスを行なう。

●輸送担当コーディネーター

　ゼロックスの輸送担当コーディネーターは，ゼロックスが所有またはリース

しているすべてのバン，トラック，乗用車，バイクなどの輸送機器の管理に関して責任を持つ。必要に応じていつでも使用できるように，バンやその他の輸送機器を日頃から整備しておかなければならない。また，すべての自動車（バイクも含む）の整備日誌をつけ，おのおののタイプの車両の運転手名簿（勤務中および自宅の電話番号を明記したもの）を作成し，必要に応じて適切な車両およびドライバーの配置ができるようにしておく。

●ニュース・インフォメーション・コーディネーター

ニュース・インフォメーション・コーディネーターは，EOC に関するすべての状況報告を行なう。また，ゼロックスの公式広報担当スタッフに対して公式発表が適切であるかアドバイスを与え，すべてのニュース発表をコーディネートし，RACES グループとの連絡をとる。

●アマチュア無線緊急対応システム（RACES）

RACES は，カリフォルニアにおける小人数単位で編成されているボランティア・グループである。メンバーはハム無線装置を所持しており，緊急時において災害の状況を要請に応じて報告する。

各グループは，もし，他のコミュニケーションチャンネルが使用不能になった場合に通信を行なう。ゼロックスは，こうしたグループを各地に点在している EOC スタッフ，緊急要員，職員，訪問者などについての情報を集めるためのリレー基地として活用している。

●データ・センター／災害コーディネーター

データ・センター／災害コーディネーターは，データ・センターの災害対策プランの策定を行なう。データ・センターにおいて管理されている救援テープやその他メディアに対して重要な責務を担っている。この対策プランは，いわゆるマスタープランの一部として含まれているが，位置づけとしては切り離されて考えられている。データ・センター／災害コーディネーターは EOC チーフに直接報告を行なう。

EOC の活動が要請されなかった場合，ゼロックスはグループを通じて正規

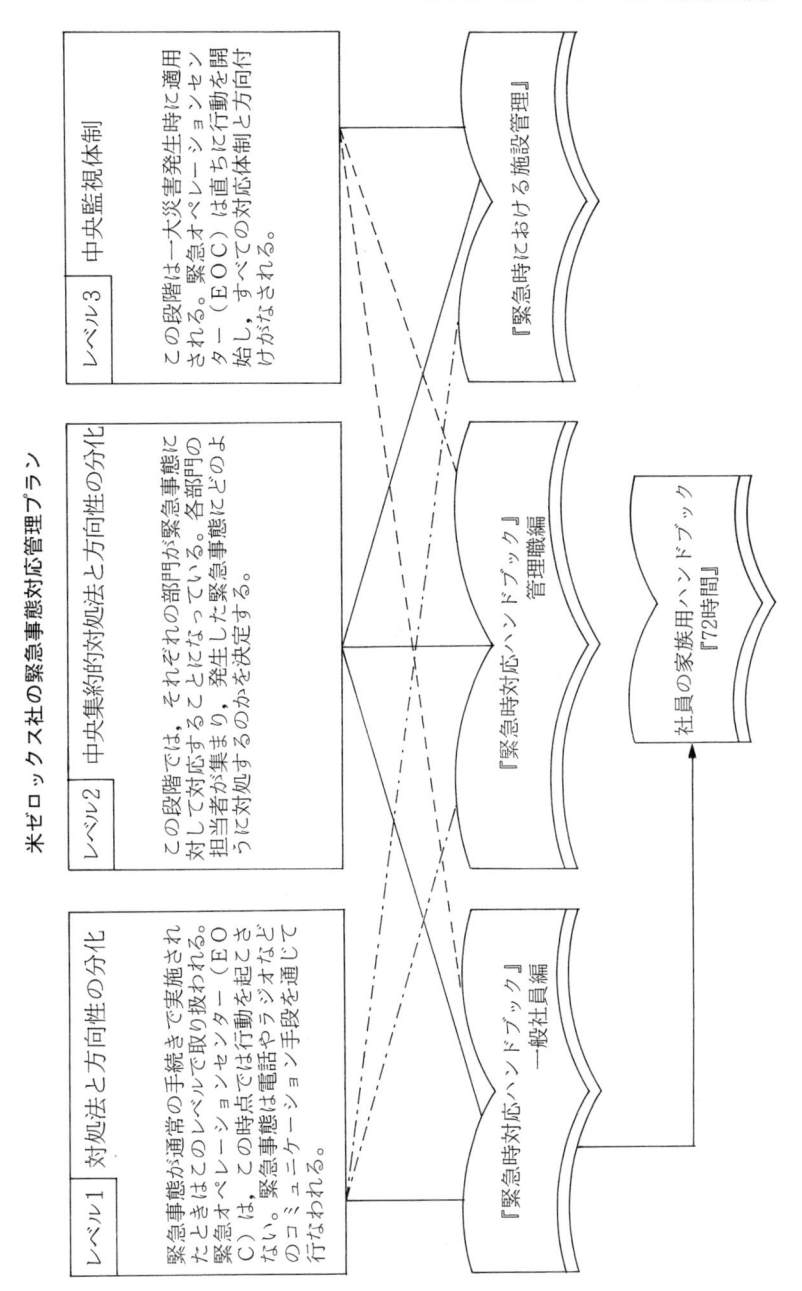

第1節 米国ゼロックス社の危機管理対策　319

米ゼロックス社の緊急事態対応管理プラン

レベル1 対処法と方向性の分化	レベル2 中央集約的対処法と方向性の分化	レベル3 中央監視体制
緊急事態が通常の手続きで実施されたときはこのレベルで取り扱われる。緊急オペレーションセンター（EOC）は、この時点では行動を起こしてない。緊急事態は電話やラジオなどのコミュニケーション手段を通じて行なわれる。	この段階では、それぞれの部門が緊急事態に対して対応することになっている。各部門の担当者が集まり、発生した緊急事態にどのように対処するのかを決定する。	この段階は一大災害発生時に適用されるものである。緊急オペレーションセンター（EOC）は直ちに行動を開始し、すべての対応体制と方向付けがなされる。

『緊急時対応ハンドブック』一般社員編

『緊急時対応ハンドブック』管理職編

『緊急時における施設管理』

社員の家族用ハンドブック『72時間』

の常備品を配置できるようになっている。安全管理部門の職員は，総合緊急事態対応チームとして，地域内において活動を行なう。

　MEC研究所では，おのおのシフト体制をとりハズマット・チームとして配備されている。このチームは，研究所内またはその他のビル内の化学物質の管理を行なう。三人一組で2チームのホース要員がグループ内において火災発生時に対応する。さらに，それぞれのビルには三人一組で消火班およびスプリンクラーバルブ担当班が常駐している。

　EOCは完全な装備と緊急事態に備えて訓練された要員を配備しているが，ゼロックス業務チームは，災害対策プランはグループ全員の自覚と協力なくしては効果が得られないということを認識している。こうした問題を解決すべく，ゼロックス業務チームは，災害対策プランがグループ内のすべての人に浸透するように3つのハンドブック（危機管理マニュアル）を発行した。

　『緊急時対応ハンドブック：一般社員編』は，緊急事態発生時に，ゼロックス社員が何をすべきか，何をしてはいけないかを詳細に記している。このハンドブックには，避難地図，緊急時非常電話番号なども記されている。

　緊急事態とは，このハンドブックでは，地震，爆発，火災，爆弾による脅迫，テロ活動，化学薬品流出，事故，停電，継続する危険などとしている。

　ハンドブックには，『72時間』と題された家庭における緊急事態に対する備えという内容のガイドブックがあるが，これは災害対策プランがうまく威力を発揮できるように書かれたものである。ゼロックスに入社した時，新入社員にこのハンドブックが配布される。

　『緊急時対応ハンドブック：マネージャー編』は，一般社員編の内容を補足したものである。これら2つのハンドブックは，同時に使用できるように編集されている。マネージャー用のマニュアルは，マネージャー，EOCスタッフ，各担当者など，それぞれの役割についてより詳細に記されており，緊急時に災害対処のために組織づくられるその他のグループ向けにも配布される。

　『緊急時における施設管理』は，緊急時に直接の責任を持つ担当者のハンドブックである。特殊な緊急事態において活用できる方策と手続きについて詳細

に記されている。EOC の各部門の役割が明確に定義されており，その職務責任に関しても詳細に説明されている。EOC スタッフによって使用されている専門用語もこのハンドブックのなかに記されている。

これらのハンドブックは，ルーズリーフのバインダーに収められており，常に最新情報をファイルできるようになっており，訂正箇所がある場合は即座に修正が加えられる。これらのハンドブックの執筆および編集は，ゼロックス社の安全管理マネージャー，緊急時対応サービス・マネージャーおよび少なくとも 2 年半以上の経験のある安全管理技術者が担当している。

さらに，これらのハンドブックには今後起こりそうな災害や緊急事態に適切に対処できる要員を養成するために，あらゆるレベルの人々への訓練に関しても記されている。

ゼロックスは，1986 年 11 月に初めて災害訓練を実施した。いくつかのビジネス地区および工業地区を含めて大規模な地震訓練が行なわれた。この時点で，ゼロックス EOC は大変行動的であったが，現実にはさまざまな問題点を残した。それ以来，ゼロックスは数多くの災害対策訓練を実施し，ハズマット・チームによって行なわれた次のような経験を生かしたのである。

ゼロックスの訓練は，1988 年の 4 月に実施された。これは，カリフォルニア州政府が地震警報を発令したためである。4 月 11 日から 15 日の間，ビジネス地区および工業地区を対象として地震対策週間とした。これを受けて，ゼロックス・エル・セグンド緊急対策サービス・オフィスでは，まる一週間，社員への警告と待機を実施した。ポスターを貼り，ビラが配られた。グループ全体にわたって緊急時対応体制がとられた。

EOC のこうした訓練は，ゼロックスに影響を及ぼす可能性のある最悪の事態，「カリフォルニア南部大地震」を想定している。グループとしては，災害がおさまったあとも財産への被害，危険物質の流出など，事態がさらに悪化する恐れがあるとみている。

大地震が起こった場合，地方部およびゼロックスから遠く離れた所では，緊急物資の不足など，対応が非常に困難になる。そのため，ゼロックスはこうし

た事態に際し，被害の調整と災害救済を行なう必要がある。地震訓練では，EOC の対応能力と評価能力が試されたといえる。同時に，多くの問題点が指摘されたが，対応がよかった部分も多かった。

緊急時準備金は，企業のみならず地域内の団体へも委託されている。災害対策マスタープランが実施されている間，ゼロックス社の緊急対策担当マネージャーと安全対策技術者は，エル・セグンドにおいて分断された町，商業，工業計画委員会などを復興するのに重要な役割を果たすことになる。彼ら二人の努力によってゼロックスは，1988年4月15日に設立された市および工業地帯緊急通報システム（ENS）の支援を受けて，その役割を果たしていくのである。

ENS はエル・セグンド緊急対応サービス・センターと直結した電話回線を利用して，プリンターによる通報システムによって即座に地区内のすべての加入者に情報を提供するものである。これによって加入者は，緊急時においていかなる行動をとるべきかがわかるのである。管理スタッフも，このシステムは適切に運用されていると確信している。この通信システムは，安全に対する手助けを行ない，すべての地区内コミュニティーは，いかなるタイプの緊急事態にも即座に，しかも有効に対応することができるのである。

第2節　外食産業の危機管理対策
―― 米ハンバーガーチェーン食中毒事件からの教訓 ――

1993年1月3日，米国ワシントン州でバクテリア（病原性大腸菌 O-157）に汚染されたハンバーガーを食べた数百人のうち，幼児1人が下痢性の血便を伴う腹痛を起こし，シアトル市内の病院に収容された後間もなく死亡，60人以上が似た症状を訴えた。同州保健局は1月18日，「患者の大半が米大手ハンバーガーチェーン『ジャック・イン・ザ・ボックス社』でハンバーガーを食べた」とハンバーガー用ミンチとの因果関係を強く示唆した。

この食中毒事件で「大騒ぎするほどの話しではない」という同社の経営者の

当初の判断ミスがその後の対策を遅らせる原因となり，売り上げ激減に直面するという深刻な問題に発展した。

ここでは企業の危機管理の鉄則ともいわれる(1)「迅速な対応」，(2)「情報の公開」，(3)「正直であること」を通してこの食中毒事件からその教訓を引き出してみる。

教訓 1 「迅速に対応せよ」

ワシントン州保健局の発表を受けて「ジャック・イン・ザ・ボックス社」は 1 月 18 日，同州内の店舗でハンバーガーの販売を一時停止した。しかし，その発表の席で P・シュルツ副社長は「限られた範囲での事件に過ぎない」と強調。事態を見誤ってしまった。つまりボックス社の事態の過小評価が後々まで迅速な舵取りを狂わせてしまったのである。

教訓 2 「正直であること」

シュルツ副社長は 1 月 19 日になっても「政府の衛生管理基準を完全に満たしており，当店での飲食になんの心配もいらない」と強気の発言を繰り返した。しかし，その 2 時間後にはミンチの調理温度・時間を定めた州の衛生基準に違反していたことを認める羽目に陥った。不正直さがあだとなって，「ジャック・イン・ザ・ボックス社」は顧客の信頼を大きく損ねてしまったのである。

教訓 3 「責任転嫁するな」

1 月 21 日になって 2 歳の男児が死亡し，アイダホなどの隣接州にも事件が飛び火した。ようやく事態を深刻に受けとめた経営トップが次にしたことは「責任の転嫁」であった。R・ナグット社長は「ミンチの処理段階で汚染した可能性がある」として，納入業者ボンズ社（南カリフォルニアの食品スーパー）の名前をあげた。「ボンズ社」は「ぬれぎぬである」と反論，「屠畜段階でバクテリア（病原性大腸菌 O-157）が入り込んだ」と主張した。マスコミがこの両社の泥仕合を大きく報道した結果，一番損をしたのは「ジャック・イン・ザ・

ボックス社」であった。この事件は店頭で悲劇が起きたのであるから,「ボックス社」は何よりもまず謝罪すべきであった。責任の所在は法的に争うことで被害者救済とは別問題なのである。

「ボックス社」が被害者の医療費負担の方針を発表したのは事件発生後から約1カ月経過した1月31日になってからであった。

教訓4「情報公開を怠るな」

「ボックス社」は受信人払いの「800番電話」を設置,消費者への情報開示に努めた。しかし,それも州保健局が,「ボックス社のハンバーガーが食中毒源」と指摘してから4日後である。「迅速な対応」の原則にはほど遠かったのである。

このハンバーガー食中毒事件で「ジャック・イン・ザ・ボックス社」の客が30％減り,当然ながら売上高にも影響を及ぼした。同社は,テレビを使った通常の販促コマーシャル放送をやめ,J・グッドオール会長の信頼を回復するためのビデオを流した。また,企業の社会的責任の一環として,腎臓病研究基金に10万ドルの寄附を決めた。この食中毒の原因になったバクテリア(病原性大腸菌O-157)は腎臓病を起こす可能性があり,亡くなった幼児も腎臓の機能障害が死因になったからである。

しかし,こうした対応にもまして大切だったのは,客に直接接する店頭での対応であったはずである。店員が食品衛生管理について十分な知識を持ち,時間をかけて客の信頼を勝ち得ることが第一なのである。

その後この事件を契機として外食産業界では食中毒の防止策として,米国で宇宙食用に開発されたHACCP(総合衛生管理製造過程)を導入した。

HACCPとは原料の調達から最終製品までの各工程で発生が予想される病原菌や異物混入を特定・分析し,その防止に必要な管理項目を設けチェックする方法である。

参考文献：
(1) Diane L. Viera, "A Model of Disaster Management" *Security Management,* American Society for Industrial Security, August 1991, pp. 68–77.
(2) 日本経済新聞，1993年2月17日付（夕刊）。

第12章

危機管理シミュレーションと訓練

　緊急事態対応計画の策定者は元来洞察力に優れており，効果的な計画の策定にひらめきなど通用しないことを心得ている。緊急事態対応計画が危機からの脱出につながるか，災害の渦中に葬られるかは，思案と適切な支援次第である。しかしながら，計画の立案は単なるプロセスの一部にすぎず，その精巧さや包括性に関係なく，緊急事態に先がけてテストされることがないかぎり適切な機能は期待できないと予測できる。

　このテスティング・プロセスこそが，包括的な訓練プログラムの第一段階となる。シミュレーションとはこの訓練とテストの両方の機会を提供し，効果的・先行型の危機管理プログラムを構成する一要素となる。

　完璧な危機管理プログラムには包括的・統合的な訓練プログラムが必要となるが，これには危機管理の責任者の選任のような共通の目的を持ったさまざまな教育方法の活用も含まれる。こうした方法が唯一，目的達成のために必要な人員の配置と手順を確実なものにする。

　緊急事態対応計画の達成にあたり，シミュレーションが必ずしも適当な役割を果たすとはいえないが，計画のテストと改善という点からみれば，問題の想起や新案の試みといった新しいアプローチを経験することは可能である。いずれにせよ，この重要なツールがなければ緊急事態対応計画プログラムは完全にできないのである。

　今日の計画策定者の任務はますます複雑になっている。また，計画の対象が

テロ行為，自然災害，スポーツイベントのいずれであれ，組織とこれら要因との相関関係もますます錯綜の色を濃くしている。計画策定者は，こうした要因群をひと括りするツールがあることを否定してはならない。緊急事態対応計画の演習に費やされるわずかな時間と資源は，実際に計画が必要となったときにそれ以上の時間と資源になって跳ね返ってくる。

1. 訓練とテスト

この課程の目的は，次にあげる訓練とテストに関する定義によって示すことができる。

訓練とテスト：危機管理マネージャーと緊急事態対応スタッフ配置のための教育法

危機管理における訓練には，方針と調整，作戦行動と対応という2つの基本的な領域が存在する。これらはいずれも，危機管理スタッフがその任務を遂行するのに適切な準備範囲を提供している。方針と調整の訓練は，危機管理チームの行動指針となる組織的な政策の立案を促し，確立させることができる。一方で，作戦行動と対応の訓練は，スタッフにリスクのない手順をともなった危機対応を提供する。いずれの訓練カテゴリーも同等に重要であり，互いに関連づけた構築が必要となる。

2. 課程の構想

訓練プログラムの作成にあたっては，次にあげる基本的段階が考えられる。いずれの段階にもある特定の目的があり，慎重な対処が必要である。

1. 課程名（講座名）
2. 受講者
3. 課程の理論的根拠
4. 目的
5. 話題性と活動性

```
    6. テスト方法
    7. 課程の復習
```

訓練プログラムの構想

(1) 課程名
　　講座の内容を適切に連想させることのできる特別な名称
(2) 受講者
　　出席者の身元確認
(3) 課程の理論的根拠
　　なぜこのような講座が必要なのか
(4) 目的
　　この特別講座は何を達成すべきものか
(5) 話題性と活動性
　　この講座にはどんな素材が隠されており，どんな教授法（講義・観察・実習）を使用するのか
(6) テスト方法
　　適切な知識の伝達を確実にするためにはどんな有効メカニズムを使用すればいいのか
(7) 課程の復習
　　講座の終了後に技術と知識に洩れがないか

3. 訓練フォーマット (Training Formats)

効果的な訓練フォーマットにはさまざまな種類があるが，そのいずれも長短があり，対象目的も異なっている。訓練の種類に応じた適切なフォーマットを選定するためには，細心の注意を払う必要がある。

4. シミュレーション

　Murphyの法則（予期できない突発的な出来事はどこでもあるということ）は日常生活上の一要素を構成しているが，同時に緊急事態に対処するうえでも非常に重要な役割を果たしている。緊急事態における成功と失敗の明暗は，非常に小さな部分によって左右される。小さな部分とは訓練と経験から生まれる学習効果であり，計画の成立それ自体では決してない。したがって，緊急事態対応計画と危機対応スタッフの準備において，可能性や見込みによる評価を実施することは危険である。深刻な事態にはそれ相応の対処が要求され，生命にかかわる意思決定はしばしば取り消すことが不可能となる。本当の緊急事態を除けば，シミュレーションこそが方針・手順・能力の評価を可能にする，脅威のない状況を設定できる唯一の方法である。したがって，ここではテストと訓練の体形に焦点を絞っている。

　危機管理シミュレーションの焦点は，危機に対処するために組織されたリーダーシップと危機管理対策チームのスタッフにあてられている。シミュレーションにおける危機管理対策チームの役割は，手順と計画の実施と評価およびチーム・スタッフが有する特定の知識や経験の均一化である。知識と経験の共有化は，シミュレーション上もっとも価値ある一側面であり，訓練と計画の同時進行を促すことができる。

　シミュレーションがもたらす豊富な経験と失敗の蓄積は，計画立案工程の一部を担う客観的な学習と評価の下地となる。またシミュレーションでは，失敗を永久に繰り返さないかぎりにおいて，客観的要因の変化と実行計画の変更が考慮される。緊急事態対応計画の演習を定期的に実施することは，ダイナミックな計画プロセスのなかで重要な一部分を担っている。

5. シミュレーションの目的

```
1. 練習（訓練）手順
2. 職員の訓練
3. チームワークのテスト
4. 支援設備の評価
5. 方針と目標との適合性の確認
6. 計画の完璧度の測定
```

シミュレーションの目的

　どの種の訓練にもいえることであるが，危機管理シミュレーションでは，現在有するスキルの改善と新しいスキルの教育という機会が与えられる。危機管理訓練とその他の種類の訓練との違いがもっとも鮮明に現われるのは，迅速な意思決定と職務遂行を必要とする緊急事態か否かという点である。シミュレーションは，緊急事態対応計画のあらゆる要素に関する浅薄かつ範疇を越えた全域にわたる関与から特定の種類の危機へ焦点をあてた特別かつ綿密な関与までを包括することが可能である。

　緊急事態対応計画の演習を実施するのは，それなりに多くの根拠がある。シミュレーションでは，通常業務と臨時作業の遂行を同時に行なうことになる。また，不測事態や緊張の生じる危機環境下において，関係者の共同作業が促される。外部組織との関係も同様にこの危機環境下で評価される。ここでは必要な情報，コミュニケーション手段，業務遂行上のリードタイムが評価され，管理・運営上の必要要素が再検討される。さらに，異なった組織や機関との目標や目的の違いと同様に，政府と企業との政策の違いが明白になり，計画構成上の一要素となる。最後にメディア，家族，通常業務への影響が再検討され，緊急事態対応計画がこれらを完全かつ的確に考慮しているかを確認する。

```
1. 業務遂行スタッフの参加
2. 疑念の除去
```

> 3. 聡明な管制部（コントローラー）
> 4. 現実的なシナリオ
> 5. 現実的な演習体制
> 6. オープンマインド

シミュレーション上の必要前提条件

　前に述べた目的を達成するためには，いくつかの前提条件が必要となる。第1に，シミュレーションにおいては演習参加者による実際の緊急事態で必要となるものと同等の機能の実践が必要となる。しばしばロールプレイの実施にあたって訓練が強調されているが，ロールプレイによる危機と現実の危機とでは格差が大きすぎるため，逆効果になりかねない。第2に，参加者はシミュレーションに対する疑念を捨て，現実のものとして対応しなければならない。参加者が「それぞれの役割に没頭」しなければ，シミュレーションは単なるゲームと化し，参加者は現実の世界にいるものとして対応をとらず，危機管理スキルに関しても意味のあるフィードバックを獲得することができなくなる。第3に，管制部（コントローラー）への参加者は，標準的な業務遂行手順および組織の指令系統について精通していなければならない。これは，機関相互もしくは多数の参加するシミュレーションにおいて特に重要である。第4に，おそらくこれがもっとも重要であるが，全参加者はシミュレーションの実施を「組織上の手順に関する批判的な評価」，「状況の想定に応じた代替の検討」の機会としてとらえなければならない。後者の代替には，チームの業務遂行形態，組織リポート，危機対応チームが危機発生中に業務を遂行するエリアの物理的なレイアウトさえも含まれる。

6. ステージの設定

　シミュレーションを成功に導くための必要前提条件について詳細を検証する前に，参加者の気持ちをいかにしてシミュレーションに導くかが問題である。本来ならば，すべての参加者が緊急事態対応計画の価値を認識し，シミュレー

ションの実施にあたりその役割を十二分に発揮することが望ましい。しかしながら，現状として必ずしもいつもそうであるとは限らないため，演習のためのステージの設定が必要となる。

この条件設定が演習上決定的な要素となる。なぜならば，これがシミュレーションの理論的根拠の説明となりうるからである。例えば，演習が想定未来で実施される場合，介在時間が条件設定として考慮され，現在（今）の状況から演習開始時の状況へ何がどのように進展したのかを説明しなければならない。シミュレーションの実施において，緊急事態対応計画の要素を活用するのであれば，事態に対応する妥当なステージの設定は可能である。

一方で，すべてのシミュレーションが条件の設定を必要としているわけではない。例えば，もし演習が過去に同様の事件経緯を持つ国へのテロ攻撃を想定している場合，事態は現在から始まる誰の目にも明らかなケースであり，条件設定や相関関係はまったく必要ない。オリンピック，世界会議といった国際的な主要行事の直前に実施される演習についても同様のことがいえる。ここでもっとも重要になるのは，条件設定が果たして演習にどれだけの信憑性をもたせることができるのかということである。つまり，シミュレーション上の危機・緊急事態を設定するための諸条件——仮説上の政治的・軍事的・社会的・経済的・財政的・法的条件など——の準備によって，想定される演習の信憑性が問われることになる。

条件設定の重要性には，正確さと緻密さも加味される。たとえ未来（もしくはまったく架空の状況）を想定していても，シミュレーションの開始にあたって信頼的な状況を築くためには，現実の迫真性にそっていることが前提条件となる（STARTEX）。シミュレーション上の緊急事態が排他的に神の行為によるものではないかぎり，STARTEXで仮定される状況の悪化は，論理的な順番に条件設定を行なうことによって立証できる。

7. 参加者の役割

シミュレーションのなかで，参加者それぞれが実際の役割を遂行する重要性についてはすでに言及したとおりであるが，この重要性はしばしば見落とされがちである。政府官僚や企業重役は仮説ゲームに参加できる程時間的に余裕がないのが普通である。総括的緊急事態対応計画は，通常セキュリティ・オフィスに委託され，演習への参加は貴重な時間と資源の無駄ととらえられている。しかし，計画者とセキュリティ・オフィサーは真実以上のものはないことを心得ている。

シミュレーションの実施において，日本政府と外国政府との大きな違いのひとつは，トップ（Senior governmental civilian officials）が参加しているかという点にある。日本でトップが参加することはまれであるが，例えばイギリスでは，サッチャー前首相がテロリスト状況シミュレーションに参加したことが知られている。このイギリストップの参加は，シミュレーションの効力を，さらには緊急事態対応計画の全体的価値を絶大なものにする。演習中の参加者の活動をみれば理由は明白である。

シミュレーションの全体的な目標を達成するために，参加者は以下の役割を果たさなければならない。

```
1. 意思決定と危機管理への積極的な参加
2. 他の参加者との相互作用・調整
3. 手順とガイドラインの利用
4. 事態の報告と分析
5. 計画の実行
```

シミュレーション中の参加者の役割

トップの参加こそが本プロセスを強調する手段となる。

シミュレーション実施期間中，参加者は彼らの本来の業務を遂行することが重要である。そうすることでこの演習は演習を越えた訓練手段としての価値を持つことができる。例えば警察官が，人質の直面するプレッシャーについて何

かを学びとるために人質の役を行なうことは可能である。また，中間官僚が将来の役職となる彼の上司の役をこなすこともできる。リスクのない職場内教育という意味では，この種の交換訓練は貴重である。しかしながら完全なシミュレーションとは，新聞記者に警部の役をさせるものでもなければ，広報担当部長に銀行頭取のふりをさせるものでもない。シミュレーションの利益と効力を強調するロールプレイは有効な訓練をもたらすが，逆に楽しみながら実施することは，非生産的であるばかりかシミュレーションの価値さえ低下させる。

8. 疑念の除去

多くのシミュレーションは，ごく最近経験しているそれとは非常に異なった環境の基礎条件を必要としている。アメリカ国務省の危機管理演習プログラムはそのよい例である。この種の演習では，条件設定がきわめて重要となる。なぜならば，この演習を実施している在外アメリカ大使館の多くは平穏な現状に満足しており，想定されうる災害や緊急事態は，そこではまったく発生しそうにないからである。この危機管理演習プログラムは以下の2つの目的を成し遂げるようにできている。①大使館高官に彼らの危機管理計画を評価する機会を与える。②危機管理チームのオフィサーに危機管理上の訓練を与える。したがって，前述したような架空の，妥当な未来の状況を条件設定として考案しなければならない。

大使館では，駐在国の現状を最優先事項として考えており，そこで発生するかもしれない別の状況を調査することができなくなっている。これは，「非現実的な」あるいは「ここですぐ起こるわけではない」といったような条件設定への障害となる。しかしながら，シミュレーションの成功は参加者の疑心を除去することと，演習という人工的環境を受け入れる域まで参加者を没頭させることによって導くことができる。参加者がこうした精神的な躍進を達成できるような条件が，特定の国や特定の状況に応じて設定されなければならない。彼らが駐在する国の全体像は，国際情勢や米国本土の状況とも関連づけられ，また，

地理的な領域についても詳細にわたり調査が行なわれる。適切な実行によって，もっとも反抗的な参加者以外はこの適切な意図を汲み取るはずである。

　反復になるが，シミュレーションにおいて参加者はその体制を維持し，できるかぎり現実に近いものにすることが重要である。電話・ラジオ・電信・ミーティング・回報・メディア・その他の全手段が適切に使用され，また通常のフォーマットや心理的な逃げ口上までもありのままに再現されなければならない（こうした詳細の多くは条件設定の検討中には見出さないものである。なぜならば，演習に参加しない知識人によるシナリオ検討によって学習・導入されたものに仕上がっているからである）。

9. 基本的な実行手順

　理想をいえば，組織の基本的な実行手順について参加者全員が熟知していることが望ましい。また，シミュレーションに先がけて緊急事態対応計画の見直しができ，その内容，少なくとも危機対応チームにおける自分の役割について精通していればそのかぎりではない。通常は，少なくとも前述のいずれかがあてはまる。そしてこの点に関して幸いなことは，シミュレーションによる副産物が欠落部分を補う働きをするのである。

　どんな組織においても，平常時・不測事態時に分けた基本的実行手順と認知の指令系統は確立されている。平常の日常業務にあっては，それ自体に注意を払えばかまわないが，適切な行動が必要になるのが不測事態時である。組織の平常業務と異なり，突発事態はスタッフの業務への徹底と，事態にともなう熟考・思案のための十分な時間的余裕がない。そして危機管理へのアプローチをともなわない緊急事態対応計画は災害を誘引する。

　ここは管制部が掌握できる領域である。と同時に，彼らは何が起きようとしているのか，また緊急事態対応計画が対応という点で何を必要としているのかを把握している。この利点は，①主要人物の不在（誰が任務を継承するのか），②主要資源の利用不可（代替は），③期待できる情報源の欠如（行動の方向性は

あっているか），のような予測できない状況を仮説する機会といいかえることができる。このような環境下で提唱される指令系統や計画行動が実施上効果的か否かについて，計画者と参加者は判断を下さなければならない。こうして組織内の体制や行動は再検討され，改善していかなければならない。

10. 計画の再検討

　シミュレーションの本当の価値が評価されるのは，緊急事態対応計画において，広域にわたるテストが実施される時である。計画は動的なプロセスをともない，訓練と習得を目的とした定期的な活動であるとともに，常に改善と評価をともなうものである。周囲環境の変化とともに人間も変化を繰り返しているため，一状況下もしくは一国に絞った計画はもはや効力を持ちえない。効果的計画であるように思えるものも，完全な実施をともなう際にこれを証明できない場合がある。シミュレーション上残された最後の活動は，最初は参加者による，そしてコントローラーによる計画と組織手順の再検討である。

　参加者による自己評価は特に重要である。とりわけ彼らは最前線で活動し，緊急事態の影響のみならず，解決策に起因する結果の影響も受けることになる。彼らの知覚――とくにシミュレーションを即座に理解する能力――は，業務遂行上の関心事に基づいたものである。したがって，組織規模が大きければ彼らの業務遂行上の関心事は組織上層部のそれとはまったく異なってくる。このことは誰もが理解しておかなければならないことである。

　もし参加者が，自己評価に基づいて効果的な業務遂行を実現すれば，その後に行なわれるコントローラーによる評価は，参加者による評価の補足的な役割を果たす。ここで組織上の部外者となるコントローラーは，その完全な客観的立場を維持するためにも批評・批判を行なうべきではない。シミュレーションの目的はリスクのない環境下における学習にあり，たいていの失敗は未経験や見通しの違いによるものである。

　いずれにせよ，コントローラー，参加者双方の評価する領域は本質的に同じ

である。次に示すのは，計画と訓練という2つの観点からとらえた評価対象領域の例である。

---

1. 計画は全体的に実行可能だったか
2. 演習中にどんな問題が露呈したか
3. 計画の手段は（順序通り遂行されたか）
4. 危機対応チームがどれだけ迅速に組織され，効果的に機能するに至ったか
5. 危機対応チームに支給された設備，備品は適切であったか。また，これらはどう改善できるのか
6. 情報は効果的かつ全体的に危機対応チーム内で共有されたか
7. 参加者は業務の遂行手順と指令系統に精通していたか。また彼らは，関与する他組織のそれらについてはどうであったか
8. 政府関係者，家族，メディアなど部外との効果的な連絡・接触はあったか
9. 日常業務は適切な人員に委託されたか。あるいは危機対応チームは日常業務に振り回わされたか
10. 情報は正確かつタイムリーに報告されたか。分析は適切に準備されたか。適任者と組織に対する情報伝達の継続性は
11. 補給は適当か
12. 一般市民の操作は効果的であったか

---

11. シミュレーションの方法論

シミュレーション達成のための基礎技術はいたってシンプルである。演習の準備に携わる人間は，シミュレーション時に，コントローラーとしての役割も果たさなければならない。演習中のコントロール・チームは多忙極まりないが，現実的な環境の維持と自由行動への影響回避のため，コントローラーはできるだけ少なく，またできるだけ目立たなくする必要がある。基本的なコントロール・チームは，チーフ・コントローラー（1名），シニア・コントローラー（1名），アドミニストラティブ・コントローラー（1名），スペシャリスト・コントローラーズ（複数）から構成されている。チーフ・コントローラーはコントロールチームに全体的なガイダンスを行ない，原則的に参加者との連絡維持

を図るのも彼らの任務となる。また，会合時のとりまとめ，最終評価・判断を下すのも任務となる。シニア・コントローラーの任務は，参加者に混じって条件設定とシナリオに関する実際の準備にとりかかることである。また，演習中にコントロール・チームを監視し，スケジュールの履行状況，役割分担の適合性，必要に応じた参加者の交替などの確認も行なう。シミュレーション中の自由行動を管理するのも彼の役割である。

アドミニストラティブ・コントローラーは，演習中に発生する事態の記録および参加者の投入に関して責任をもつ。これはシニア・コントローラーには1人もしくは数人が編入される。彼（ら）はシミュレーションの特別事項，業務の詳細，その他の専門分野に関して対処方法を心得ていなければならない。

チーフ・コントローラーとシニア・コントローラーは，演習の準備段階の早い時期に学習対象を特定し，演習の焦点を絞り込むための意思決定を下さなければならない。と同時に，適切な条件設定の準備と参加者の投入にも携わる。参加者の投入方法は，投入スケジュールによって決定されている。演習のすべてが事前に脚色されることはまれである。したがって演習が展開されれば，シニア・コントローラーは参加者との自由行動に従事するための準備をしなければならない。演習に慣例の解決策がないかぎり，自由行動はシミュレーションを成功させるうえで非常に重要である。シナリオがより固定化あるいは複雑化していれば，自由行動の価値は損なわれることになる。

演習の場なくして効果的なシミュレーションはありえない。コントロール・チームはSTARTEXに先がけて，演習地の視察・点検を実施し，物理的，政治的，その他の特定の状況についてチェックをしなければならない。例えば，ストリートの名前や人物などのすべてが確認されなければならない。

STARTEXに先がけて，チーフ・コントローラーはシミュレーションの哲学とそのルールについて，全参加者に簡単な指示を与える。ここで強調されるのは，演習の「欠陥がない」という特質と，参加者が利用する情報——どんな事態が発生している，あるいは発生していないのか。また，他者を導く上でどんな行動が実際にとられているのか——はいずれも推定や憶測であってはなら

ないという事実である。現実の世界と異なり，参加者はコントローラーを除いて周囲との接触を絶たれることになる。この点に関してコントローラーの役割はきわめて重要である。どのコントローラーも，多くの役割をこなすための準備にとりかからなければならない。というのは，コントロール・チームは参加者——つまりは外国政府から駐車場の運転手，実習に参加しないスタッフのメンバーからメディアや普通の一般市民まで——とは別に，シミュレーションの全容を摑まなければならないからである。参加者は必要備品の選定や行動において何ら規制されないが，コントローラーを通して歯止めをかける必要がある。STARTEX に先がけて参加者に対して条件の設定が行なわれるのはこのときである。

　演習を指揮する間，チーフ・コントローラーは参加者の観察と，参加者から情報と彼らとの相互関係を確認するため，多くの時間を彼らとともにしなければならない。こうして演習終了後プロセスと行動の両方が評価される。前述したが，演習の最後の参加者は自己評価の推進に努めなければならない。チーフ・コントローラーとシニア・コントローラーの支援による自己評価の後，全参加者とコントローラーによる演習全体の見直しが行なわれる。この時，コントローラーによるシミュレーションの評価につき，チーフ・コントローラーから報告がなされる。

参考文献：
1） Nudell Mayer, Antokol Norman, *The Handbook for Effective Emergency and Crisis Management*, Lexington Books, 1988, pp.113-123.
2） Goldberg Andrew, et al, *Leaders and Crisis : The CSIS Crisis Simulations*, Washington, D. C. Center for Strategic and International Studies, 1987.
3） 大泉光一『多国籍企業の危機管理』白桃書房，1990年，199-210頁。
4） 大泉光一『海外ビジネスにおける危機管理のノウハウ』PHP研究所，1992年，237-248頁。

付　録

1. 危機管理チーム・チェックリスト

○　誰がチームを統率するのか。統率者（チーム・リーダー）にはどのような権限が必要か。適切な権限が委譲されているか。

○　誰がチームのメンバーであるか。メンバーは訓練を受けているか。役割は何であるか。

○　危機管理チームのメンバーには，どのような要件（経験，訓練など）が必要か。

○　チームには，外部コンサルタントなどの役割はあるか。

○　危機管理チームは，関係部門すべての方針について知っているか。方針策定に関わっていたか。そうでない場合，方針が策定された背景および方針に関連し表にでない事項について理解しているか。

○　非常事態に必要な調整は誰とするか。協力関係は確立されているか。

2. 方針策定チェックリスト

○　企業の方針が関係官庁の方針と一致しているか。そうである必要はないか。

○　従業員，家族，一般市民に対する企業責任の限界は何か。

○　危機の命令系統はどうであるか。危機管理チームのリーダーにはどれくらいの権限があるか。

○　企業は身代金を支払うか。その他の手段で譲歩を求めるのか。そうで

ない場合，どのような交渉が許されているのか。
- ○ どのような報告書や書類がどれくらいの頻度で必要か。レポートは誰に提出しなければならないか。
- ○ どうしたら効果的な方針を浸透させられるか。何を書式化しなければならないか。
- ○ 政府の要求や法的要件を満たすためにどのような公的記録手順が確立されていなければならないか。
- ○ どのような財源が必要か。すでにある財源は何か。

3. 訓練／テスト・チェックリスト

- ○ 緊急要員にはどのような訓練が必要か。これら訓練はどういう形態をとるべきか。屋内で実施できるか。できない場合，どのような場所があるか。
- ○ 訓練教育の結果は，どのように評価され得るか。どのような水準点が設定されるべきか。
- ○ 計画や人員はどのようにテストされ得るか。どのような訓練やテストが適切であり，どれくらいの頻度で実施されるべきか。
- ○ 訓練やテストに対してはどのようなフォロー・アップ活動が適切か。

4. 被害者チェックリスト

- ○ 被害者やその家族に対しどのような援助を与えるのか。この援助担当者は適切な訓練を受け，経験も豊富か。
- ○ リスク軽減のために従業員や家族には適切な安全情報および訓練を施しているか。この情報を更新したり，事前注意評価表を適宜発行するなどの定期プログラムはあるか。
- ○ 準備に関する従業員に対してのカウンセリングは実施されているか。

それは，適切か。このカウンセリングは強制的なものであるか。フォロー・アップはされているか。
- ○ 非常事態の最中に従業員や家族を援助する手配がなされているか。それらは適切か。長期医療援助などが必要な場合，危機が去った後でも援助は継続されるか。
- ○ 危機後の報告を実施する手順はあるか。従業員の認識を把握する手順はあるか。企業の対応ならびにプログラムの効果を評価する手順はあるか。方針の効果を評価する手順はあるか。危機のなかで得た教訓を分析する手順はあるか。

5. クライシス・コミュニケーション・チェックリスト

- ○ 広報担当者を設定し，担当者の責務のなかでしなければならない仕事を完全に知っているか確認する。
- ○ すべての従業員が，どんなメディアの問合わせも広報担当者に任せ，誰が広報担当者で，どこに広報担当者がいるのかを十分理解していることを確認する。
- ○ 非常事態の間，レポーターが質問してくると思われる情報を整理し，情報を使うためのガイドラインを設定する。非常事態の際，予想される声明や問題の回答をあらかじめ用意しておく。
- ○ 広報担当者に事態の進展が直ちに伝えられることを確認する。
- ○ できるだけ危機はふせておき，否定的な情報は避ける。
- ○ うわさを管理する担当者とスポークスマンとの間に良好な関係があることを確認する。
- ○ 広報担当者は，プレス向けに話す時の基本的ルールをよく知っており，メディアと話をするにあたり，この基本的ルールが確立していることを確認する。

6. 脅威評価管理実施のためのチェックリスト

(1) TMCのメンバーを決定する。このチェックリストの末尾にリストされている役割すべてが含まれていることを確認する。

(2) 脅威評価管理

 a) 一般出版物のモニターに関するTMCメンバー内の責任分担を行なう。

 b) TMCのインテリジェンス担当による事件のデータベースもしくはファイルの準備を行なう。企業の資産に対して脅威を表明しているそれぞれのグループについてファイルを作成する。

 c) スレット・ステートメントの準備のため、収集した情報を使用する。

(3) 弱点調査管理として次の分野を考慮すること。

 a) 操業上の安全管理

 b) 施設の安全管理

 c) 人的安全管理

 d) コミュニケーション上の安全管理

(4) 他組織との連絡網の設立

 a) 法執行機関

 b) 医療施設

 c) スレット・アセスメントにのっとった他の活動機関

(5) 緊急事態対応計画と訓練

 a) 予想される一連のシナリオの開発

 b) これらのシナリオに対応する緊急事態対応計画の準備

 c) 卓上での訓練による計画のテスト

 d) 実地訓練による計画のテスト

 e) 全訓練中のカウンターサーベイランスの維持

(6) 機能の認識

a) すべての適切な出版物に対するモニター
  b) すべての新しいテロ活動に関する出版物の再検討
(7) プログラム開発段階におけるテロリストの脆弱性ポイントの考慮
  a) インテリジェンスの収集
  b) 標的への活動
  c) 最初の攻撃
  d) テロ対策の予測
(8) 人には TMC ならびに CMT のメンバーに指名を受ける特有の役割があり、これを確認する。
  a) チームリーダー
  b) アシスタント・リーダー／記録担当
  c) 人事担当
  d) インテリジェンス担当
  e) ロジスティックス担当
  f) 作戦担当
  g) 法的アドバイザー
  h) 公共・情報担当

7. シミュレーション・チェックリスト

1. 包括的緊急事態対応計画の開発
2. 望まれる演習スタイルの確認と評価すべき計画の（量の）決定
3. 参加者として行動すべき人員の確認
4. コントローラー経験者の選定
5. 演習の準備および指揮においてコントローラーが必要とする備品の手配
6. シミュレーション実施場所の確認
7. 演習実施期間の決定

8. 演習の「短縮版」を採用するか否かについての判断
9. 演習終了後の迅速な評価実施に向けた諸手配
10. シミュレーション後の細部にわたる計画の見直し

8. 危機管理対応を評価するチェックリスト

- ○ 計画は全体的に実施可能であったか。
- ○ どのような問題が確認されたか。
- ○ 手順に従って実施されていたか。
- ○ 危機チームがどれだけ早く効果的に機能したか。
- ○ 施設や配備は適切であったか。改善され得るか。
- ○ 危機管理チーム内で情報は共有されたか。
- ○ すべての者が業務手順や命令系統を知っていたか。
- ○ 関係部門の業務手順や命令系統を知っていたか。
- ○ 外部機関との連絡は効率的であったか。
- ○ 危機チームは重要でない問題に振り回わされたか。
- ○ 情報は正確かつタイムリーに報告されたか。
- ○ 適切な分析が行なわれたか。
- ○ 備品は適切であったか。
- ○ 広報活動は効果的に行なわれたか。
- ○ うわさの管理は行なわれたか。
- ○ メンバーのパーソナリティによって効果的な危機管理は阻害されたか。

索　引

[あ行]

IRA（アイルランド共和国軍）……………216
アーウィック……………………………………146
アイルビン・ジャニス（Irvin Janis）………37
赤い旅団（BR）……………………………………193
悪循環（vicious circles）………………………39
アリストテレス……………………………………146
アル・カイダ………………………………………51

イアン・ハミルトン……………………………146
ETA…………………………………………………51
移行期（Transition）……………………………52
意思決定階層………………………………………60
意思決定管理………………………………………66
意思決定チーム…………………………………230
イソシアン酸メチル（methgl isocyanate：MIC）……………………………………………298
一般情報（Open-Source Information）……214
イデオロギー…………………………………210, 278
インテリジェンス（諜報）…………………188, 189
インテリジェンス（諜報）機関……………184, 189
インテリジェンス・ソース（情報源）………217
インド・ボパール事件……………………………37
インフラストラクチャー………………………211

疑う目を持てない国民性…………………………14
運命論………………………………………………22

HACCP（総合衛生管理製造過程）……………324
エメリー・トリスト（Emery Trist）…………59
LNT（現地交渉チーム）………………………139

Oリング……………………………………………38
オペレーション・マネージャー………………224

[か行]

海外派遣幹部社員の誘拐対策…………………125
解釈（Interpretation）…………………………203

外部機関……………………………………………154
学習（Learning）…………………………………44
価値…………………………………………………186
過程（process）……………………………………56
ガリック……………………………………………146
環境（context）……………………………………56
監視の目的………………………………………128
官庁班……………………………………………175
管理………………………………………………155

危機（crisis）………………………………………29
　——になり得る主な事件………………………41
　——の2つの条件………………………………29
　——の前兆（シグナル）………………………46
　——の発見・評価………………………………77
　——の分類…………………………………50, 51
危機移行段階（Transition）…………………90, 95
危機意識欠如………………………………………3
危機管理………………………………………3, 149
　——におけるチェックポイント………………49
　——担当役員…………………………………257
　——の概念………………………………………73
　——の基礎理論……………………………29, 44
　——の5段階……………………………………44
　——の効果を妨げる要因………………………55
　——の目標………………………………………74
　——のプロセス…………………………………78
危機管理委員会（CMC）………………………139
危機管理計画………………………………182, 187
危機管理計画立案………………………………150
危機管理コンサルタント会社…………………132
危機管理センター……………………………85, 138
危機管理組織……………………………………147
危機管理対応計画のモデル…………………56, 60
危機管理対応チーム（Crisis Management Team：CMT）…………………………………85
危機管理担当管理者………………………148, 155
危機管理担当者…………………………………148
危機管理担当役員…………………………143, 149

危機管理チーム ……………………136, 189, 191
危機管理プログラム …141, 148, 149, 150, 151, 155
危機管理マネージャー ………………………91
危機広報 (Crisis Communication)…43, 75, 114
危機コミュニケーション行動 ………………94
危機事態レベルの基準………………159, 170
危機終了後 (Post-Crisis) ……………………52
危機終了後の危機管理対応チームの主な任務
　…………………………………………………96
(危機) 前兆 (シグナル) の発見 (Signal Detection) ……………………………………………44
危機対応マニュアル …………………………81
危機発生前／危機発生前段階 (Pre-Crisis)
　……………………………………………52, 90
危機発生前の危機管理対策チームの主な任務
　…………………………………………………91
危機発生中／危機発生段階 (Crisis) ……52, 90
危機発生中の危機管理対応チームの主な任務
　…………………………………………………94
危険評価 (Risk Assessment) ………………183
危険物管理……………………………………250
危険分析 (hazard analysis)………………67, 68
危険要素 (indication) ………………………187
技術的情報 (Technical Intelligence Collection) …………………………………………214
基本方針………………………………………157
脅威 …………………………………………181, 182
脅威評価 (Threat Assessment) ………183, 188
脅威評価の公式………………………………184
脅威評価プロセス (Threat Assessment Process) ………………………………………………85
脅威評価分析…………………………………184
業務復旧………………………………………253
緊急オペレーションセンター (Emergency Operation Center : EOC) ………77, 100, 108, 311
緊急管理…………………………………………66
緊急事態 (emergency) …………………44, 219
緊急事態管理責任者…………………………230
緊急事態管理システム………………………225
緊急事態対応…………………………………250
緊急事態対応訓練……………………………239
緊急時対応計画 (emergency planning)
　……………………………………………68, 69
緊急事態対応計画………………………220, 271

緊急事態対応計画プログラム………………327
緊急時対応対策 (emergency response) …68, 69
緊急事態対応システム………………………226
緊急事態対応準備……………………………219
緊急事態対応センター………………………222
緊急事態における意思決定 …………………60
緊急対応サービス・センター………………322
緊急炉心冷却装置 (ECCS) …………………289

臭いものには蓋をする ………………………13
クライシス・コントロール …………………44
クライシス・マネジメント (Crisis Management) …………………………………………44, 142
クライシス・マネジメント・ユニット (CMU)
　…………………………………………………46
クライシス・マネージャー …………………75
クラッシュ・マネジメント (Crash Management) …………………………………………34, 45
クロール・アソシエイツ社…………………189
訓練評価システム……………………………240
訓練フォーマット……………………………329

経営意思決定理論 ……………………………56
経営トップ………………………………145, 150
警戒段階…………………………………………92
警告期間／警告段階 (Warning) …………52, 90
刑事情報………………………………………189
結果 (outcomes) ………………………………56
権限の委譲………………………………147, 224
現地管理………………………………………274
現地対策本部…………………………………161

効果的な危機管理 ……………………………99
公式会見………………………………………121
構築物の耐震診断……………………………247
広報管理のガイドライン……………………122
国際経営リスク………………………………199
コミュニケーション上の安全管理 (Communications Security) ………………………………190
コントロール・リスク・インフォメーションサービス社………………………………………………189

[さ行]

災害コーディネーター………………………318

索引　349

災害時マスタープラン……………314
災害対策訓練……………………321
サイモン……………………………61
作戦行動班（Operational Unit）……213
シイェバース（Sievers）……………36

事件…………………………………30
事故管理……………………………66
事後行動……………………………96
「自己防衛」意識の欠如……………6
資産的価値…………………………186
資産防護……………………………66
地震災害対策………………………254
地震災害対策本部…………………251
地震災害マニュアル………………245
施設の安全管理（Physical Security）
　………………………………190, 191
事前活動（pre-activity）………21, 43
　──の概念………………………73
事前被害軽減措置…………………247
指名と管理…………………………274
弱点（Vulnerability）…………182, 185
弱点の評価（Vulnerability Assessment）
　…………………………189, 190, 195
ジャック・イン・ザ・ボックス社……322
周辺国情報分析……………………184
準備・予防（Preparation & Prevention）……44
象徴的価値…………………………186
情報…………………………203, 204, 205
情報管理責任者……………………230
情報製作……………………………204
情報分析……………………………203
ジョンソン＆ジョンソン社…………43
ジョンブリソン……………………277
人事班………………………………175
新人民軍（NPA）…………………177
人的安全管理（Personnel Security）
　………………………………190, 192, 194
人的情報（Human Intelligence Collection（Humint））……………214
人的リスク…………………………182

スコーン……………………………278
スタッフ……………………………144

スパングル…………………………274
スリーマイル島原子力発電所……287
スレット・ステートメント……189, 190

成功の可能性………………………186
政治的誘拐犯人……………………133
責任と権限の委譲…………………147
責任の委譲…………………………223
セキュリティー・イン・デプス（Security in Depth）……………………………142
セキュリティー・オペレーション・マネージャー
　……………………………………316
セキュリティー（危機管理）担当役員……145
セキュリティー・ディレクター（危機管理担当役員）……………………………144
セキュリティ・マネジメント（Security Management）………………………34
セグメント…………………………150
self-defense（自己防衛）………6, 25
ゼロックス災害対策委員会（プロジェクト・チーム）……………………………312
戦術目的の否定……………………202
選択（Preferences）………………206
セントヘレンズ火山………………271
戦略的意思決定……………………223

早期警戒シグナル……………………46
早期警戒システム（Early Warning System）
　……………………………………241
操業上の安全管理（Operations Security）
　……………………………………190
想像力・創造力欠如の背景…………9
想像力及び創造力の欠如……………8
総務班………………………………174
組織構成……………………………146
soft-targets…………………………182

[た行]

対応管理能力………………………100
対策本部長…………………………174
耐震補強……………………………247
対テロリズム（Counter Terrorism：CT）
　………………………………197, 217
対立危機（conflict crisis）…………50

妥協（compromise）……………………60

地域協力者（Local Supporters）……………213
チェルノブイリ原子力発電所爆発事故……51
チャールズ・ペロー（Charles Perrow）……36
直感（inspirational）……………………60

通信情報（Commint）……………………214

偵察写真情報（Photographic Intelligence Collection（Photint））……………………214
デイビス……………………………146
テイラー……………………………146
データ・センター……………………318
定量分析……………………………184
テロ活動……………………………199
テロ行為……………………………199
テロリスト…………………………199
テロリストの標的……………………192
テロリズム……………………182, 200, 202
テロリズム情報管理システム……………209
テロリズムの脅威評価方法………………186
天譴論……………………………30
電子情報（E. Lint）……………………214

統一指揮システム……………………112
統括班……………………………174
統合的危機管理システム（Integreated Emergency Management System : IEMS）
　……………………………………67, 68
ドジアー米軍准将……………………192
特別権限の付与………………………162
トリアージ（負傷者選別）………………251
トンプソン・チューデン（Thompson Tuden）
　……………………………………59

[な行]

72時間サバイバル……………………249

ニーズ……………………………184
日・欧米人の危機に対する認識の違い……20
日本人に危機意識が身に付かない文化的背景
　……………………………………13
日本人の危機意識欠如の主な理由と文化的背景

……………………………………4, 6
日本人の自然観・災害観………………23
ネゴシエーターの選択…………………131
熱しやすく冷めやすい…………………17

ノイズ（Noise）……………………206
能力………………………………185
能力評価（capability assessment）……67, 68

[は行]

バージニア・エレクトリック・アンド・パワー社……………………………………42
ハーマン（C. F. Harmann）………………29
バーンズ氏誘拐事件の発生要因と対策……178
バイアス（先入観／Bias）………………206
爆弾………………………………191
バタフライ効果（butterfly effect）………41
犯罪者集団…………………………133
判断（judgmental）……………………60
ハンバーガー食中毒事件………………324

被害状況評価コーディネーター…………317
被害抑制メカニズム（クラッシュ・マネジメント）……………………………………47
非公式会見…………………………122
人質監禁期間………………………131
秘密活動……………………………215
評価（Evaluation）……………………203
評価診断会議………………………155
標的の分析…………………………185

FARC……………………………51
フィンク……………………………45
フィリピン・ディオ・マサール社…………177
封じ込め／ダメージの防止（Containment Damage Limitation）……………………44
不確実性（Uncertainly）………………206
副本部長……………………………174
不測事態（contingency）………………52
不測事態対応サービス・レベル…………65
不測事態対応計画（contingency planning）
　……………………………………56, 64, 150
不測事態（危機管理）対応計画サイクル（The

Contingency Planning Cycle)··········62
不測事態対応計画サイクルの基本的要件および
　行動フレームワーク ····················63
不測事態類型 ·······························61
普通の事故（normal accident）········36
復旧コーディネーター ··················317
復旧段階（Post-Crisis）············47, 90
復旧努力（recovery efforts）······68, 69
復旧の優先順位 ···························66
ブリソン ·····································275
プロドメス（Prodomes）···············45

米国ゼロックス社··························311
米国多国籍企業10社の誘拐事件の特徴····130
米国連邦緊急事態管理庁（Federal Emergency
　Management Agency：FEMA）··········67
平常への復帰（Recovery）·········44, 76
ペロー（Perrow）························59
ベンサム····································146

妨害行為（Sabotage）··················217
報告レベル···························143, 152
法執行機関···························189, 195
放射性廃棄物······························242
放射性物質漏洩自己·····················284
ポール・シリバスタバ（Paul Shrivastava）
　···37
ボディガード······························193
本社対策本部··················160, 161, 173

[ま行]

Murphyの法則 ···························330
マイケル····································278
マジソン····································146
マクロレベル（政府間）··············275
マキャベリ ································146

ミイラー（Miller）······················36
ミクロレベル（地方自治体内）·····275, 277
ミクロレベルにおける対応戦略の緊急事態分析
　モデル·····································277
ミトロフ（Mitroff, Ian, I.）············44
身代金································134, 135

ムーニィ····································146
ムラ社会の特徴·····························7

メトロポリタン・エジソン社·········297
メルトン（Merton）·····················39
メンテナンス能力（capability maintenance）
　··68, 69

目標による管理····························151
モベルグとコッホ（Moberg and Koch）······58

[や行]

誘拐事件対応チーム······················140
誘拐発生から被害者救出までの危機管理組織
　···139
誘拐犯人の標的選択······················126
誘拐犯人による監視行動················127
輸送担当コーディネーター············317
ゆで蛙シンドローム······················21
ユニオン・カーバイド社······37, 43, 298
ユニコオル社······························179

予測（calculation）······················60
予防行動におけるチェックポイント·····49

[ら行]

ライン······································143
利益の否定·································201
リコネッサンス（reconnaissance：探索（活動））
　···184
リスク（Risk）··························182
リスク・テイキング·····················157
リスク評価···································65

歴史··185
レポート···································156
連携対処組織·······················160, 170
連鎖危機（solidarity crisis）··········50

炉心冷却装置······························287
ロロ・メイ（Rollo May）···············34

［著者略歴］

大泉　光一（おおいずみ・こういち）

1943（昭和18）年生まれ。長野県で生れ，宮城県大河原町で育つ。

〈最終学歴〉

1977年　インスティトゥート・デ・エストゥディオス・ウニベルシタリオス経営大学院修了，Ph. D（経営学博士号），日本大学博士（国際関係）

〈専攻〉

危機管理論（企業危機管理，災害危機管理，海外危機管理），国際テロ対策，国際経営論，日欧・日墨交渉史

〈略歴〉

バンコメル銀行（メキシコ）駐日代表事務所長，同行本店極東地域担当部長，国連ラテンアメリカ経済委員会特別客員研究員，国立チリ大学客員教授，ペルー国立サンマルコス大学客員教授，コロンビア・ロス・アンデス大学客員教授，スペイン国立バリャドリード大学客員研究員および客員教授，国立チリ大学学術顧問，常葉学園大学講師，貿易研修センター（国際経営大学院）講師，人事院研修所講師，日本大学国際関係学部助教授（1980年就任）等を経て，**1987年より日本大学大学院国際関係研究科教授および日本大学国際関係学部教授（生活科学研究所所長）**。

〔プロフィル〕

わが国における危機管理学研究のパイオニア的存在。

外務省から派遣されて在外邦人に対する安全対策に関する指導及び調査を実施。

静岡県国際交流県民会議委員，NHK国際放送（ラジオ・ジャパン）で海外安全メモ担当，21世紀の静岡県を考える会委員，社団法人日本在外企業協会「緊急時対応ガイドライン」作成委員会主査，国際経営文化学会副会長等を歴任。

危機管理および国際テロ対策の専門家としてNHK総合テレビなどマスコミ，講演会などで活躍している。

現在，スペイン国立バリャドリード大学アジア研究センター顧問，NPO法人「危機管理対策機構」理事兼顧問，多国籍企業研究会理事，日本経営教育学会理事（国際委員会副委員長），国際経済研究センター（内閣府所管）ブレーン，文部科学省国立遺伝学研究所組換えDNA実験安全委員会委員，時事通信社内外情勢調査会・地方財政調査会講師，共同通信社懇談会講師，山形県，静岡県，山梨県，長野県，宮崎県など各自治体（職員）研修所講師，国土交通大学校講師，など多数。

〈主要単著書〉

『危機管理学研究』（文眞堂），『クライシス・マネジメント—危機管理の理論と実践—』（同文舘），『企業危機管理の理論と実践』（中央経済社），『災害・環境危機管理論』（晃洋書房），『狙われる日本人』（時事通信社），『テロ対策の知識と実際』（啓正社），『企業のための災害・危機対応マニュアル』（PHP研究所），『国際テロの標的』（講談社），『海外ビジネスマンの危機管理術』（新潮選書），『海外ビジネスにおける危機管理のノウハウ』（PHP研究所），『多国籍企業の危機管理』（白桃書房），『テロリズムと企業危機管理』（日刊工業新聞社），『海外企業危機管理のすべて』（実業の日本社），『セキュリティ・マネジメント』（PHP研究所），『バスク民族の抵抗』（新潮選書），『危ない世界地図』（全日法規），『グローバル化する国際犯罪と警備対策』（啓正社）『あなたの身を守る海外らくらく安全ハンドブック』（PHP研究所），『アメリカ安全ハンドブック』（騎虎書房）『企業のための海外危機管理』（日本在外企業協会），『テロリストの世界地図』（講談社）その他多数。

【日欧交渉史関係主要単著書】

『慶長遣欧使節の研究—支倉六右衛門使節を巡る若干の問題について—』（文眞堂）

『支倉六右衛門常長—慶長遣欧使節を巡る学際的研究—』（1999年新版）（文眞堂）

『支倉常長』（中公新書）（1999年）

『メキシコにおける日本人移住先史の研究』（文眞堂）（2002年2月）その他

平成5年6月30日	初 版 発 行	
平成7年2月28日	3 版 発 行	
平成9年1月10日	新訂版発行	≪検印省略≫
平成14年4月20日	三訂版発行	略称：クライシス（三）

クライシス・マネジメント〔三訂版〕
――危機管理の理論と実践――

著　者　　大　泉　光　一
発行者　　中　島　朝　彦

発行所　　同文舘出版株式会社
東京都千代田区神田神保町1-41　〒101-0051
電話　営業03(3294)1801　編集03(3294)1803
振替　00100-8-42935
http://www.dobunkan.co.jp

©K. OHIZUMI　　　　　　　　　印刷：新　製　版
Printed in Japan 2002　　　　　　製本：トキワ製本

ISBN4-495-35503-1